中国教育
法制评论

Chinese Educational
Law Review (Volume 11)

（第 11 辑）

劳凯声　主编

教育科学出版社
·北 京·

目　录

Contents

stitution from the Perspective of Third-Sector Theory/*Cai Hailong* (193)

□劳凯声

试论中小学校对未成年学生的安全保障义务

【摘　要】把中小学校对其未成年学生的教育、管理和保护义务归结为安全保障义务，有助于司法的介入和调节。学校安全保障义务的确立有其道德的和经济的合理性，中小学校在教育、管理和保护学生方面承担着较高的安全保障义务，然而学校的这一义务必须控制在合理的限度内。由于近年来社会各方面对学校安全保障义务的要求越来越高、范围越来越广，司法基于对受害人特别保护的目的也对学校提出了较重的注意和保护要求，这些变化在促进了学校安全环境建设的同时也使学校的办学负担大大加重。因此在确立学校对其学生的安全保障义务时必须考虑学校处理危险情形的能力，必须重视保护学校的合法权益。学校安全保障义务尽管已有一定的标准和边界，但由于学生伤害事故发生的原因多样，情况复杂，在具体问题中如何认定学校应否承担民事责任则比较混乱，标准不统一。其中因学校教育和管理方法引起的学校安全保障义务纠纷是中小学校中较常见的法律纠纷。本文最后提出了处理学校未尽安全保障义务而致学生损害问题的几项原则。

【关键词】中小学校，安全保障义务，学生伤害事故

把学校对学生的教育、管理和保护义务确定为安全保障义务，有利于明确学校在保护未成年学生方面的职责，有利于对学校法律关系的调整。2002年以前，我国司法界

曾普遍认为学校有监护未成年学生人身安全的职责。2002 年教育部的《学生伤害事故处理办法》明确规定学校对其未成年学生不承担监护职责，确立了学校安全保障义务的公法性质。2006 年的《未成年人保护法》进一步把学校对未成年学生的职责归结为教育、管理和保护三个方面。但是在实践中有关学生伤害事故如何处理，司法如何介入则一直是一个较为复杂的问题。最高人民法院为正确审理人身损害赔偿案件，依法保护当事人的合法权益，于 2003 年 12 月 4 日通过，2004 年 5 月 1 日起施行的《关于审理人身损害赔偿案件适用法律若干问题的解释》，为学生伤害事故的处理作出了明确的解释。该解释意见第六条规定了从事住宿、餐饮、娱乐等经营活动或者其他社会活动的自然人、法人、其他组织应尽合理限度范围内的安全保障义务，并在第七条把学校对未成年人依法负有的教育、管理、保护义务确立为单独一类安全保障义务，对学校未尽职责范围内的相关义务而致未成年人人身损害所应承担的责任作了规定。学校组织的教育教学活动是社会活动的一种具体类型，学校对其学生的教育、管理和保护义务符合安全保障义务的基本要件，把学校的这一义务确定为安全保障义务有利于学校与未成年学生关系的调整，在发生学生伤害事故时，可以将其纳入侵权法接受司法的审查，使有关学校安全保障义务的法律纠纷得以顺利解决。据此，人们已逐步认同学校对未成年学生应承担安全保障义务。

一、中小学校的安全保障义务

（一）安全保障义务的定义

安全保障义务是由诚实信用原则延伸出来的一项民法上的法定义务，是法律对从事特定活动或具有特定身份的主体课以保障与其有一定"社会接触"的他人的人身和财产的保护和关照义务。以积极作为义务为主要表现形式的安全保障义务，并不是人们对社会所必须承担的一种普遍性义务或一般义务，而只是基于某种特定关系、特定场所或者法律的特别规定，在特定人之间产生的一种保护和关照义务。

安全保障义务主要来源于如下三个方面。

1. 法律规定

我国立法对社会活动组织者的安全保障义务规定是基于具有侵权行为法

性质的法律、行政法规对安全保障义务的规定。依照这种法律规定，对从事特定活动或具有特定身份的主体课以法定义务，对违反法定义务，导致相对人人身、财产损失的行为人追究法律责任。

2. 合同约定

法定义务是法律对义务主体的最低要求，但不排除在某些情况下权利主体可与义务主体通过合同约定，使义务主体承担高于法律法规的、更严格的义务。如在某些情况下，经营者和消费者可能就安全方面作出某些特别的或者高于法律法规标准的约定，或者经营者作出特别的承诺。这些约定和承诺，在合同成立后，就成为合同的一部分，经营者就必须履行合同中所规定的安全保障义务。

3. 合同的附随义务

经营者与消费者达成的合同约定生效后，本着公序良俗原则，经营者应当对其服务场所负责。附随义务在内容上主要包括保护义务、注意义务、告知义务、照顾义务、忠实义务等。

安全保障义务的法理基础是社会活动安全注意义务，这是由诚实信用原则派生而来。一般认为该义务源于德国法院法官从判例中发展起来的社会活动安全注意义务或者一般安全注意义务的理论。社会活动安全注意义务原先是就维持交通安全而言的，其后扩张到其他社会交往活动，强调经营活动及其他社会活动的组织者在社会生活中应负防范危害的义务，具体指义务人在自己使用或控制的场所内，由于有可能产生或持续针对进入其使用或控制的场所的他人的人身或财产的危险，因而负有义务采取必要的防范措施，以保护相对人免于危险。安全保障义务与民法上的注意义务的不同之处在于，注意义务存在于一切侵权行为中，而安全保障义务只适用于特定人之间。二者的共同之处在于，通过人与人之间的相互保护和关照，确立最基本的信任关系，最终使社会生活得以正常进行。就此而言，安全保障义务与注意义务是一致的。因此，一般把安全保障义务看成是一种特殊的注意义务，是基于某种特定场所、特定关系或者法律的特别规定，在特定人之间产生的一种单方面的保护和关照义务，以避免相对人在接受产品或服务的过程中受到伤害。安全保障义务的基础是诚信原则，如果行为人不主动以自己的积极作为对相对人的人身、财产予以一定的保护和关照，行为人就不能实现自己的活动目的，因为人们不会选择到一个缺乏安全保障的场所去活动。基于对这种社会公众的正当信赖的保护，如果行为人未能保护好相对人的人身和财产安全，就应当承担责任。安全保障义务所谓的"特定场所"，是指经营活动和非经营的其他社会活动的组织者在组织活动、提供服务时所使用或控制的场所；"特定关系"是指社会活动组织者与进入其使用或控制的场所的他人之间的关系；"单方面"则是指基于开展活动的需要，行为人主动承担的对相对人的保护和关照义务，即使法律并未将该项义务分配给行为人。

一般认为，我国的安全保障义务确立于 2003 年 12 月 29 日最高人民法院公布的《关于审理人身损害赔偿案件适用法律若干问题的解释》，该司法解释的法理基础源于德国法院法官从判例中发展起来的社会活动安全注意义务或一般安全注意义务的理论（陈现杰，2004）。在德国法中，安全保障义务最初是通过对契约义务的扩张解释，由契约法来加以调整的。随后在司法实践当中，基于对非契约当事人保护的需要，以及契约法调整方法本身所存在的局限性（如在契约法中一般适用严格责任，而不承认精神损害赔偿，等等），安全保障义务逐渐具有了法定义务的性质。这种法定义务不仅存在于契约法中，同时也存在于侵权法中。其他国家也大致经历了相似的发展过程，如法国法中的保安义务、日本法中的安全顾虑义务、英美法中的注意义务等的发展都基本如此。虽然目前各国在制定法中都未对安全保障义务作出明确的规定，但该义务已实际存在于各国的司法实践中。从现代法律的发展趋势看，由于社会连带责任思潮的影响，无论是立法还是司法都开始表现出对弱者进行特殊保护的倾向。1985 年联合国大会通过的《联合国保护消费者准则》把"保护消费者的健康和安全不受危害"列为首要条款，也可看成是这种倾向性的体现（张新宝，唐青林，2003）。

为了切实有效地保障在校学生的人身安全，我国法律规定了学校在实施教育教学活动时应当对其未成年学生依法履行的针对危险的安全保障职责。以教育、管理和保护为基本内容的学校安全保障义务，是法律附加于学校之上令其承担的在办学活动过程中保障受教育者人身安全的义务，是法律基于保护在教育关系中处于相对弱势地位的未成年学生一方利益，而给处于相对强势地位的学校一方课以防范危险的义务。

（二）安全保障义务的适用范围和内容

安全保障义务的适用范围和内容是判断义务人是否需要承担赔偿责任的一把标尺。由于社会活动的组织者在其所组织的活动中有可能产生或持续对特定人的人身或财产的危险，因此安全保障义务要求社会活动的组织者应尽合理注意义务，防范社会公众的人身或者财产遭受损害。最高人民法院《关于审理人身损害赔偿案件适用法律若干问题的解释》除列举了应承担安全保障义务的住宿、餐饮、娱乐等经营活动类型外，还特别列举了"其他社会活动"作为与前列经营活动不同的另外一类社会活动类型。其他社会活动相对于社会活动而言是一个与经营活动并列的下位概念，采用这一概念是为了把经营活动以外的其他社会活动类型化，强调除了经营活动外，其他社会活动也存在安全保障义务问题。按照该司法解释，安全保障义务存在于从事经营活动和其他社会活动的自然人、法人和其他组织所组织的社会活动中，其中既包括住宿、餐饮、娱乐等经营活动，同时也包括提供教育、医疗以及体育设施的具有公益性质的社会活动。

经营活动与其他社会活动是两类不同性质的社会活动，有比较明确的分界。经营活动指的是市场经济条件下的商事活动，其行为具有营利性，其主体一般为从事经营活动的自然人、法人和其他组织。而非经营性的其他社会活动则是不以营利为目的的，其性质趋向公益性。这类活动的主体一般为事业单位，而非企业。无论是经营活动的主体还是经营活动以外的其他社会活动的主体，其承担安全保障义务的基础均有一共同之处，即都对发生损害的场所或事物具有事实上的控制力，且这种控制力并不以是否存在交易关系为前提。安全保障义务的适用范围不仅包括经营活动和其他社会活动组织者使用或控制的场所，还可扩展到经营活动和其他社会活动的延伸场所。只要其产生或持续的危险涉及他人的人身和财产利益，就可能适用该义务。

依据上述的安全保障义务适用范围，安全保障义务的内容主要包括如下方面。

1. 安全保障义务人使用的建筑物、配套服务设施、设备应当安全可靠

安全保障义务人使用的建筑和与服务相关的设施、设备应达到相关的安全标准。有国家强制标准的应当符合强制标准的要求，没有国家强制标准的，应当符合行业标准或者达到进行此等经营所需要达到的安全标准。经营者所使用的建筑应当符合我国《建筑法》、《建设工程质量管理条例》的规定，在投入经营使用前必须经过建筑行政主管部门验收合格，服务场所内应配备必要的消防设备并保证它们一直处于良好的状态。

2. 安全保障义务人提供的服务应当安全并有必要的安全防范措施

安全保障义务人提供的服务由于可能产生或持续针对相对人的人身或财

产的危险,因此其服务内容和服务过程应当承担对相对人的保护和关照义务,对于可能产生或持续的危险应当采取必要的安全防范措施,以防范这种危险带来的现实损害后果。

3. 安全保障义务人提供的产品应当保证安全

产品的生产者和销售者应该对可能接触到该产品的社会公众承担保护和关照义务。为充分保护消费群体的利益,产品责任已经发展成为一项类型化了的特殊侵权行为,一旦因产品危险致人损害,一律适用严格责任。

4. 安全保障义务人应防范、制止第三人对其相对人的侵害

安全保障义务人应当合理注意来自第三人的侵害,保护和关照相对人的人身和财产安全。为此,安全保障义务人应当配备必要的安保人员和采取有效的安保措施,并应恪尽职守,认真负责,积极履行保护义务。

5. 从事特定活动的安全保障义务人应当在活动场所内配备专门人员

某些特定活动的服务场所如游泳场馆等必须配备一定数量的救生员,且所配备的专业人员应具有相应的从业资格。如果缺乏统一的从业资格认定标准,则所配备人员应具有相应的技术能力。如未能配备专业人员或配备数量不足,由此造成对相对人的损害,则义务人应负民事责任。

6. 对活动场所内可能出现的各种危险情况应有相应的预警、防范措施

安全保障义务人应该在其所使用、控制的场所,以告示等形式履行对不安全因素的提示、说明、劝告、协助义务。对某些具有一定危险性的产品和服务应该进行技术革新,尽量把危险控制在最小的范围内。对突发性危险,义务人应该及时告知相对人。相对人出现疾病、分娩、被第三人不法侵害等紧急情况,义务人应该及时采取紧急措施。对正遭受不法侵害的相对人,义务人应该及时制止,制止无效的应该及时报告公安机关。

二、学校未尽安全保障义务的认定

学校安全保障义务的确立有其道德的和经济的合理性,然而学校的这一义务必须控制在合理的限度内。近年来社会各方面对学校安全保障义务的要求越来越高、范围越来越广,司法基于对受害人特别保护的目的也对学校提出了较重的注意和保护要求,这些变化在促进了学校安全环境建设的同时也使学校的办学负担大大加重,甚至影响了学校正常教育教学活动的开展。因此，在确立学校对其学生的安全保障义务时必须考虑学校处理危险情形的能力，必须重视保护学校的合法权益，必须有利于学校教育功能的发挥和全体学生的发展。认定行为人是否尽到安全保障义务的一个重要前提就是规定安全保障义务的边界，以此为依据才能对行为人是否尽到安全保障义务作出准确的判断。

（一）未尽安全保障义务的定义

未尽安全保障义务是指依照法律规定或者约定对他人负有安全保障义务的人，未能尽到该义务。然而并不是任何未尽安全保障义务的行为都会构成侵权，也不是任何损害都会获得法律上的补偿，只有因行为人的过失造成他人人身或财产损害的，才构成过失侵权，行为人才应为此承担损害赔偿责任。依据最高人民法院《关于审理人身损害赔偿案件若干问题的解释》第 6 条的规定，安全保障义务是有合理限度的，这一合理限度应以有效保护受害人的人身、财产安全为原则，同时也要考虑安全保障义务人作出安全保障义务行为的可能性。由此可见，在一项未尽安全保障义务的过失之诉中，只有未尽合理限度安全保障义务的行为，才构成过失，才有可能承担过失侵权责任。在这里，所谓安全保障义务的合理限度具体表现为如下几个方面。

1. 危险具有能预见性

在判断行为人是否尽到安全保障义务时，行为人能否预见自己的行为对他人的危险性是一个重要的条件。对危险的能预见性是判断行为人履行法定义务的重要尺度，是对普通人所要求的能够感知潜在危险的范围的衡量准则。危险的能预见性越明显，行为人就越有防止损害发生的条件，其所承担的安全保障义务就越重；反之，损害结果越不可预见，行为人防止损害发生的可能性就越小，其所承担的安全保障义务就越轻。对危险的能预见性也是判断学校是否疏于安全保障义务的一个重要尺度。根据过错责任的要求，只要学校尽到了应有的合理、谨慎的注意义务，即使发生了损害后果，也不能要求其承担责任，其目的就是为了引导人们行为的合理性。

怎样认定危险的能预见性，理论上有两种标准。主观标准强调从行为人的角度来判定在特定环境下能否认识到危险的存在，是一种以医学、心理学为前提的衡量标准。而客观标准是指通常所说的一般标准或专业标准，从这些先置的标准出发，判定行为人从客观上应否预见到其行为可能损害他人，因此与行为人的具体认知无关。其中一般标准即"理性人"标准，这是一种理想化和标准化的假设，是法律对从事社会活动的所有人的一般性抽象，即具有法律所期望的一般人应有的谨慎和理性。如果行为人是具有特殊技能的专业人员，如医生、律师、会计师等，那么，判断其行为的标准就应当适用涉及专业人士的专业标准。这一标准比一般人的行为标准要高。特定行业的行为人在符合一般人标准的基础上还应符合该行业的专业行为标准、习惯和做法，才不会被认为有过失。

2. 能预见的危险具有可避免性

危险的能预见性并非是一个孤立的标准，行为人对其所作行为应否承担责任应当以这一危险是否同时具备能预见性与可避免性为前提。这就是说，如果行为人对于损害结果的发生没有预见的可能性，或者没有能力对损害的发生采取有效的预防措施，则意味着超出了安全保障义务的合理限度。因此，只有在具备安全保障能力的前提下，不发挥或者不充分发挥自己的主观能动性，不履行或者不充分履行自己的安全保障义务，由此造成的损害结果，行为人才应当承担相应的责任。

具体地说，能预见性与可避免性之间会有多种情况，即（1）能预见且可避免，如学校校舍、场地、其他公共设施，以及学校提供给学生使用的学具、教育教学和生活设施、设备等应当符合国家规定的标准，排除明显不安全的因素；（2）能预见但不可避免，如学生在对抗性或者具有风险性的体育竞赛活动中发生的意外伤害；（3）不能预见且不可避免，如因地震、雷击、台风、洪水等不可抗的自然因素造成的学生伤害事故等。在上述三种假设的情况中，只有第一种情况同时具备了能预见性和可避免性，因而应当承担安全保障义务。而在后两种情况下，如义务人的行为并无不当的，则不应承担责任。

3. 义务人与受害人的身份具有特定性

未尽安全保障义务的义务主体是经营活动和其他社会活动的组织者，相对的权利主体则是进入义务人实施经营活动或者其他社会活动而使用或控制的场所之中的相对人。由于相对人的进入，义务人对相对人产生安全保障义务。因此，未尽安全保障义务的行为人必须是负有该项义务的义务人，而其所实施的侵权行为，指向的必须是进入其使用或控制的场所的相对人。最高法院《关于审理人身损害赔偿案件适用法律若干问题的解释》对经营活动主体采取了部分列举的方法，除此之外，还应包括车站、公共浴室、银行、邮电、通信部门的经营场所、体育馆（场）向公众开放的场所等一切经营活动的经营者。对于从事其他社会活动的主体,该司法解释并未进行列举,一般认为应包括如公园、展览馆、学校、医院等公益性机构。所有这些安全保障义务人,其安全保障行为是否合理,与其身份有直接关系。在判断安全保障义务人所承担义务的合理限度时,应当从履行安全保障义务人是否获益、获益多少以及安全保障义务人的专业程度等方面进行综合判断,以此区分出不同安全保障义务人的不同行为限度。总之,只有根据安全保障义务人的身份,并依据受安全保障义务保护的不同对象,具体情况具体分析,才有可能对其义务的合理限度作出客观、公正的判断。

(二) 学校安全保障义务的合理限度

由于中小学校的学生一般都是未成年人,他们对自己的行为结果缺乏足够的判断和预见能力,因此中小学校在教育、管理和保护学生方面承担着较高的安全保障义务。我国《未成年人保护法》等法律对学校对未成年学生的教育、管理和保护职责作出了明确的规定,这些规定是学校安全保障义务的法律依据。然而法律不能强人所难,法律规定的义务应止于人们能够承受的范围之内,为此法律制度的设计应当充分考虑不同当事人的利益,使之达到适度平衡。就学校的安全保障义务而言,法律既要立足于儿童利益的最大化,把对未成年学生人身安全的保护放在重要的位置上,但同时又不应片面地、过分地强调学生利益,而置学校利益于不顾。只有把安全保障义务的标准规定得尽可能明确,学校教育教学活动的空间才能确定,教师才能获得宽松自由的工作环境,学校才能更好地实现育人的功能。

1. 学校安全保障义务合理性的基本标准

具体地说,确立学校安全保障义务的合理性主要依据以下标准:

(1) 经营者和非经营者标准

经营者应当比非经营者承担更多、更重的安全保障义务。获益越多,应当承受的风险也越高,所应承担的安全保障义务也就越重。中小学校是不以营利为目的的公益性机构,因此其所承担的安全保障义务应当与其他社会组织,特别是企业组织有所区别,而与当前社会的经济发展水平相适应,否则就有可能影响学校功能的发挥和教育公益性事业的发展。

(2) 专业机构与非专业机构标准

学校作为专业从事教育活动的机构应当承担比非专业机构更多、更重的安全保障义务。由于人们一般不可能对学校教育机构的专业权威提出质疑，为此学校就应承担较重的安全保障义务。学校没有尽其专业职责致学生伤害，如违反有关规定，组织或者安排未成年学生从事不适宜未成年人参加的劳动、体育运动或者其他活动，或者在履行职责过程中违反工作要求、操作规程、职业道德或者其他有关规定，造成学生损害事实的，应当承担与其身份相应的、较重的责任。

（3）不同保护对象的年龄标准

学校的安全保障行为是否合理，还与受安全保障义务保护的对象有关。由于与具有完全的认识和辨别能力的成年人相比，未成年人无法认识或无法全部认识可能危及自身的危险性，因此中小学校对其未成年学生承担较重的安全保障义务。然而不同类型的学校由于其学生的不同情况，所承担的安全保障义务又因保护对象的不同年龄而不同，确认学校是否尽到安全保障义务时，不应一概而论。教育部《学生伤害事故处理办法》第5条规定，学校对学生进行安全教育、管理和保护，应当针对学生年龄、认知能力和法律行为能力的不同，采用相应的内容和预防措施；第6条规定，学生应当遵守学校的规章制度和纪律，在不同的受教育阶段，应当根据自身的年龄、认知能力和法律行为能力，避免和消除相应的危险。这意味着法律是以不同年龄的未成年学生的实际情况为基础来规定学校应达到的教育、管理的注意水准的。

2. 学校安全保障义务的边界

认定学校所承担的安全保障义务是否合理，应当具体分析其所采取的安全保障措施对于未成年学生是否合理。按照相关法律法规的规定以及行政管理规范的要求，学校安全保障义务的边界大致体现在如下几个方面。

（1）学校对未成年学生的安全教育和管理措施合理与否

为防止学生伤害事故的发生，学校应当对学生进行思想教育、法制教育以及安全教育，完善安全管理的规章制度，对学生进行有效的安全管理；学校教师或工作人员在履行职务过程中应当遵守工作要求、操作规程、职业道德或者其他有关规定；学校组织学生参加教育教学活动或者校外活动时，应对学生进行相应的安全教育，并在可预见的范围内采取必要的安全措施；等等。在上述情况中，如果学校疏于对学生的安全教育和管理，违反了作为的义务，主观上就已具有过错，由此造成的学生人身伤害，学校应承担相应的过错责任。

（2）学校的安全检查措施合理与否

　　学校对自己所占有、使用、管理的物或所设立的危险环境应当经常进行必要的检查，排除可能致学生损害的潜在危险。发现重大安全隐患以及明显的疏漏，应采取合理的措施予以排除，以免造成对学生的人身伤害。学校的校舍、场地、其他公共设施，以及学校提供给学生使用的教育教学和生活设施、设备不符合国家规定的标准；学校的安全保卫、消防、设施设备管理等存有明显疏漏或重大安全隐患，而未及时采取措施；学校向学生提供的药品、食品、饮用水等不符合国家或者行业的有关标准、要求；等等；在上述情形中，由于学校对所存在的危险缺乏必要的预见，未能及时排除不安全因素，应当认定学校有过错。由此发生的学生人身伤害，学校应承担相应的过错责任。

　　（3）学校对学生的注意和照管措施合理与否

　　学校应当对未成年学生采取必要的控制和防范措施，在对学生进行管理时应当对可能导致学生损害的各种隐患具有合理限度内的预见。按照学校职责要求应该预见的人身损害危险，如果学校没有采取预防措施，应认定为未尽相应的注意和照管义务。如学校对已知患有不适宜担任教育教学工作疾病的教师或者其他工作人员，未采取必要措施；学校知道或者应当知道学生有特异体质或者特定疾病，不宜参加某种教育教学活动的，未予以必要的注意；学校教师或其他工作人员违反规定，对学生实施体罚或变相体罚；学校安排学生从事明显超过其体力和智力限度的劳动，或让学生在高度危险的环境中进行活动；学生在校期间生病、受伤时，学校未能给予及时、恰当的救助，并及时联系、告知学生家长；等等；上述事项超过合理限度的，应认定学校违反了作为的义务，具有过错。如因此而发生损害事件，则学校应承担相应的过错责任。

　　（4）学校的警告措施合理与否

　　学校应当按法律要求承担警告义务，以令学生知道危险的存在，从而避免损害结果的发生。教育部《学生伤害事故处理办法》第9条规定，学校教师或者其他工作人员在负有组织、管理未成年学生的职责期间，发现学生行为具有危险性，但未进行必要的管理、告诫或者制止，从而造成学生伤害事故的，学校应当依法承担相应的责任。这种管理、告诫或者制止措施一般包括必要的提示、说明、劝告、协助义务等。学校在组织教育教学活动的过程中，如果存在可能出现伤害或者意外情况的不安全因素，未进行必要的警示、说明。对于可能出现的危险未对学生进行合理的说明，对于有违于安全的学生未进行劝告或协助公安机关进行必要的强制的，则应认定学校具有过错，对由此造成的学生人身损害，应负相应的责任。

（5）学校在未成年学生遭受校外第三人侵害时所采取的制止措施合理与否

我国《侵权责任法》第 40 条规定：未成年学生在学校学习、生活期间，人身受到校外人员损害的，由侵权人承担侵权责任；学校未尽到管理职责的，承担相应的补充责任。这里所谓的管理职责是指学校对于进入其管理场所的人在遭受第三人侵害危险时，学校负有采取相应措施制止第三人侵害行为的义务，如保安人员及时对第三人进行劝阻、制止，尽力控制危险，在没有效果的情况下应当在最短的时间内报警。如果学校在未成年学生被第三人侵害时未尽管理职责，则应承担相应的侵权责任。对校外第三人进入学校可能造成的未成年学生的损害，学校应当有必要的预案，一旦发生校外第三人针对学生的违法犯罪行为，给学生造成损害后，学校应当及时制止并组织施救。

（6）损害发生后学校实施的救助措施合理与否

学生伤害事故发生后，负有安全保障义务的学校应当对遭受人身损害的学生采取合理的救助措施，应当根据实际情况及时采取相应措施救护受伤害的学生，如安排救护车、令具有急救经验的人员到场协助等，以减小或消除损害后果。同时应及时告知未成年学生的监护人。如因学校原因延误治疗造成结果加重，则应认定学校对结果加重部分负有过错。

一起学生伤害事故发生后，不仅会给学生本人及其家庭带来巨大不幸，而且对学校、对社会也会产生不良影响，因此学校的安全保障工作一定要立足于事故的预防。通过大力强化事故防范意识，切实落实各项安全保护措施；增加教育投入，更新学校设备，增强学校办学条件的安全性；加强教师工作责任心，端正教育思想，增强法律意识等方面的工作，尽可能地减少和避免事故的发生。

三、几类学校教育与管理行为的合理性分析

学校安全保障义务尽管已有一定的标准和边界，但由于学生伤害事故发生的原因多样，情况复杂，在一些具体问题上如何认定学校应否承担民事责

任则比较混乱，标准不统一。以下从学校的安全保障义务的合理性出发，对几种较为常见的学校管理与教育行为略作分析。

（一）与学校教育方法有关的学生伤害

因学校教育方法引起的学生伤害事故是中小学校中较常见的事故类型。由于未成年学生心理未成熟，易冲动，教师的教育方法不当就可能引起学生心理的强烈反感，甚至导致行为上的反抗如自残、自杀等。因此学校在对未成年学生进行教育时，一定要注重教育方法，切忌简单粗暴、主观武断、伤害学生自尊，避免发生学生伤害事故的严重后果。

1. 学生早恋问题的教育与处理

如何处理处于青春期学生早恋问题是学校教育中一个比较棘手的问题。由于未成年学生心智尚不成熟且早恋影响学习，所以家长和学校都对此持否定的态度。但学校在处理早恋问题时有时会使用不当的教育方式，往往给当事学生造成巨大的心理压力和社会压力，使其深感受辱，由此造成严重后果，严重者导致学生离校、离家出走，甚至自杀。因此学校应充分考虑未成年学生心智不成熟的特点，在教育方式上应注意维护未成年学生的隐私，细致地做好说服工作，并与其家长取得联系，通过共同努力做好教育工作，减少由于早恋给其身心健康及学习造成的不良影响。

学校在处理学生早恋问题时，如未经学生本人同意就拆阅学生信件并在其他同学面前公开学生恋爱书信，向班级或其他学生或无关的教师公开涉嫌恋爱学生的恋爱情况，未有确凿证据即逼迫被怀疑学生承认恋爱行为或在其他学生中散播，强迫涉嫌恋爱学生交代恋爱情况，以粗暴呵斥或其他强迫方式要求涉嫌恋爱学生中止恋爱关系，等等，由此造成的学生人身伤害，学校应当承担相应的责任。

2. 学校失窃案件的处理

中小学校发生的金额较小的失窃事件，一般由学校自行查处。由于未成年学生的心理和行为特征，对未成年学生所犯错误不应像对成年人那样给予过大的社会压力和心理压力，尤其是对待未经查实的被怀疑学生更应注意方法，防止有些学生为自证清白，采取自残、自杀等错误的方式。未成年学生的偷窃行为与成年人不同，一般属于初犯、偶犯且情节轻微，经教育易于改过自新。因此应采取尽量保全学生名誉和自尊心的方法，妥善处理学生偷窃案件。如必须给予处分则一般不在学生中公开，或采取暂不记入档案的做法，以减轻学生的心理压力，给学生创造改正错误的机会。对屡教不改且情节严重的学生，应交由司法机关处理。对一时难以查出真相的失窃案件应暂时存疑，避免出现冤假错案，伤及无辜学生。

错误的教育方法可能严重伤害中小学生的心理健康。在学校的管理、教育实践中，一些教师为了彻查事件，找出偷窃的学生，不顾及学生声誉及其自尊心而采取不当的处理方式，如未经查实即公布被怀疑学生，搜查被怀疑学生甚至全宿舍或全班学生的书包、课桌和身体，强迫被怀疑学生交代"盗窃事实"或以投票方式"选出""盗窃者"，给被怀疑学生脸上刺字、颈上挂牌或关禁闭等。学校和教师的这些做法严重违反了宪法、刑法和民法，侵犯了未成年学生的基本权利。由此发生的学生人身伤害事件，学校应承担相应的责任。

3. 学生穿着或发型问题的处理

《中学生守则》规定中学生应当不化妆、不烫发，提倡统一着装。但在实践中会有少数学生违反这些规定。对待这类问题应当采取适当的教育方法。如对待不穿校服或留怪异发型、着奇装异服及有其他有关学生形象问题的学生，不应在公开场合责令其更衣或剪发，应让学生到教师办公室或僻静地方，耐心细致地说服学生改正错误行为。对抱有对立情绪的学生，一般不宜采取强迫方式解决，而应做耐心细致的说服工作。

学校为了维护管理权威，经常会采取严厉的措施，引起当事学生的过激反应。处理这类问题的错误做法一般有在公开场合批评学生，责令学生在班上全体学生面前换衣服，强令学生立即更衣，强行剪发等。这些行为方式伤害了学生的自尊，极易引起师生间的严重对立，甚至引发人身伤害事故。

4. 公开曝光违纪学生

将违纪学生公开曝光是一种失当的教育方法。一些学校及其教职员工用布告、广播或大会点名、班会检讨等方式对待违纪学生，造成涉事学生自暴自弃，学习成绩下降，甚至辍学流入社会，严重的甚至产生厌世情绪而采取极端的自杀做法。《未成年人保护法》规定，学校及教职员"应尊重未成年人的人格尊严"。违纪学生照样有人格尊严，理应得到尊重。

教育违纪学生的方式有很多种，采用公开曝光方式不仅违背了教育的要求，同时也违反了法律的规定。因此学校及其教职员工应当改变观念，提高认识，切实保护学生隐私，坚持做好耐心细致的教育工作，维护学生的个人尊严。

5. 把中小学生单独留在办公室或教室

一些中小学教师为了让学生认识错误而将学生留在办公室或教室里，让其反省，严重的甚至把学生锁在屋内，限制其人身自由。这类教育方法不仅超出了教育的边界，而且容易引起不良的后果。案例表明，一些学生下午放学后被单独留在办公室或教室，天黑了仍未见教师返回，由于害怕而试图从窗户逃离，由此导致学生人身伤害事件的发生。这种惩罚学生的所谓教育手段是非常危险的。如果出现人身伤害的后果，教师就可能因其过错而承担责任。为预防由此引起的学生伤害事故，学校应当严格禁止教师把学生单独留在教室或办公室反省。一般情况下教师应在现场，万一教师需要短暂离开，也应迅速返回，或让其他教师代为看管。任何情况下教师都不得锁门或以其他方式限制学生的行动自由，教师要求学生在办公室等待谈话的，应同时告知教师返回的确定时间，如未能按时返回，学生应能自己回家。

6. 责令学生回家找家长

一些教师会要求违纪学生在上课期间回家找家长来校谈话，这是一种不当的教育方法，容易引起严重后果。如：一些学生害怕家长呵斥，就在街上闲逛，遭人凌辱或欺骗；一些学生离开学校后去野外游泳溺水身亡等。一般而言，学生犯了错误，可由班主任或其他相关教师将该生带到办公室进行教育，经教育后应当让该生返回教室上课，而不应让其回家找家长。如有必要与家长联系的，学校的正确做法应是亲自与家长联系，而不应该让学生停止上课回家去找家长。

（二）　与学校管理有关的学生人身伤害

1. 未成年学生在校期间违反校规、校纪致其他学生受到损害

根据《教育法》规定，学生在校期间应遵守法律、法规以及学校的规章制度，服从学校的教育和管理。学校有义务教育学生遵守法律、法规及规章制度，并采取积极有效的管理措施防止违反规定的情况发生。对学生因违反校规、校纪而致人损害或受到损害的，如果学校制定的校规、校纪合理且明确，或具有上位法的依据，并以适当的方式对学生进行了教育，则学校一般不具有过错，不应当承担损害赔偿责任。但如果学校教职员工知道或者应当知道存在某种危险，而没有特别加以注意，则应承担相应的过错责任。如学

生在课间休息时打架斗殴致人受损害，学校并无过错，如果学校教职员工知道学生正在校园内打架斗殴而未采取必要的制止措施，则应对损害结果加重的部分承担责任。

2. 体育课上发生的学生伤害

由于体育活动具有一定的危险性，因此学校教师在上体育课时要负高于平时的注意和照管义务。体育课上发生的学生人身损害大致有以下几类：（1）器材放置不当，存在隐患，或组织体育活动的场所具有某种危险性；竞赛选手搭配不当，如体力、高度差距过大等；要求学生进行与其身心发展阶段不相适应的活动等，由此导致的学生人身伤害，学校应当承担相应的损害责任。（2）体育运动本身所具有的危险性，如学校组织篮球比赛，在依规则进行比赛时，因球员互撞造成的人身伤害，学校如无过错，则不应承担责任。（3）学生未按教师的要求和指导进行活动所造成的人身伤害，应根据加害人、受害人双方责任的大小，由其监护人承担相应责任。学校如有教育、管理过失，则与加害人、受害人形成混合过错，应根据各自过错程度承担按份责任；学校如无过失，则应免责。

3. 学生自行到校或放学后滞留学校导致的人身损害

学校履行对学生的安全保障义务一般应止于规定的教育教学活动期间。未经学校同意，学生自行到校或放学后滞留学校导致发生非学校原因的人身损害，学校如无过错，一般不应承担责任。然而经学校同意或默认，学生下课后继续留在学校学习或进行其他活动的，由此发生的学生人身损害，应视为在学校履行安全保障义务期间发生的损害，学校应根据其过错承担民事责任。

4. 学生在校外发生的人身伤害

学生在校外发生的人身伤害事件一般有上下学途中发生的人身伤害和学校组织的校外活动中发生的人身伤害两类。由于法律没有明确规定学生上下学途中属于学校管辖范围，学校也无义务配备专门人员护送学生上下学，因此学生在上下学途中发生的人身损害，学校一般不应承担责任。但下列两种情况学校有可能为自己的行为承担责任。一种情况是在学校大门外发生的学生伤害事故。学校大门外属于学校的安全责任范围，在上下学期间应当设立值勤人员维持秩序。如未能对学生提供恰当、合理的照管，学校则要对其过失承担责任。另一种情况是学校提前放学而未事先通知学生的监护人，导致学生在校外发生人身损害，对此学校应当承担相应责任。因为学校提前放学使未成年学生脱离了监护人的监管，由此导致的学生在校外受到人身伤害，学校应承担相应的过错责任。

学校在组织学生参加集会、文化娱乐、社会实践等集体活动中发生的人身伤害也是学生在校外发生人身伤害的一种常见类型。此类活动虽然是在校外进行，但由于是由学校组织、举办，因此学校负有安全保障义务。一般而言，学校在组织学生校外活动时，其安全保障义务的大小取决于特定的活动场所及环境，在不同的环境中，学校应承担的义务相应不同。如因学校未履行或未适当履行安全保障义务，导致学生受到损害的，则应根据其过错大小承担责任。

5. 学生旷课期间发生的人身伤害

学生旷课，家长以为已去上学；而学校不见学生上课，却以为家长知道，这种误会时有发生。学生逃课旷课由于脱离了家长和学校的监管，或沉溺于网吧，或野外游泳，甚至出现违法犯罪的案例。正确的处理方法应当是：教师在发现学生旷课后立即报告校方，校方立即联系家长，通报该生旷课情况，同时尽力查找学生下落。一般来说，如果学校及时通知家长，及时查找学生下落，就能大大减少发生学生伤害事故的几率。《预防未成年人犯罪法》规定："中小学生旷课的，学校应当及时与其父母或者其他监护人取得联系。"这就是说及时通知旷课学生的父母或者其他监护人是学校的法定义务，如学校未尽该义务就有可能为自己的过失承担相应的责任。

6. 学校指派学生护送生病学生去医院或回家时发生的人身伤害

未成年学生在学校生病，一些教师会指派学生护送生病学生去医院看病或护送其回家。这种处理方法存在着很大的漏洞，即一旦学生病情突变，或家长不在家，陪同的学生不能正确判断病情，无法作出正确的决策，导致生病学生的病情加重甚至死亡，学校就要为自己的行为承担相应责任。因此学校在办学期间遇有生病学生，正确的做法应当是指派教师陪同其去医院治疗，同时通知家长，而不应指派学生陪同生病学生去医院看病或护送其回家。遇有轻微伤的学生，教师在指派学生护送该生去医院看病前，应向护送的学生详细交代各项细节，并以手机等即时联络方式保持联系，事后应及时向生病学生和护送学生了解学生病情，防止出现治疗中的各种意外情况。同时校方应及时向家长报告学生病况，便于家长及时赶到，履行自己的监护职责。

（三）寄宿制学校对其未成年学生的安全保障义务

随着我国教育体制改革的不断深入，寄宿制中小学校在全国各地不断涌现，如何界定寄宿制学校与其寄宿学生之间的关系以及如何处理发生在寄宿制学校中的学生伤害事故问题，开始成为社会各方面关注的重点。由于寄宿制学校有其不同于一般学校的特点，因此应当单独进行讨论。

寄宿制是指学生集中住校学习、生活，实行封闭式管理的一种办学体制，学生除节假期离校回家外，日常学习、生活全部在学校内进行。寄宿制学校对寄宿学生所实施的教育和管理，其实只是学校管理体制的一种扩展，即将一般学校对学生上学期间进行教育、管理、保护的职责延伸至学生整个寄宿生活期间。但是从法律的角度看，这已引起法律关系的一系列变化。

我国的寄宿制学校主要有两种类型，一类是学校根据自身的条件和社会的需要向社会提供的一种有偿的寄宿服务，这类有偿服务性的寄宿制学校与学生家长所构成的是有偿的寄宿服务关系。这类学校包括所有的私立寄宿制学校和部分公立寄宿制学校。另一类是由于实施某项教育政策的需要而设置的，如一些地区实施撤点并校政策的同时，为解决一些学生上学距离过远问题而设置的寄宿制学校。由于这类政策性的寄宿制学校所体现的是公共政策意志，因此与其寄宿学生的家长所构成的是一类公法上的关系。这类学校主要是公立学校。两类寄宿制学校有着不同的性质。第一类寄宿制学校的寄宿管理主要是一种学校的意思与行为，而第二类寄宿制学校的寄宿管理则更多地表现为政府的意志与行为。

有人认为，由于未成年学生在校学习和生活期间，监护人很难完全履行监护职责，确保被监护人的安全，因此需要学校在监护人不能或者不能很好地行使监护职责时代替监护人来履行保护未成年人人身安全的职责。未成年学生在学校期间，监护职责从家长转移给了学校，学校由此成为未成年学生在校期间的监护人。这是一种较早形成的法理学观点。提出这一观点的一个主要理由是学校的特殊社会功能和职业要求，决定了学校在保护学生身心健康方面具有不可推卸的安全保障职责。然而这一观点忽视了学校与监护人二者对未成年人所履行的职责有着性质上的区别。这种区别表现在四个方面：第一，取得方式不同。监护人的监护职责主要有法定监护、意定监护和指定监护三种取得方式，而学校的安全保障职责则源于法律、法规、规章的规定。第二，性质不同。根据《民法通则》第 16 条和《关于贯彻执行〈中华人民共和国民法通则〉若干问题的意见（试行）》的规定，监护关系是基于亲属关系而成立的一种私权关系，属于亲权的一个组成部分。而学校对未成年学生人身方面的安全保障职责从内容看，尽管与监护人的监护职责有着某种形式上的相似之处，但是其法律性质却截然不同。学校的这种职责是由《教育法》、《教师法》、《未成年人保护法》规定的，是以教育与被教育、管理与被管理为基本内容而成立的一种公法关系，属于教育权的一个组成部分。第三，内涵不同。监护人的法定监护职责包括：保护被监护人的身体健康；照顾被监护人的生活；管理和保护被监护人的财产；代理被监护人进行民事诉讼；对被监护人进行管理和教育；在被监护人合法权益受到侵害或者与人发生争议时，代理其进行诉讼。学校的安全保障职责主要包括教育、管理和保护职责。显然，监护职责的内容要广于学校的安全保障职责。第四，归责原则不同。学生在学期间如发生了人身伤害事故，应该依据过错责任原则归结法律责任。相对于监护人的无过错责任原则而言，"有无过错"是学校职责区别于监护人职责的一个重要方面。

由于以上原因，教育部的《学生伤害事故处理办法》明确规定学校对未成年学生不承担监护职责。但《学生伤害事故处理办法》同时又规定："法律有规定的或者学校依法接受委托承担相应监护职责的情形除外。"这意味着学校虽然不是未成年学生的监护人，一般不承担对未成年学生的监护职责，但学校在下列两种情形中有可能承担监护职责。一种情形是法律有规定的前提下，如学校经由法律规定的特定机构（人民法院或者其他指定单位）的指定而履行监护职责，这种情形一般是学校职工的未成年子女在父母不能履行监护职责时，若无其他法定监护人的，依法律规定，学校作为其父母所在单位有可能被指定担任该未成年人的监护人。另一种情形是在提供有偿寄宿服务的寄宿制学校，其所提供的有偿寄宿服务本身具有一种服务贸易的性质，当家长把孩子送到学校上学时，即意味着家长把本应由自己行使的监护权委托给了学校，由学校代理本该由未成年学生的家长行使的监护权，于是在学校与学生家长之间形成了一种基于委托人的意思表示而发生的委托代理关系。

最高人民法院《关于贯彻执行〈中华人民共和国民法通则〉若干问题的意见（试行）》第 26 条对监护职责的委托作了这样的规定："监护人可以将监护职责部分或全部委托给他人。因被监护人的侵权行为需要承担民事责任的，应当由监护人承担，但另有约定的除外；被委托人确有过错的，负连带责任。"这就是说，监护权是可以委托，由他人代理的。在委托代理的过程中，被委托人承担过错责任。一般来说，在教育教学时间内学校对未成年学生的安全保障都是以自己的名义实施的行为，即以教育者的身份，依据国家规定的教育目的和教育标准对其学生实施的教育、管理和保护行为。寄宿制学校，无论是政策性的寄宿制学校还是有偿服务性的寄宿制学校，在规定的教育教学时间内对未成年学生的安全保障都是以自己的名义实施的行为，即以教育者的身份，依据国家规定的教育目的和教育标准对其学生实施的教育、管理和保护行为。但在教育教学时间之外，走读学生已经放学回家，而寄宿学生则留在了学校。与规定的教育教学时间不同，这段时间本应由监护人承担对自己的未成年子女的监护职责，但由于未成年学生寄宿于学校，监护人要对自己的未成年子女履行监护职责，对被监护人进行管理和照顾就非常困难了，因此需要寄宿制学校在监护人不能行使监护职责时或无法很好地行使监护职责时代替监护人来承担某些职责。对于政策性的寄宿制学校来说，这种安全保障职责仍然具有公法的性质，由此学校与其寄宿学生之间构成的仍然是一种公法上的教育法律关系。而对于有偿服务性的寄宿制学校来说，这种职责表现为一种以代理人的名义，在其代理权限内实施的民事法律行为，与其学生构成了一种以监护代理为内容的民事法律关系。在这一关系中，学生家长是监护人，学校是监护人代理人，而学生则是第三人。学校对未成年学生的这种监护职责来源于学生监护人的授权，监护人将监护职责中适于学校履行的部分委托给学校，同时向学校支付服务费用。

寄宿制学校与寄宿学生家长之间的委托代理关系的成立应有明确的法律形式。《民法通则》第 65 条规定："民事法律行为的委托代理，可以用书面形式，也可以用口头形式。法律规定应当用书面形式的，应当用书面形式。"由于寄宿过程中委托人与受托人之间存在着较复杂的责任，并且经常会导致纠纷，因此应当把委托人和受托人之间的共同意思表示规定为这种关系确立的必要条件，并且用书面形式表示为好。

四、处理学校安全保障义务纠纷的若干原则

（一）谁主张谁举证

《民事诉讼法》第 64 条第 1 款规定："当事人对自己提出的主张，有责

任提供证据。"这意味着在过错责任的情况下，适用"谁主张，谁举证"的举证责任分担原则。根据这一举证原则，首先由作出肯定性主张的一方负责举证，并经法庭认可，否定性主张一方则不负举证责任。如否定性主张一方反驳或提出新的主张，就应举证证明并经法庭认可。如在学生伤害事故中，受害学生要求学校赔偿因过错侵害导致的财产损失的，该学生就应为自己的求偿主张举证，学校则不必对自己没有过错的主张负举证责任。如学校主张该学生对损害事实的发生也有过错，则学校就应对此主张负举证责任，同理该学生则不必对自己没有过错的主张负举证责任。无论原告还是被告的举证，如经对方反驳，则要再举证。因此在审判实践中，单一的举证责任分配几乎不存在，民事诉讼中的举证过程是对立双方为支持自己主张的事实而交替举证的转移运动过程。

受害人须证明的事实主要包括构成民事侵权行为的四个基本要件。

1. 侵权造成的损害事实

应证明损害事实发生的时间、地点、损害的客体、损害的对象、损害的结果、损害的性质和损失的范围。侵害物质性人格权的，还要证明身体伤害的程度，是否丧失劳动能力，是否造成死亡结果；证明由此造成的财产损失数额。

2. 被告的违法行为

应证明行为人的民事行为能力，确认其是否具有责任能力；应证明行为人行为的性质，是作为还是不作为；应证明行为的具体方式，实施行为的前后经过；应证明行为人的行为是否违法，违反什么法律规定；等等。

3. 行为与损害的因果关系

证明的方法主要有：（1）对客观事实的证明，如证人、证言；（2）采用科学技术进行鉴定；（3）进行合乎常理的推论。

4. 加害人的过错

应证明行为人在实施违法行为时对行为后果的主观态度。如证明故意，应当证明行为人的行为动机、目的，或者证明行为人对行为后果已经预见并希望或听任这种结果发生的主观心理活动。如证明过失，应证明行为人是否对受害人权利的损害有注意义务，负有何种程度的义务，该注意义务没有尽到的客观事实等。

在学生事故中，如果完全由未成年学生承担举证责任，判断行为人在主观上是否有过错确实存在一定的困难，因此在司法实践中对这种情况一般采用客观化的过错判断标准来减轻受害人的举证责任，以利于对未成年学生的救济。该做法的顺序是首先判断学校有无安全保障义务以及应负何种程度的安全保障义务，在确定学校所负安全保障义务的基础上，认定学校是否违反了该义务。由于学校对未成年学生所负的安全保障义务是一种特殊的教育、管理义务，衡量这一义务的标准是一种高于一般人注意标准的专业行为标准。但这种标准仍应有其合理的限度，不能要求学校履行超出其职责和能力范围的无限注意义务。

（二）受害人对损害的发生也有过错的，可以减轻侵害人的民事责任

在侵权案件中，受害人和侵害人对损害的发生都具有过错的，实行过失相抵规则，减轻侵害人的民事责任。我国《民法通则》第 131 条规定："受害人对于损害的发生也有过错的，可以减轻侵害人的民事责任。"最高法院《关于审理人身损害赔偿案件适用法律若干问题的解释》第 2 条规定："受害人对同一损害的发生或者扩大有故意、过失的，依照民法通则第一百三十一条的规定，可以减轻或者免除赔偿义务人的赔偿责任。但侵权人因故意或者重大过失致人损害，受害人只有一般过失的，不减轻赔偿义务人的赔偿责任。适用民法通则第一百零六条第三款规定确定赔偿义务人的赔偿责任时，受害人有重大过失的，可以减轻赔偿义务人的赔偿责任。"受害人与侵害人对损害的发生都具有过错，所形成的就是混合过错。认定混合过错时应当明确，受害人的过错并不是损害发生的唯一原因，否则就应认定为受害人自己引起损害的发生而使侵害人免责。认定混合过错时还应准确判定侵害人的过错在损害发生中所起的作用，即如果受害人的过错程度轻微，对损害的发生只起到轻微的作用，而侵害人是基于故意或重大过失实施加害行为的，则应根据具体情况认定侵害人的行为是损害发生的唯一原因，并使其完全负责。

以混合过错为前提的归责，一般通过比较过错和比较原因力的方式来确定侵害人和受害人的各自责任范围。比较过错是指在混合过错中，通过确定并比较侵害人的过错程度，以决定责任的承担和责任的范围。具体的方法是将双方当事人的过错程度具体确定为一定的比例，从而确定出责任范围。原因力是指在构成损害结果的共同原因中，每一个原因对于损害结果发生或扩大所产生的作用力。相对于过错而言，原因力对于过失相抵责任范围的影响

具有相对性，这是因为过失相抵责任分担的主要标准是双方当事人的过错程度，而原因力大小尽管也影响过失相抵责任的大小，但要受双方过错程度比较的制约。

混合过错中的受害人过失与侵权人过失是不同的，侵权人的过失以违反注意义务为要件，而受害人的过失只需存在单纯的不注意即可构成。然而在学生伤害事故中，由于受害学生受心理发展所限，并不具备或不完全具备指向危险发生的注意品质，因此受害人的过失应否形成混合过错就成为一个问题。如学生之间因追打嬉闹而导致的人身伤害，受害人的过失一般存在如下两种情况：一种情况是受害人的损害虽然不是由受害人和加害人的行为结合所直接造成的，但受害人在损害事件产生的过程中具有过错。比如由受伤害学生引发学生间的斗殴，最后受到加害人的伤害，这种情况如果没有受害人的过错行为在先，就不会发生加害人的致害行为。另一种情况是受害人的过错与加害人的过错偶然结合，如双方在奔跑过程中的偶然碰撞造成了受害人的损害，双方的行为都是损害发生的直接原因。对于加害人来说，违反了学校在楼内走廊奔跑的禁止性规定，导致了受害人的损害结果；对于受害人来说，通常应该预见并能够采取措施避免损害的发生，然而其因疏忽大意等原因没有预见并采取措施避免损害的发生，即由于受害人的行为形成了某种不合理的危险，使自己处于一种极易遭受损害的危险状态中，因而受害人对损害的发生也有过错。如果在上述情况中受害人的过失不影响加害人的责任承担，显然会出现不公平的结果。因此在上述情况中把受害人过错列为加害人责任减轻的一个条件，根据双方各自的过错程度适当分担责任就是合理的。

（三）加害人的主观过错程度，对其赔偿的范围有一定的影响

在侵权民事责任中，加害人在实施侵权行为时，是否预见到损害的实际后果一般不影响其赔偿后果。换言之，承担赔偿责任的后果与能否预见损害的后果关系不大，而主要看行为人的主观过错。主观过错是指行为人实施违法行为时的心理状态，一般可区分为故意与过失两种情况。故意是指行为人明知自己的行为会发生危害社会的结果但还希望或者放任这种结果发生的一种主观心理状态；过失是指行为人应该预见到自己的行为可能发生危害社会的结果，因为疏忽大意而未预见到，或者已经预见却心存侥幸，轻信能够避免的一种心理状态。一般而言，假定其他条件和环境不变，行为人的主观过

错越大，相应地承担的责任就越大。在侵权责任法中区分故意与过失的意义在于体现同种情况同样对待，不同情况区别对待的公平原则。

以上述原则来看学生伤害事故，学校侵害学生的身体权、健康权、生命权，如果为故意的，责任就大，若为过失的，责任相对较小。一般而言，过失是学生伤害事故的主要原因，如何判定学校过失的轻重就是处理学生伤害事故的重要方面。判定过失轻重的重要指标是行为人的注意义务，通过注意义务使过失判定客观化，最终实现对受害人的救济。通说认为，注意义务的客观标准有三：第一，普通人的注意，即以一般人在通常情况下应当能够注意到作为标准。一般人在一般情况下应该能够注意到却没有注意，即可判定有过失。这是一种客观标准。第二，应与处理自己的事务为同一注意，即如果行为人不能证明自己在主观上已经尽到了与处理自己的事务同样的注意义务，则认定有过失。这是一种主观标准。第三，善良管理人的注意，即以具有相当知识和经验的人对于一定事件应尽的注意作为标准，客观地加以认定。这是一种客观标准。

上述三种注意义务，从低到高构成三个层次，即普通人的注意、应与处理自己事务为同一注意和善良管理人的注意。与此相对应，违反这三种注意义务则构成三种过失，即重大过失、具体轻过失和抽象轻过失。重大过失是指违反普通人的注意义务，如果行为人仅用一般人的注意在通常情况下就可预见，而怠于注意，就应当认定存在重大过失；具体轻过失（一般过失）是指违反应与处理自己事务为同一注意的义务，如果行为人不能证明自己在主观上已尽该种注意义务，即存在具体轻过失；抽象轻过失（轻微过失）是指违反善良管理人的注意义务，这种过失是抽象的，不以行为人的主观意志为标准，而以客观上应不应达到为标准，因而这种注意的义务最高。此外，在共同过错、混合过错及第三人过错的情况之下，不同主体主观过错程度的不同也会直接决定其民事责任的轻重，在进行责任分配时，要考虑不同主体过错程度的轻重，据此分担赔偿的责任。

依过错程度确定责任是过错责任的重要归责方法。但是任何事情都不能一概而论，侵权行为的复杂性、损害情况的多样性也不得不使人们在处理侵权民事行为时除了按过错程度之外，还要考虑其他因素。如在行为人主观过错较重而损害轻微的情况下，使侵权行为人负较重的赔偿责任就会造成受害人不当得利的结果。在主观过错较轻但损害重大的情况下，由侵权人负完全赔偿责任显然过于苛刻，而不负责任或承担较轻的责任对受害人显然又不公平。由此可见，在归责时把过错程度与赔偿范围完全对应也会产生问题，因此过错程度对赔偿范围的影响是相对的、有限的。在过错程度较重而损害较轻的情况下，并不排除在依据行为人过错程度确定赔偿责任的同时要求行为人承担其他形式的法律责任。而在过错程度较轻而损害较重的情况下，应从公平的立场出发，依据过错程度、当事人的经济状况、客观环境等因素的综合考虑，减轻行为人的责任。

（四）加害人一般只对自己的过错行为承担赔偿责任

行为人因过错侵害他人民事权益的，应当承担侵权责任。当过错出现在不同的行为人之间时，应由这些行为人共同分担责任。

侵权责任的分担有如下几种性质不同的情况。一种情况是责任分担存在于加害人与被害人之间。如前所说，这种情况加害人与被害人对损害的发生都具有原因力，所以在分配上应根据其原因力去分担双方的责任范围，二者有一个过失相抵的问题。另一种情况是责任分担存在于加害人与加害人之间。依照《侵权责任法》的规定，二人以上有意思联络的共同侵权，造成他人损害的，应当承担连带责任。二人以上无意思联络的分别侵权，造成同一损害，能够确定责任大小的，各自承担相应的责任；难以确定责任大小的，平均承担赔偿责任。第三种情况是第三人过错，是指除原告和被告之外的第三人，对原告的损害的发生和扩大具有过错。第三人过错既不同于普通过错，也不同于混合过错和共同过错，因为第三人既不是原告，也不是与被告之间具有共同过错的共同被告。如果第三人和被告之间具有共同的意思联络，或者被告对第三人的行为能够预见，从而使他们之间具有共同过失，则第三人的行为就和被告的行为一起构成一个整体，作为共同被告而对受害的原告负连带责任，这一过错就不成其为第三人过错了。因此所谓第三人过错是指除行为人及受害人之外的第三人对受害人受到的损害所具有的过错。《侵权责任法》第28条规定："损害是因为第三人造成的，第三人应当承担侵权责任。"这就是说由于第三人的加害行为而造成的未成年学生人身伤害，应由第三人承担侵权责任。但在下述两种情况下学校应当承担补充责任。一是加害人无法确定时，由学校作为补充责任人承担全部责任；二是虽能确认对损害负有赔偿责任的第三人，但其资力不足以承担全部责任时，则先由对损害负有赔偿责任的第三人尽力承担责任，剩余部分由负有补充责任的学校承担。设置补充责任，一方面是给予受害人必要的充分的保护，以使其受到的人身损害得到补偿，另一方面又必须考虑到补充责任人经济赔偿的承受能力。比如学校，如果因为侵权案件承担了过重的经济赔偿责任，则会直接影响其正常教育教学活动的开展，因此第三人过错是减轻或免除被告民事责任的抗辩事由。

学生伤害事故中的第三人责任主要包括如下几种情况：一是在学校安排学生参加的活动中，因提供场地、设备、交通工具、食品及其他消费与服务的经营者，或学校以外的活动组织者的过错造成学生伤害事故而应承担的责任；二是在校学生由于过错给其他学生造成伤害事故而应由本人或者监护人承担的责任；三是校外第三人进入学校，对在校的未成年学生实施人身伤害。在这几类案件中，作为责任人的第三人和作为补充责任人的学校在责任顺序上是有差异的，学校在承担了补充责任之后，获得对加害人或者其他赔偿义务人的追偿权。

然而实践中有时会出现这样的情况，即第三人虽有过错，但原告并没有向其提出请求或对其提起诉讼，而仅对被告提起诉讼并要求其承担责任，这时被告应就第三人对损害的发生有过错提出举证，以求被免责或减轻责任。

（五）在过错证明实行举证责任倒置时，如学校认为自己没有过错，应负举证责任

在违反安全保障义务的侵权责任的构成要件中，安全保障义务人的过错是要件之一，这种过错的性质实际地表现在其违反安全保障义务的行为中，应当通过对其行为的考察作出判断。在适用过错推定原则时，过错的证明实行举证责任倒置。这就是说，只要受害人证明义务人未尽到安全保障义务，并且对受害人已造成损害，就直接从损害事实和违反安全保障义务的行为中推定义务人有过失。如果义务人认为自己没有过错，应当自己举证，证明自己没有过错。证明自己没有过错的，推翻过错推定，义务人不承担侵权责任；反之，不能证明或者证明不足的，过错推定成立，构成侵权责任。

严格地说，安全保障义务人要证明自己没有过错是较难的。因为推定过错的基础是行为人违反安全保障义务，受害人已经证明了行为人违反安全保障义务，也就是说，在违反安全保障义务的行为中实际上已经包含了过错。义务人如果要证明自己没有过错，必须证明自己的安全保障义务的合理性标

准何在，自己的行为已经达到了这一标准，因此没有过失；或者证明自己虽然没有达到要求的上述合理性标准，但是另有抗辩的原因，或者由于不可抗力，或者由于自己意志以外的原因，或者是第三人的原因行为所致，等等。义务人如能证明这些内容，则应认定其没有构成过错要件，不构成侵权责任。

参考文献

陈现杰.2004.最高人民法院人身损害赔偿司法解释精髓诠释（下）[M]∥王利明.判解研究（2004年第4辑）.北京：人民法院出版社：20.

张新宝，唐青林. 2003.经营者对服务场所的安全保障义务[J].法学研究（3）.

On Primary and Middle Schools' Obligation of Protecting Minor Students' Safety

Lao Kaisheng

Abstract：Primary and middle schools' obligation of educating, managing and protecting minor students can be summarized as the obligation of safety protection, which is helpful to the judicial intervention and regulation. Schools undertake the major obligation of safety protection in terms of educating, managing and protecting students. It is morally and economically reasonable to set up schools' obligation of safety protection; however, the obligation must be set to a reasonable limit. As more and more people in all sectors of the society have increasingly higher demand on schools' obligation of safety protection, the judicature also requires schools to undertake major obligation of care and protection in order to provide special protection to the aggrieved parties. Those changes promote the construction of schools safety while impose a huge burden on schools. Therefore, schools' capability to handle dangerous situations must be taken into consideration and the protection of schools' legitimate rights and interests must be valued in the course of setting up schools' obligation of protecting students' safety. Although there are certain stand-ards and limits as to schools' obligation of safety protection, there is some confusion and no uniform standard in the judgment of whether schools should undertake civil liability in specific situations due to the various causes and complex conditions of the students' injury accidents. And the legal disputes owing to schools' education and management methods are very common among primary and middle schools. Several principles on how to deal with students' injury accidents as a result of schools' neglect of the obligation of safety protection are put forward at the end of the paper.

Key words: primary and middle schools, the obligation of safety protection, students' injury accidents

作者简介
劳凯声，首都师范大学教育学院教授，博士生导师。主要研究方向：教育法律、教育政策。

□余雅风

教育问责的理论基础新探①

【摘　要】教育问责理论基础的确立，必须结合教育的基本属性和内在要求。简单引用行政问责制的理论基础，缺乏与教育的有机结合和对教育事物本质的逻辑分析，难以对教育问责作出合理解释，亦难以对教育问责制的建构起到理论引领作用。公共性作为教育的基本特性，其所蕴含的合理性、公益性、公开性以及公平性等多元价值，高度契合了教育问责的制度特征，是教育问责的理论基础，也是教育问责制构建的前提和基础。从公共性的视角分析教育问责制，一是要建构理性的教育问责制，确保教育功能的实现；二是要确立多元主体实施的问责，使教育问责制反映社会公益；三是要以问责报告及公示制度为问责的关键环节，确保公众的知情权、参与权与监督权；四是要把教育机会平等作为教育问责的重要考量指标，维护教育公平。

【关键词】教育问责，理论基础，公共性，制度建构

　　任何一项制度的创建都是架构在与之相对应的理论基础之上的。教育问责制度的构建，必须首先挖掘出埋藏在

　　① 【基金项目】教育部人文社会科学研究 2009 年度规划项目"公共教育体制改革中的高校问责法律制度研究"（项目批准号：09YJA880011）。

深处的社会价值取向，追问其合理性。对教育问责作学理上的探究，找到在现代社会中正确处理权力与责任关系的理论根据，是最根本、最重要、最具先导性的研究工作。只有理论根据本身是科学、理性、合乎道德的，以此为依据所进行的立法选择与制度建构才能合乎正义，法律与制度的运行才会畅通，问责才会有效，而这一点恰恰是以往研究所忽略的。要确立教育问责的基本价值与理论基础，需要对教育的内在属性与特征有深刻、客观的把握与认识。

一、教育问责理论基础的确立，必须结合教育的基本属性

"问责"一词源于西方公共行政领域，以其面向公众、强调结果、注重效率等优势，逐渐在政治领域、经济领域和社会领域得到广泛的应用。在我国，对问责的理论研究和实践多见于行政领域，研究者对行政问责的理论基础亦作了较多的分析。然而，"任何研究问责制的人很快会发现：问责对于不同的人也具有不同的意义"（Bovens et al, 2008）。20 世纪中后期，问责制在教育领域的应用开始在英美等国流行，经过多年的发展，其制度也臻于完善。教育问责的研究在我国始于 21 世纪伊始，经过 10 多年的发展，已形成一个重要的研究领域。2006 年新修订实施的《义务教育法》第 9 条规定："发生违反本法的重大事件，妨碍义务教育实施，造成重大社会影响的，负有领导责任的人民政府或者人民政府教育行政部门负责人应当引咎辞职。"该规定使得教育问责从理论研究上升为国家制定法。《国家中长期教育改革和发展规划纲要（2010—2020 年）》亦提出：加强教育监督检查，完善教育问责机制。教育问责必将成为我国未来推动教育健康发展的重要机制。那么，为何要教育问责？教育问责的理论基础为何？以教育行政问责、校长问责、高校问责、义务教育问责等具体问责形态为内容的教育问责，简单套用行政问责的理论基础是否合理？这是教育问责研究首先要回答的问题。

（一）以公共选择、责任政府、法治政府、社会契约等理论作为教育问责制的理论基础缺乏与教育的有机结合

从现有有关问责制的研究看，我国大多数研究是关于行政问责的，而关

于行政问责的理论基础，则又是以公共选择理论为主加以论述的。公共选择理论以"经济人"假说为基本行为假设前提，揭示政府管理行为与社会的关系，并对"政府失灵"进行了充分的论证。公共选择学派认为，政府是由人组成的，政府的行为规则是由人来制定的，政府的行为也需要人去决策，而这些人都不可避免地带有"经济人"的特征。因此，政府也会犯错，也会不顾公众利益而追求由政府成员组成的集团的自身利益。"政府失灵"的主要表现有：公共决策的失误、政府机构的低效率、政府部门的自我扩张、官员腐败以及寻租活动的存在。公共选择理论把政府当作一个有自身利益的实体，打破了传统政治学理论对政治人的假设的幻想，认为只有尽量完善政府管理过程，加强对管理者的监督，加大约束力度，才能最大限度地降低"政府失灵"的概率（蒋敬松，2005）。尽管我国与西方资本主义国家的政治制度不同，但从公共管理体制来看，建立在代议制民主决策研究基础上的一些思路和结论，为我国行政问责制的健全和完善提供了有益的启示（宋荣 等，2009）。

主张以法治政府理论确立问责制理论基础的观点认为，问责制之所以成为构建法治政府的不可或缺的要件和推进依法行政的必然要求（姜明安，2008），原因在于：一方面民主政治是法治政府的根基，而民主政治意味着人民当家做主，政府和政府官员为人民服务，向人民负责，另一方面依法执政、依法行政是法治政府的根本，而依法执政、依法行政必须以问责制为保障。而且，以人为本、权为民所用是法治政府的宗旨，必须以严格的问责制对其加以制约，否则，法治政府必将异化。

主张以社会契约（刘祖云，2004）（刘伟锋，2011）、委托—代理（王春城，2009）理论确立问责制理论基础的观点认为，社会契约的缔结、委托—代理关系的建立，意味着政府在享有公共权力的同时，也负担了维护公共利益、服务社会、满足公众需求的责任和义务。如果政府不能履行或不正当履行契约规定的内容或约定的义务，人民就可以从共同体中收回他们交出的权力，对政府及其行政人员进行问责，追究其责任，使其承担否定性后果。我国宪法规定了人民是国家的主人，国家的一切权力属于人民。这意味着如果政府及其工作人员不能认真履行或违背了自己的职责和义务，不能增进人民的福祉，社会公众就有权力追究政府失职人员的责任（王晖，2011）[17]。

这些理论都非常明确地将问责的客体直接指向政府及其职能部门，从

"政府失灵"、政府"依法行政"、政府责任与义务等角度论述对政府及其行政职能部门的行政问责。上述观点虽然可以解释教育行政问责，但并未涉及为何要对作为社会公共组织的高等学校事业法人问责，[1] 或对作为事业单位法定代表人的校长问责。因而，将上述理论作为教育问责的理论基础，明显缺乏与教育内在性质与诉求的有机结合，难以对教育问责起到合理阐释的作用，亦难以对教育问责制的系统建构起到理论引领作用。

（二）以权利与权力的关系、主权在民、控权论、平等正义作为教育问责制的理论基础缺乏对教育事物本质的逻辑分析

主张以权利与权力的关系作为问责制的理论基础的观点认为，在现代法治国家，"权力"与"权利"是一种"服务"、"保障"与"促进"的关系。在国家政治权力的实际运作过程中，国家政治权力与公民权利之间还存在相互制约、相互矛盾的关系，甚至在某些特殊时期还会发生严重冲突。因而，建立、健全权力制约机制是建设民主制国家的基本环节（王晖，2011）[16]。我国的政治文明建设和公共管理实践迫切要求政府采取有效的措施查处滥用权力、危害人民群众权利的违法现象。在这种政治权力与公民权利（主要指官员的政治权力与人民群众的政治权利）矛盾凸显的时刻，问责制应运而生。构建问责制，要从权力与权利关系的角度进行分析，消除三大障碍："重新审视权与法的关系，消除权大于法的障碍；重新审视权与民的关系，消除权力只对上级负责的障碍；重新审视权与责的关系，消除只热衷于权力而漠视责任的障碍"（顾思伟，2007）。

主张以主权在民理论作为问责制理论基础的观点认为，从政治角度看，现代民主政治在诠释公共权力的来源时都有"主权在民"的主张。国家的一切权力来源于人民，人民是国家的主人。国内外学者都认为，行使人民赋予的公共权力和承担相应的责任是不可分离的，如果权力的行使者出现了违背民意的问题，就应接受责任的追究（卢锐，谭安富，2006）（杨明成，2010）。行政问责制本质上是以人民主权思想为理论基础，为保障人民主权的宪法原则落实而建立的一项制度，它以责任为后盾，确保权力运行不脱离人民的监督（王晖，2011）[14]。一切政府权力都是派生性权力，其权力的本源是人民共同体。因此，作为国家行政权力的行使者，应对权力授予者承担责任。在一切行政问责中，行政官员承担的责任在本质上都是对人民承担的

责任，问责的不同形式只是使责任最终得以实现的种种途径。行政问责制的宪法基础是人民主权理论。

主张以平等正义来确立问责制理论基础的观点（吴春江，2010）认为，平等意味着行政管理者不应有任何特权，不能利用手中的权力给予任何人优先权，即特殊照顾。对于公民来说，在行政管理过程中，行政管理者与公民、公民与公民都应是平等的关系。作为行政管理者的政府及其公务员首先需要承担的行政伦理责任是坚持正义的原则。正义是一个古老而又常新的概念，通常指公正、公平、公道，它是行政权力行使的基本价值取向。这意味着无论在什么样的行政管理实践中都应坚持正义，否则便要承担伦理责任。因此，建构行政问责制的合法依据便是正义对公共权力行使者的要求以及公共权力行使者基于正义理念的要求所必须担当的行政伦理责任。

上述理论虽然在措词上撇开了政府，从权利及其诉求、权力及其制约等角度加以论述，但分析其内容与观点不难看出，其依然是直指政府的权力，主要是从公民权利的角度探讨对政府的问责，依然是为行政问责提供理论依据。同样，上述观点可以解释教育行政问责，但并未涉及为何要对作为社会公共组织的高等学校事业法人问责，或对作为事业单位法定代表人的校长问责。权利与权力不是平白无故存在的。无论是应然还是实然的权利、权力，都应具有其存在的基础与理性思考，若脱离事物内在的要求，而仅以权利与权力的关系作为教育问责的基础，则过于苍白，缺乏对教育事物深层内在的分析，同样难以对教育问责起到合理阐释的作用，亦难以对教育问责制的系统建构起到理论引领作用。

二、教育的公共性：教育问责制的理论基础

一种责任制度能否独立存在以及是否需要独立存在，主要看社会的现实需要。教育问责的推行，不仅有现实的原因，而且可以从更深层次对其进行必要性论证。教育问责的理论基础是教育问责制构建的前提和基础，是极其重要的理论研究。理论基础虽不直接具有制度的效力，但任何法律与制度背后无不以必要的理论为其支撑，法律与制度只有合法、合理，才能成为人们遵守的依据。教育问责制的推行也并非空穴来风，它作为当代教育体制改革的制度创新，蕴含着极为深刻的价值诉求和教育理念。教育问责制，其理论

依据从源头上应是教育的公共性理论。

(一) 公共性是教育的基本属性

"公共性本身就表现为一个独立的领域，即公共领域，它与私人领域是相对的。"（哈贝马斯，1999）公共性是"具有广泛社会一般利害的性质"（小林直树，1989），其内容包括：①同一社会成员（国民、住民）共同的必要利益（对社会的有用性和必要性）；②开放给全体成员的共同消费及利用的可能性；③在前两个前提基础上，主要由公共的主体（国家、各级政府）运作和管理。教育的公共性并不等于国家垄断教育，当然也不等于公立或公办教育。应以教育的私事性为基础，以尊重个人的学习与受教育权利，教师的教育自由，以及父母为子女选择学校的权利为基本前提，来建构现代公共教育制度。由此，可以这样认为，教育的公共性是指教育涉及社会公众、公共经费以及社会资源的使用，影响社会成员共同的必要利益，其共同消费和利用的可能性开放给全体成员，其结果为全体社会成员得以共享的性质（余雅风，2012）。

现代教育是由政府向社会成员提供，可以为每个社会成员消费的最基本的教育服务的总称。它是从多种观点出发，有目的、有计划地加以组织和运筹的，目的是实现广大国民的教育福利（筑波大学教育学研究会，2003）。在此意义上，现代的学校教育、社会教育具有显著的公共性，公共性构成了现代教育最基本的特性。具体表现为：①教育的目的与功能的公共性。教育具有直接使公民个人受益、间接使整个社会受益的功能，是人类社会赖以生存和发展的重要基础。②教育价值观的公共性。公共教育的内涵在于公平，它面向的是整个社会成员而不是少数的精英阶层，注重基于民主参与理念的社会福利。③教育成果的公共性。表现为它超越了人为的地理界限，不但对公民个人产生直接的影响，而且还会对整个社会产生影响，从而使所有社会成员都在客观上潜在地、共同地受益。④教育影响的公共性。这集中表现为教育超越了"私域"的范畴，不仅仅影响单个人或团体，而且正在或将要对多数或绝大多数人、团体产生普遍的影响，并促使政府机构制定相应的公共政策。⑤教育管理主体的公共性。在现代社会，这种特征主要表现为教育管理主体代表大多数人的利益，依法行使公共教育权力，把实现公众依靠个人无法实现的利益作为现代教育存在的价值体现。⑥教育问题的公共性。构成教育管理的对象的，主要是学校教育和社会教育，它们是作为公共的教育机会与组织、制度而被设定的。与私人问题可以通过市场得到解决不同，国家必须运用公共权力，通过立法或制订规则的方式解决教育问题。

由于教育的特殊性以及教育法律关系的复杂性和特殊性，相关的立法也必须考虑教育活动的特点、规律和教育发展的趋势，利用教育学的理论研究成果。从教育的目标层面看，教育的公共性表现了教育所具有的直接使个人受益，间接使社会受益的责任和功效。作为教育的基本属性，公共性要求以社会中的每个人为本位，广泛提供教育福利，在实现人的发展的基础上实现社会的发展，这些都需要通过特殊的、有效的手段积极促成。以公共性作为基本理论推导出教育问责的应然性，可以合理解释教育问责制所赖以建立的基本理论问题，重点解决教育问责的制度基础与建构问题。

（二）公共性中所蕴含的多元价值，与教育问责的制度特征高度契合

基于教育的公共性，对所有具有潜能的学生提供经济和教育方面的帮助以及提供平等的教育机会；致力于新知识的探索，保证和提高教育质量，为社会提供知识、技术、文化等方面的社会服务；国家对学校和学生提供经费支持，以维护学校教育质量和学术质量，同时保证具有潜能的学生能进入学校学习；有效率地使用公共经费，提高教育质量和学术水平，使教育为社会服务；保证教育的中立性，实现教育与政治、宗教的分离……这些成为各国规制教育公共性的核心内容（余雅风，2010）。教育公共性中所蕴含的合理性、公益性、公开性、参与性等多元价值，高度契合了教育问责的制度特征。

1. 合理性

现代教育首要的一点就在于它能提出培养全面发展的个人这一目的并把它付诸实施（黄济 等，1999）[173]，现代教育是科学教育，公共性的教育应是科学理性的。必须提高教育质量，培养和提高学生的探究能力与态度，使他们将来能够解决社会生活中所遇到的与科学有关的各种问题。提高教育质量是21世纪世界教育总的价值取向，世界各国都把提高教育质量放在教育发展的首位。要提高教育质量，就要遵循教育规律，遵循儿童青少年的发展规律，改革培养人才的模式和改善教育教学方法。

　　借问责的方式保障质量已成为当下的国际趋势，问责也成为教育质量保障系统中的核心概念（Odhiambo，2008）。一方面，理性体现在问责的目的上，即问责要保障教育的理性。教育问责制关注教育结果，即学生的学习成就。学生的学习成就不仅包括在校期间的读、写、算等基本能力和相应的分数，而且包括毕业后继续学习的必要能力和改造社会的创新能力。另一方面，理性也体现在问责的方式上，即要合理评价学校的成就。因为学习结果固然是质量的主要表征，但影响学习结果的因素又是多样的。教育问责报告要反映教育的成果，仅评价学习的结果是远远不够的，因为学校工作还受到其他多方面因素的影响。正因如此，美国教育问责报告设计的一个趋势是将评价结果放在其他指标所构成的脉络中加以考虑（Sheinker et al，2001）。

2. 公益性

　　公共性强调的是社会公共利益与社会公平，在谋求社会福利的基础上促进社会和个人的发展。个人私益与社会公益的重合与同时满足，是公共性目标价值得以实现的最高境界。教育公共性所要求的公益性，与把行政权力放在绝对优越地位的公共利益本位论不同。教育的公共性应该既是"多数人"的公共性，同时又是"少数人"的公共性，一方面它应该最大限度地满足多数，另一方面它也应当尽可能地保护少数。它强调公民的教育权与受教育权，从教育选择权到教育机会平等原则，无不体现人人能够平等参与和接受教育、享受教育成果的个人利益。但同时它也强调公共教育秩序与社会发展，从行政优先权到公益优先原则，又体现了教育最大限度地满足多数、促进整个社会发展的社会利益。为了实现教育的公共性，不但要求规范行政权力的产生和授权，而且还要求对行政权力行使过程的全面监督以及政府责任的履行。

　　教育问责制内含着对公共利益的追求。政府、学校及其工作人员只能在法律授权范围内行使权力。若其怠于履行职责或越权行政，不但会威胁到公民个人的利益，还会危及整个社会秩序、公共利益。对于政府、学校及其工作人员来说，责任是第一位的，权力是第二位的。权力是尽责的手段，责任才是其真正属性。这意味着政府、学校应积极地回应、满足和实现民众的正当要求，负责任地行使权力。如果政府、学校及其工作人员不能认真履行自己的职责和义务，不能增进社会公共利益和人民的福祉，无法回应公民的期待和信任，社会公众就有权对其问责。为了确保政府、学校及其工作人员能够与公众进行良好的沟通，积极地承担和履行责任，以利于实现公益的最大化，就必须建立明确的覆盖政府、学校及其工作人员的激励机制和责任追究机制，使之无论是基于民主授权还是基于行政授权，都能从责任与激励两个方面受到正确和有效的引导、规范。

3. 公开性

教育现代化的进程是与教育民主化的进程同步向前的。现代教育逐步发展为一个开放的系统，逐步打破少数人特别是社会统治者对教育的垄断、主宰、专制，使教育能够为越来越多的人所享用、掌握和利用（黄济 等，1999）[183,189]。现代社会的社会结构所发生的深层次变化，使教育行政对公共教育的管理带有了多元参与性。"在一个自由的国度里，每个人都认为他和一切公共事务有着利害关系；有权形成并表达自己的意见。对于公共事务，他们反复探究、认真讨论。他们充满好奇、渴望、专注和猜忌，通过使这些事务成为他们的思想和发现的日常话题，大量的成员获得了一种相当不错的知识，有些还获得了相当重要的知识。"（哈贝马斯，1999）[112]对于教育这样一个具有公共性或与公共利益关系密切的领域，教育公共性所体现的公开性价值，要求教育原则上应对所有公民开放，同时，又能有效地保障人们自由表达意见，不受任何教条与强制性权力的干扰，从而有利于全体成员共同消费及利用。

教育问责制的建构强调信息公开，民众知情权的实现是启动教育问责程序的必备条件之一。"实行问责，如果没有信息公开、程序公开的政治方式，或许只是一个乌托邦式的虚构而已！"（葛大汇，2006）作为问责制度一个必不可少的构成要素，问责报告在教育管理实践中一直被广泛使用。如公布各项规章制度的执行情况或资金的使用情况等，其目的主要在于满足公众对教育的知情权。它要求政府、学校不但要向上级管理部门递交年度工作报告，还要向社会公布有关学生成就的信息。信息在学校、政府、家长和社区之间得以自由流通，既有利于教育决策者作出正确决定，也便于家长和社区了解学校和教育管理部门的工作状况，更好地与其合作，对其监督。正因如此，标准、评价、评估等成为问责制的重要术语和内容。

4. 公平性

教育公平是教育民主化的要求，也是教育公共性的要求。公共性体现了公共福祉的理念，其内容有如下要求：必须为共同社会之条件；以全体国民为对象，而非为了私人；需符合比例原则；其兴办必须经住民参加等民主程序（蔡茂寅，1996）。在公共领域，每个公民都有同等的接受教育的权利，都有权通过接受教育提高自己的素质和劳动能力而获得收益。由于教育关系到不同群体的利益，仅靠市场不能真正有效地达到社会公平，而且教育作为公共物品存在外部不经济和搭便车现象，因此，国家必须运用公共权力，通过立法或制订规则的方式解决存在的问题。所以教育问题构成了公共管理的逻辑起点。

　　追求教育公平也是教育问责的主要内容。在历史上，教育问责有着不同的内容定位。无论问责内容发生什么变化，最终不外乎两个方面的内容：效率和公平（张斌，2011a）。教育问责制除了提升学生素质，还在于促进教育公平以及教育问责制度的公平。随着问责理论研究的深入与问责实践的广泛开展，人们意识到，在没有足够支持以及对教育资源和教育机会均等予以保障的情况下，奖优惩劣的问责也许会进一步加剧不同学生之间的学业差距（唐霞，2005）。评价学校在多大程度上促进了学生的学业成就，不能忽视学生的学习机会变量。因此，一个完整的教育问责报告的制定除了涵盖学生学习结果变量外，还应该包含以下两个要素。(1) 学生学习机会变量：与学生学习机会相关的数据，如学生在课堂中接受教学的时间、学校提供给学生的课程信息等。(2) 学生学习情境变量：影响学生学习的条件性因素，如校外条件和学校在维持学习环境上的成功（张斌，2011b）。因此，教育问责制在实施过程中对不同地域、经济状况和能力起点的学生应作出不同的判断。

三、公共性视野下的教育问责制的建构

　　公共性是教育问责的理论基础，其所体现的合理性、公益性、公开性以及公平性为教育问责制的构建提供了一般思维范式和分析维度。教育问责制的构建是综合衡量多种价值的结果，其价值选择就是按照不同主体的需要，取舍、整合社会关系所呈现出来的各种价值，包括经济价值衡量、政治价值衡量、道德价值衡量、历史传统价值衡量等。公共性作为教育的基本特性，是我国教育问责制构建的出发点和归宿，应成为我国教育问责制度构建的基本理念和核心精神。

（一）建构理性的教育问责制，确保教育功能的实现

　　在我国教育实践中，通常是在出现重大事故进行责任追究时才启动问责

程序，因而更多呈现出的是一种感性问责、非理性问责，具有极大的随意性和盲目性。教育问责制是一个严密的动态制度系统，需要进行深入的研究和科学设计。按照理性的原则构建问责制，要求制度制定者深入了解教育以及教育行为，在客观、中立的立场上，熟练运用专业知识，充分、全面、准确、客观地反映教育规律，保证问责制的科学理性，既要避免教育问责的烦琐、功利主义，又要保证不同问责制之间的衔接与协调。教育问责在实践中可以从不同的层面进行，进而呈现出不同的形态。

从教育问责的客体看，政府及其工作人员、教育行政部门及其工作人员、学校及其校长和教师都是问责的对象。由于法律规定的不同问责客体在教育上的职责以及履行职责过程中法律地位的不同，需要具体设计不同形态的问责，并使对不同主体的问责有机契合，保证问责的有效性。只注重对教育行政部门及其工作人员、学校及其校长和教师的问责，而忽视对承担教育经费投入和教育发展宏观设计与监督职责的政府及其工作人员的问责，或者只重视行政问责而忽视对学校的问责，都不是理性的制度设计。

从教育问责的内容看，教育问责制涉及对教育经费使用、制度制定与实施、学生学习成就等的问责。教育问责的具体形态通常是通过对教育质量问责来体现的。在我国应试制度下，分数、重点率、升学率不但成为评价学校、教师教育结果的重要或主要标准，也成为评价教育工作的重要或主要标准，这忽视了教育质量的应然内涵，也忽视了影响教育质量的机会和环境条件。教育质量既体现在教育活动的结果即所培养学生的能力和素质方面，又体现在系统的教育活动过程的各个层面和各个环节上，如师资、管理、教学、科研等（吴遵民 等，2009）。教育质量并不单指学生的学业成绩，而是包括教育教学与教育管理在内的、体现教育活动各要素之间整体水平的系统性的概念。只有系统地协调教育活动中各个要素的相互关系，促使其发挥在教育活动中的积极作用，才能促进义务教育质量的整体提升。因此，教育质量的问责，除了需科学设计衡量教育成果的评价指标，还需要综合考量影响教育成果的机会和环境条件。

从教育问责的结果看，包括肯定性后果与否定性后果，包括奖励与惩罚。教育问责不同于行政问责。为了约束权力，行政问责通常引发的是否定性后果，包括法律责任、政治责任以及道义责任。由于教育问责具有特定的目的，通过对问责客体的奖惩来改进和提高教育质量，应该最终能够促进学生、教师、学校的发展，而不仅仅是对问责对象进行监督、检查、惩罚。奖励与惩罚作为问责的重要机制，不但给学校教育工作带来一定的压力，也带来一定的驱动机制，有利于工作绩效的提升，而且可以避免问责流于形式。

（二）确立多元主体实施的问责，使教育问责制反映社会公益

随着教育发展与经济、社会联系的日益紧密，教育的公益性越来越成为人们关注的焦点。教育的公益性，其利益主体是国家、社会和公众，而不仅限于社会成员中的某些群体或某个个体。政府、社会和学校都应该通过各种措施来保障教育的公益性。问责制是公众意志在公共领域的表达，是有意识的设计与安排。问责制所规定的行为准则，应能够使公共利益与个人利益得到协调与平衡，符合多数人的、长远的利益要求，能被公众认可和接受。

一方面，要强化教育的社会问责，使利益相关者真正成为问责主体。我国新《义务教育法》第 9 条虽然规定，任何社会组织或者个人有权就违反该法的行为向有关国家机关提出检举或者控告，但并未规定相应的检举、控告的保护性程序，整体来看我国也尚未建立起完善的公民参与问责的途径。新《义务教育法》确立的问责仅仅是一种对政府或者政府教育行政部门负责人实施的同体行政问责，问责主体主要还是上级行政机关或专门的监督机关。而单一主体问责无论在理论上还是在实践中都无法使问责制真正起到作用。只有问责主体构成的多样性，才能保证教育问责的全面性、公正性和科学性，维护教育公益。

另一方面，要建立融结果问责与过程问责为一体的问责机制。与行政问责不同，对教育的问责并非一种单一的"事后监督"，而是一种融"事前监督"、"事中监督"、"事后监督"为一体的问责机制。教育关涉公共利益与个人利益，事后监督难以减少损失。当前，教育领域已逐步形成一个多元化的利益结构，政府、学校等各方主体的地位及其权责发生了巨大转变，市场化改革已经对教育的公益性提出了挑战。因此，对教育的问责不仅仅是对教育活动的后果进行评价、审定和处理，而是要在教育活动施行之前和期间进行监督、管理、控制，确保新的利益结构下的教育公益性。

（三）以问责报告及公示制度为问责的关键环节，确保公众知情权、参与权与监督权

教育的公共性除具有实体性价值外，还同时具有程序性价值，"涉及监

督政府、信息公开、公民参与等方面。公众对公共教育政策的制定、资源的分配、决定和裁决的作出、招生和录取等相关信息，应有知情权、参与权和监督权。要求教育立法能够保障民主性，逐步打破教育由少数人的垄断、主宰和专制，使之为更多的人所享用、掌握和利用"（余雅风，2008）[25-26]。从程序上，公众对教育发展状况、学校事务应具有知情权、参与权与监督权。因此，问责制的建立，首先要求信息公开，便于公众对公开的信息进行识别、评价，使承担教育职责的主体与社会之间沿着需求—行动—反馈动态循环，积极回应外界的诉求。

一是要建立政府的问责报告及公示制度，提高信息透明度，消除信息不对称。政府独自掌握了最大量的教育信息资源，与社会、公民之间存在着严重的信息不对称，从而使得社会、公民对政府的监督由于信息的缺失而虚化、弱化。解决这个问题的根本措施就是使政府掌握的信息资源公开化，具体来说就是建立政府的问责报告及公示制度。通过问责报告及公示制度，规定各级政府及其教育行政部门就国家向教育投入的公共经费、教育资源分配、相关政策的作出及内容、招生和收费、教育发展状况、地区学生成就信息等资讯作出说明的义务，让社会了解政府的教育绩效，便于社会监督。

二是要建立学校的问责报告及公示制度。作为监控学校的一种方式，问责报告是问责制度一个必不可少的组成部分并在国外教育实践中得到广泛使用，其目的主要在于满足公众对学校教育的知情权。学校应遵守基本的职责要求，向社会公众公布学校经费的使用情况、学费的收取及使用情况、招生及录取的相关信息、本校学生成就信息（包括学生入学与辍学率、毕业率、升学率、就业率等）、教师专业发展情况、规章制度的执行情况、相关决定及裁定的作出、内容与程序等，让相关利益群体了解学校的教育绩效，同时便于家长、学生行使受教育的选择权。

（四）把教育机会平等作为教育问责的重要考量指标，维护教育公平

目前，我国农村儿童"有学上"的问题基本得到解决。但是"上好学"的问题仍未解决，特别是农村学生辍学问题仍十分突出。研究表明，农村学生辍学不只是因为经济贫困，还因为教育质量低下。如中共中央党校经济学部中国农村九年义务教育调查组总结出影响学生继续求学的"五个贫困"因

素是：“贫困、学困、校困、师困、前景贫困”（李慧莲，2007）。一些农村中小学校特别是村小、片小和教学点，缺乏规范的日常教学管理，课堂教学质量差，教学合格率低。一些重点学校长期得到政府教育投资的重点倾斜，而一些非重点学校政府投入相对较少，导致办学条件较差，致使在学校发展上“马太效应”明显，人为地造就了一批薄弱学校（彭波，2006）。从教育公平的角度看，不仅要求儿童、少年均拥有平等的入学机会，同时也指教育过程的平等，包括教育质量的平等对待。因而，国家保障教育的实施也不只是保障所有适龄儿童、少年能够进入学校，更为重要的是保障进入学校的儿童、少年能够接受同样高质量的教育，从而使教育能够真正促进每一个适龄儿童、少年的发展。

在教育公平问题上，“当前最值得关注的不是历史造成的发展差距，而是导致教育不公平的制度性原因”（杨东平，2001）。实现教育公平，国家除了提供物质援助以消除由经济原因导致的教育机会不平等外，同时还必须提供有效而完善的制度保障。依照我国《宪法》关于公民基本权利的规定，中华人民共和国公民应享有平等的受教育权利。《教育法》则进一步强调，公民不分民族、种族、性别、职业、财产状况、宗教信仰等，依法享有平等的受教育机会。我国宪法以及教育立法对于公民平等受教育权的规定，也使以保障公民平等享受公共服务为目标的教育问责具有了法律依据。强调公平，以公平为价值，也应成为我国教育问责制度设计时必需的考量。

首先，在设计评价指标时，充分考虑影响教育质量的机会和环境条件，使教育问责制在实施过程中对不同地区、经济状况、能力起点的学生作出不同的判断。我国一直习惯于用数量指标衡量或评估教育，国家每年发布的全国教育事业发展统计公报一直用普及率、适龄儿童入学率、辍学率或巩固率等指标来表明教育的状况。作为“国家统一实施的所有适龄儿童、少年必须接受的教育”，义务教育本质上是公平的教育或平等的教育，这种教育首先要求具有统一性。而这种统一性自然蕴含着统一的或相同的质量要求（张乐天，2007）。对于问责的标准来讲，只有让每一个学生都最终达到课程标准的要求，教育教学才既是有效率的，又是公平的，才实现了所谓“卓越且平等”的教育改革目标，满足国家和公众对高质量教育的期望。

其次，教育公平的问责客体重点应是政府。政府是教育资源分配的决定者、维护教育公平政策的制定者以及招生和教师资源的管理者，对地方教育公平起着决定性的作用。依照我国立法，问责可涉及的方面包括以下五项。

（1）教育资源：是否按学校的建设标准和学生人均公用经费标准拨付经费，是否向农村学校、特殊学校和薄弱学校倾斜。（2）学校建设是否符合国家规定的办学标准，是否为学校教育教学活动的正常实施提供必要条件。（3）均衡配置本行政区域内学校师资力量，组织校长、教师的培训和流动，加强对薄弱学校的建设。（4）是否履行对教育教学质量以及义务教育均衡发展状况等进行督导的义务。（5）相关政策的制定等，都应成为问责的基本内容。

　　另外，学校是实施教育教学活动的主要场所，也是教育质量保障的重要组织，承担着维护质量公平的义务。因此，学校理应成为质量公平的问责客体。虽然义务教育实施校长负责制，但我国立法却并没有规定学校以及校长在教育质量低下、任用不合格教师方面承担任何的法律责任。美国的《不让一个孩子掉队法案》规定，联邦经费可首先扶持那些未能使处境不利学生取得必要进步的学校，但是如果这些学校连续三年教学质量未见提高，联邦政府鼓励学生转学到一个更高水平的学校，而原校必须支付用于提高学生成绩的补习费用。如果连续六年教育质量未见改观，学校的员工将进行调整，联邦政府也将削减经费支持。这项规定虽然只是一项拨款策略，但对于学校行为无疑具有积极的规范作用。

参考文献

蔡茂寅.1996.财政作用之权力性与公共性[J].台大法学论丛(4).

葛大汇.2006.地方行政的预算政治与主体问责[J].教育理论与实践(6):27.

顾思伟.2007.基于权力与权利关系的视野看问责制的应然[J].科技咨询导报(12).

哈贝马斯.1999.公共领域的结构转型[M].曹卫东,译.上海:学林出版社.

黄济,王策三.1999.现代教育论[M].北京:人民教育出版社.

姜明安.2008.法治政府与问责制[N].法制日报,10-12.

蒋敬松.2005.责任政府新论[M].北京:社会科学文献出版社.

李慧莲.2007.农村义务教育的现实困境:辍学率反弹拉响警报[EB/OL].(01-18)[2007-11-15].
　http://finance.sina.com.cn/g/20050118/00441300441.shtml.

刘伟锋.2011.浅析行政问责制的内涵及其理论基础[J].行政与法(4).

刘祖云.2004.论公共行政责任存在的逻辑前提[J].南京农业大学学报:社会科学版(3).

卢锐,谭安富.2006.关于我国政府问责制的再思考[J].湖北经济学院学报:人文社会科学版(1):64.

彭波.2006."普九"后义务教育质量公平问题新探[J].当代教育论坛(11).

宋荣,张寿婷.2009.公共选择理论对我国行政问责制建设的几点启示[J].法制与社会(2).

唐霞.2005.问责制对种族及社会经济公平的冲击——美国学校资源和学业成绩的实证分析[J].中外教

育分析报告,20.

王春城.2009.行政问责制中主客体关系的平衡——基于委托代理理论视角的分析[J].行政论坛(3).

王晖.2011.行政问责制的法理基础与制度构建[D].兰州:西北师范大学.

吴春江.2010.试论行政问责制的伦理价值[J].行政与法(8).

吴遵民,赖秀龙.2009.日本基础教育的质量保障机制及启示[J].外国中小学教育(3).

余雅风.2008.新编教育法[M].上海:华东师范大学出版社.

余雅风.2010.构建高等教育公共性的法律保障机制[M].北京:北京师范大学出版社.

余雅风.2012.教育立法必须回应教育的公共性[J].北京师范大学学报 (5).

杨东平.2001.恢复教育的人文性、民主性和公正性[J].二十一世纪评论(2).

杨明成.2010.我国行政问责法律制度研究[D].重庆:西南政法大学.

张斌.2011a.基于标准的教育问责:内涵分析[J].全球教育展望(2).

张斌.2011b.论教育问责报告内容的构成——以美国的教育实践为例[J].外国教育研究(8).

张乐天.2007.促进教育公平关键在提高农村义务教育质量[J].江西教育科研(1).

筑波大学教育学研究会.2003.现代教育学基础[M].钟启泉,译.上海:上海教育出版社.

小林直树.1989.现代公共性の考察[J].公法研究(51).

Bovens M, Schillemans T, Thart P.2008.Dose public accountability works?:an assessment tool[J].Public Administration, 86(1): 225-242.

Odhiambo G. 2008. Elusive search for quality education: the case of quality assurance and teacher accountability[J]. International Journal of Education Management,22(5):417-431.

Sheinker J, Redfield D. 2001. Handbook for professional development in assessment literacy[M]. Washington, D.C.: Council of Chief State School Officers.

Research on the Theoretical Foundation of Education Accountability

Yu Yafeng

Abstract: Both of the basic nature and internal requirement of education must be taken into consideration in the establishment of the theoretical foundation of education accountability. It is difficult to explain education accountability reasonably as well as contribute to the construction of the education accountability systems by simply referring to the theoretical foundation of administrative accountability which lacks the combination with education and logical analysis of educational essence. As the basic nature of education, publicness implies various values such as rationality, public interests, openness and equity which agree with the characteristics of the education accountability systems. Therefore, it is the theoretical foundation of education accountability as well as the premise and base of the construction of education accountability systems. There are four points by analyzing the education accountability systems in the perspective of publicness. Firstly, the education accountability systems should be constructed reasonably to ensure the realization of educational function. Secondly, various bodies should play a role in accountability so that the systems can reflect the public interests. Thirdly, the system of reporting and public notification should be taken as a key part of accountability in order to protect people's rights to learn the truth, participate and supervise. Fourthly, the equality of educational opportunity should be an important assessment index of education accountability so as to safeguard educational equity.

Key words: education accountability, theoretical foundation, publicness, the construction of systems

作者简介

余雅风, 浙江江山人, 博士, 北京师范大学教授、博士生导师, 中国教育学会教育政策与法律研究分会秘书长。研究方向: 教育法学、未成年人法学。

□张瑞芳

我国教育法学研究方法现状及发展趋势

【摘　要】我国教育法学发展30多年来，研究成果大量涌现。本文通过文献分析考察教育法学的研究方法运用与发展趋势，认为作为一门教育学与法学相交叉的学科，教育法学的研究方法呈现出以下特点：在具体研究方法的运用中，当前较成熟的研究方法有历史研究法、比较研究法、法解释研究法、案例法；在研究方法论上，从实证分析法走向价值分析法与社会分析法。同时教育法学的研究中也存在着研究方法意识欠缺的问题，但随着学科的发展成熟，研究方法越来越受到重视，需继续深入研究与拓展。

【关键词】教育法学，研究方法，方法论

一、问题的提出

（一）选题意义

我国的教育法学研究始于20世纪80年代初期，30多年来，教育法学的发展呈现出欣欣向荣的状态，其中显著的特征之一是教育法学研究成果的大量涌现。教育法学界历来重视对学科建设的梳理与总结，但考察相关文献可以发现，较多的学科反思集中于对研究对象的跟踪与分析，对教育法学研究方法的探讨相对较少。① 然而，研究方法对于一门学科来说具有重要的意义。有学者认为，"研究方法是一个中心问题，因为它直接决定着研究的深度和广度"（王嘉毅 等，1996）；更有学者认为，"一切理论的探索，归根结底也是方法的探索"（李醒民 等，2002）。有教育法学研究者认为，"拥有卓有成效的研究方法"是教育法学学科成熟的标志，并认为国外教育法学"形成了概念分析法、案例分析法、比较研究法等卓有成效的研究方法"（周光礼，2007）。"20 世纪可以说是一个方法论的时代，各种方法层出不穷，已经令（法学）研究者目不暇接。"（李其瑞，2005）

　　在这样的背景下，笔者关注我国教育法学研究方法，试图探讨已有的众多研究成果采用了哪些研究方法，呈现出怎样的特点，教育法学研究方法的发展趋势又是什么，以期有助于教育法学研究的进一步发展。

（二）概念界定

　　本文探讨教育法学的研究方法，简单地说就是要讨论研究者是如何研究教育法学相关问题的。有学者认为，"对方法的研究，大致可以在两个层面上进行，即方法学和方法论"。并认为，方法学研究的对象是"个别性的具体方法"，而"在更一般、更抽象的层次上对方法进行理论研究"则是属于方法论的研究（曹茂军，2012）。但是，有学者阐释，"在西文中，'方法'（method），其希腊文中的原意是'沿着'和'道路'，因此，所谓'方法论'或'方法学'（methodology）往往被解释为'关于沿着—道路—（正确地）行进的学问'"（朱红文，2002）。在这里，"方法学与方法论"是作为同一概念使用的。实践中，我们又常说"研究方法可以分为三个层次：哲学方法、一般研究方法、具体研究方法"，如果采用"方法学与方法论"的二分法，哲学方法属于"方法论"范畴，"具体研究方法"则属于方法学的范畴，而一般研究方法可能既属于"方法论"，又属于"方法学"。可见，方

---

① 笔者没有检索到专门探讨教育法学研究方法的文献，但有一些文献涉及这一问题，如：黄欣. 2011. 国际教育法学研究重心的转移及其启示 [J]. 外国中小学教育（6）；申素平. 2007. 我国教育法学学位论文研究的现状与趋势 [M]//劳凯声. 中国教育法制评论（第 6 辑）. 北京：教育科学出版社；周光礼. 2007. 反思与重构：教育法学的学科建构 [J]. 高等工程教育研究（6）.

法与方法论的具体含义受到研究者语义使用习惯的影响，学者的个性鲜明，统一性不足。又如，即使是对于具体的教育研究方法，不同的学者也有不同的分类。有学者认为教育研究的基本方法有历史研究法、调查研究法、比较研究法、实验研究法、理论研究（贾馥茗 等，1993），有的学者则认为可分为观察、实验、调查、访谈、个案研究、历史研究等方法（普林，2007）。分类标准并无定说。在法学方法论中，同样有众多的分类①，本文不再赘述。

借鉴上述学界的相关研究，本文在标题中使用"研究方法"这一概念时，包括了"方法学"和"方法论"双重含义；在具体论述中，根据阐释目的区别性地使用了"具体研究方法"与"方法论"的概念。而且，基于所涉文献，本文选用了符合笔者研究意图的具体的研究方法以及方法论的分类方式。

二、文献分析范围

就笔者所检索的文献来看，30多年来教育法学的研究范围和内容极为广泛，研究水平参差不齐，经过反复分析对比之后，笔者最终确定先尽可能地检索我国现有教育法学研究的文献，根据内容进行分类，然后选取代表性文献进行阅读，分析其研究方法的运用。

（一）专著文献

笔者在中国国家图书馆进行检索，以"教育法学"为检索词，查询到专著共59本，又以教育法学研究者②姓名为检索词，共检索到专著44本（剔除了以"教育法学"为检索词检索到的重复文献）。其中学术专著占40%左右，其他为各级教育行政干部、校长、教师培训教材。笔者又利用北京师范大学图书馆馆藏目录进行了复检，然后以检验研究方法为目的阅读了相关教育法学学术专著，粗阅了部分教育法学教材。

---

① 除后文笔者选用的价值分析法、实证分析法、社会分析法这一分类之外，还有从历史角度划分的经院主义、理性主义、历史实证主义、社会实证主义、分析实证主义、实用主义等法学方法论，更有其他的划分方法。法学方法论的相关著作众多，不再一一列举。

② 主要有胡劲松、劳凯声、李晓燕、马怀德、秦惠民、申素平、孙绵涛、谭晓玉、尹力、余雅风、湛中乐、张维平等（以姓氏拼音为序）。

（二）期刊文献

考虑到文献载体的全面性、权威性及便捷性，本文所分析文献来源于中国期刊全文数据库，且将文献限定于文史哲、政治军事法律、教育与社会科学综合、经济与管理这四个与教育法学研究相关的类别中。检索时间从该数据库收录各期刊的最早时间到 2011 年。① 在考察了中国期刊全文数据库的几个检索分类指标②后，最终选定了"篇名"、"作者"、"刊名"三个检索分类指标，分别在不同的研究目的中单独使用，并相互验证检索的结果。③ 共检索到文献 1663 篇。

（三）博硕士论文

攻读博硕士学位是教育法学学者成长的主要途径，而且博硕士研究生撰写论文的阶段必然要思考研究方法，所以本文特意考察了北京师范大学、北京大学、中国人民大学教育法学专业的博硕士论文中的研究方法问题，共检索论文 82 篇。需要指出的是，有很大一部分博士学位论文经修改后已出版，与上述教育法学研究专著有重合。

三、当前我国教育法学研究方法运用的特点

考察以上文献，可以看到不少教育法学研究者拥有鲜明的方法意识，有

---

① 在文献收集中将起始时间大大放宽，期待有新的发现。但检索结果显示，1981 年以前关于教育法学的文献极少，而且很难说是教育法学的研究。

② 中国期刊全文数据库检索分类指标有：作者、篇名、主题、关键词、摘要、作者、第一作者、作者单位、刊名、来源、基金、全文、参考文献、年、期、中图分类号、ISSN 统一刊号。

③ （1）"篇名"直接指向的是文献分析的内容维度，本文仅选取了以下教育法学研究的几个主要内容进行考察：教育法制建设，教育法学学科建设，教育法律关系，权利（以教育权利、教师权利、学生权利为主），学校法律地位与教师法律地位，《义务教育法》、《高等教育法》、《教师法》、《学校法》，大学章程。（2）"作者"与专著选择中的教育法学研究者一致。（3）"刊名"，主要选择的是《中国教育法制评论》，该刊是由教育科学出版社出版的教育法学研究辑刊，从 2002 年开始到 2010 年已出版 9 辑，共发表文章 163 篇。考察这些文章的研究主题，可以对先前用"篇名"检索的文章作补充与校正。

纯熟运用相关研究方法的能力。考察其中的优秀研究成果，可以发现当前我国教育法学研究方法运用的两个特点。

（一）在具体研究方法的运用中，历史研究法、比较研究法、法解释研究法、案例研究法运用成熟

所谓成熟，一是指这四种方法在教育法学研究中运用得较为普遍，二是指这四种方法的运用符合该方法的特性、运用范围。通常这四种方法并不单独成为一项研究的唯一方法，而是与其他研究方法共同使用。

历史研究法，注重搜集研究对象产生、发展和演变的历史事实，并加以客观分析。比较研究法，是指根据研究目的，将同一或类似的教育法学问题在不同地域、不同时间、不同情况下的表现进行对比分析。法解释研究法，主要是指当前教育法学的研究中对于教育法律法规、教育法制建设进行法理学上的解释与说明，"依照法文用语之文义及通常使用方式而为解释，据以确定法律之意义而言"（杨仁寿，2009）。案例研究法是指对教育法学特殊案件或者特殊瞬间作重点研究分析，以点带面，探寻案例背后广阔而深层的内容。

历史研究法和比较研究法作为两种基本的研究方法，不仅被几乎所有的博硕士论文所采用，而且更是优质教育法学研究成果中体现出的必用研究方法。更值得一提的是，由于这两种方法的运用可以很好地服务于研究目的，在很多研究中，这两种方法的运用水平直接决定着研究成果的质量，高水平的方法运用也会成为一项研究的特色之处。

例如，在著作《教育法论》的序言中，高铭暄先生和黄济先生都强调了该书历史研究法和比较研究法的运用（劳凯声，1993）。又如，申素平在其专著《教育法学：原理、规范与应用》中强调："本书关注比较方法的运用，不仅尝试运用规范的比较，以规则为中心比较不同国家同一名称的教育法律制度和法律规则，而且注重功能主义的比较，强调以问题为中心，确认、发现和了解外国教育法的相关理论、规则、判例和制度"（申素平，2009）。而且，考察我国教育法学领域出现的部分主题的首篇文献，可以发现，历史研究法与比较研究法占有比较重要的地位，尽管那时方法的运用还是一种自发的选择且并不完善（参见表 1）。

表 1   教育法学部分研究主题的第一篇公开发表文献

主题	发表时间	作者	文章名称	发表期刊
受教育权利	1979	联合国教科文组织第三十七届国际教育会议	向各国教育部长提出的关于改进教育体系的组织和管理，提高其效力以扩大受教育的权利的第 72 号建议书初步草案	《全球教育展望》，第 3 期①
学校法律地位	1985	叶灵春	苏联高等学校的法律地位	《国际观察》，第 4 期
教育法制	1986	刘伯彦	战后日本教育法制的形成、意义和法思想	《辽宁教育研究》，第 4 期
学生权利	1987	翟耀章	职业学校学生的权利和义务——联邦德国考察随记之四	《教育与职业》，第 3 期

法解释研究法的普遍运用，应当说是与我国教育法制建设正处于不断发展与完善的阶段密切相关的。教育法学研究的一项重大功能是宣传法制，解释具体的法律法规，为完善教育法制而出谋划策，所以有大量的教育法学研究运用了法解释研究法。另外，这一研究方法还展示出一种研究现象，即很多学者对教育法学的理解采用的是"从法学的视角思考教育问题"这一路径，所以运用法理学的知识来解释说明教育法学的问题成为他们的主要研究方法。

除以上三种研究方法之外，案例研究法在教育法学的研究中占有一定的地位，集中体现在三个具体方面：学校安全事故、受教育权的救济（特别是高等教育领域）、教师权利救济。以案例来探讨教育法学的原理、教育法制设计等，有很强的现实意义，是教育法学理论与实践的纽带。案例研究法在

---

① 这是一篇"资料文献"，仅是文件翻译，只是比较研究法的前提性工作。但因其是谈及"受教育权利"的首篇文献，可说明教育法学领域对于"权利"研究的国际背景，特列于此。

教育法学的研究方法中理应占有重要的地位，有学者借鉴国际教育法学研究经验，认为我国教育法学的研究在研究方法上应注重案例分析和实证调查（黄欣，2011）。

（二）在研究方法论上，从实证分析法走向价值分析法与社会分析法

实证分析法、价值分析法和社会分析法是西方三大法学传统①，纵观我国教育法学30多年来的研究主题，可以看出在方法论的指导或者选择上，教育法学基本上完成了从实证分析法为主向实证分析法、价值分析法与社会分析法三者并用的转变。

首先，从教育法学的研究内容角度来看方法论的变化。本文从检索到的期刊文献中析出了三类：教育法制建设、教育法律（含《义务教育法》、《教师法》、《高等教育法》、《学校法》）、权利（含教育权利、教师权利、学生权利），观测各类文献在不同时期的产出状况，结果如图1所示。

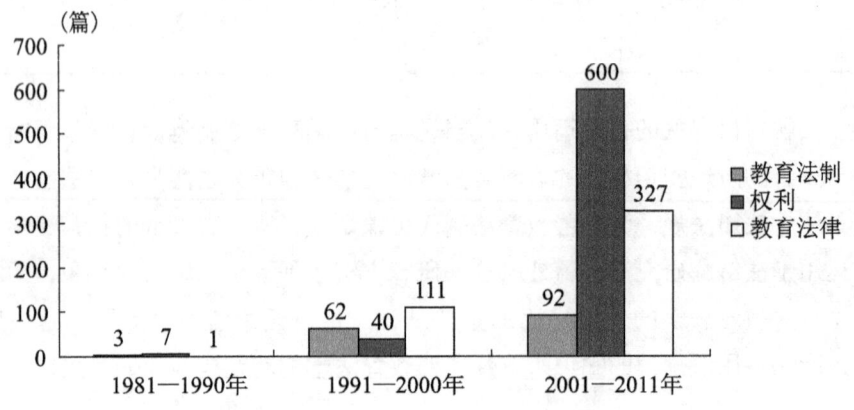

图1   教育法学1981—2011年不同主题文献数量

---

① 实证分析法认为法律科学基本上是一种解释的学问；认为法学只与事实相关，而与价值无涉。价值分析法以超越现行制定法的姿态，分析法律为何存在以及应当如何存在的问题。社会分析法着重分析的是法律的实然性问题，尤其是法律的动态过程中的实然性问题，即考察和检测法的实际运行、实际效力、实际作用和实际效果。参见：胡玉鸿. 西方三大法学流派方法论检讨 [J]. 比较法研究，2005（2）.

　　由图 1 可见，教育法学的研究内容随着时代的变迁而变化。就文献考察的情况来看，研究方法也随之发生变化。研究者对于教育法制与教育法律的研究基本采用的是实证分析法，而对于教育法学中的"权利"研究，特别是受教育权利的研究，学者多采用的是价值分析法和社会分析法。

　　新中国成立 60 多年来，特别是改革开放 30 多年来，我国的教育法制从无到有，有了巨大的发展，中国教育法学研究者正是在教育法制建设过程中进入这一研究领域的，所以对于教育法制、教育法律建设会有更多的关注。可以说，我国的教育法学研究是和教育法制建设共同成长的。教育法制建设一个重要的内容就是建构完善的教育法律体系，现今我国颁行的教育法律几乎是在 2001 年前完成的。① 从对文献的统计结果来看，关于教育法制的研究探讨也集中于 1981—2000 年。2006 年，我国修订了《义务教育法》，又引起了一个关于教育法律讨论的小高潮。

　　值得指出的是，即使是对教育法律的研究，当前也更多地运用社会分析法和价值分析法来进行，代表性的例子是对于大学章程的研究。2011 年 11月 28 日，教育部颁布了《高等学校章程制定办法》。而对于这一问题的研究没有像以往那样在教育法规颁布后出现研究的高潮，相反，在这一办法颁布之前，关于大学章程已经有了大量的讨论。从 2004 年到 2011 年，有近 200篇文章发表，多家刊物运用专题的形式进行了相对集中的探讨②，而且在这些讨论中多运用的是社会分析法和价值分析法，而非单纯地运用实证分析法。这展示出教育法学研究者的研究主动性，也展示出教育法学对于教育实践的巨大影响力，更展示出教育法学研究方法的逐渐成熟。

　　值得指出的是，教育法学研究者"具有强烈的社会关切"（秦惠民，2009)，由此亦能感受到教育法学方法论的变化。教育法学者应当也确实时刻关注着中国教育改革的根本性问题，不断用教育法学的独特视角审视中国教育的发展，这突出表现在教育法学领域对于教育公共性，特别是对公立教育的公共性的关注上，同时在方法上也突破了教育法学如何选择具体研究方

---

　　① 我国教育法律的颁布时间是：《民办教育促进法》，2002 年；《国家通用语言文字法》，2000年；《高等教育法》，1998 年；《职业教育法》，1996 年；《教育法》，1995 年；《教师法》，1993 年；《义务教育法》，1986 年颁布，2006 年修订；《学位条例》，1980 年。

　　② 《上海政法学院学报（法治论丛）》2011 年第 6 期集中刊发了 6 篇文章，《高校教育管理》2011 年第 5 期、第 6 期集中刊发了 6 篇稿件，《中国高校产业与科研化》2011 年第 5 期集中刊发了 3篇文章，探讨大学章程这一主题。

法的羁绊。劳凯声教授和他的团队持续关注教育公共性。除了关注公立学校的改革，他们还更进一步地关注教育改革的伦理问题。① 也就是说，在探讨中国教育改革的过程中，教育法学研究者将对"权力与权利"的分析贯穿始终。而坚持"公共性"，探寻教育法律如何保障教育的公共性也成为教育法学研究的一个价值理念。

四、当前我国教育法学研究方法存在的问题

每一项研究都运用了一定的研究方法，但是，真正的研究或者说一项好的研究，其对于方法的运用应当是研究者的一种主动的、有意识的，亦即有明确目的的选择。研究者会根据研究主题、研究目的、观点阐释而考察各种方法，然后寻找切合自己研究的方法，在研究过程中运用并不断验证方法的切合性。也就是说，研究方法的意识应当贯穿在整个研究过程中。而综观当前教育法学的研究现状可以发现，有相当多的研究缺乏方法意识，这可由以下几个方面反映出来。

---

① 相关文献有劳凯声教授的系列文章：教育体制改革与改革伦理问题 [J]. 首都师范大学学报：社会科学版，2011（4）；教育机会平等：实践反思与价值追求 [J]. 北京师范大学学报：社会科学版，2011（2）；教育的两难：国家办还是社会办 [J]. 同舟共进，2011（4）；中国教育的问题是公立学校的问题 [J]. 教育研究，2010（2）；公立学校200年：问题与变革 [J]. 北京大学教育评论，2009（4）；在教育改革中坚守公立学校的公益性 [M]//中国教育法制评论（第6辑）. 北京：教育科学出版社，2008；教育体制改革的公益性诉求 [J]. 理论视野，2008（7）；公共教育体制改革中的伦理问题 [J]. 教育研究，2005（2）；面临挑战的教育公益性 [M]//中国教育法制评论（第2辑）. 北京：教育科学出版社，2003；世纪之交的中国教育改革走向：教育与市场的关系问题 [J]. 北京大学教育评论，2003（3）；重构公共教育体制：别国的经验和我国的实践 [J]. 北京师范大学学报：社会科学版，2003（4）；论现代国家与教育的关系 [J]. 教育研究与实验，1992（4）. 还有余雅风的系列文章：教育立法必须以教育的公共性为价值基础 [J]. 北京师范大学学报：社会科学版，2005（1）；公共性：学校制度变革的基本价值 [J]. 教育研究，2005（4）；法律变迁与教育的公共性实现 [J]. 教育学报，2005（2）；重构中国高等教育公共性的法律保障机制 [M]//劳凯声. 中国教育法制评论（第3辑）. 北京：教育科学出版社，2004. 此外，还有蔡海龙的文章：教育体制改革中的高等学校公共性问题 [M]//劳凯声. 中国教育法制评论（第8辑）. 北京：教育科学出版社，2010. 等等。

（一）无方法意识或研究方法单一

在阅读文献过程中，笔者发现很多研究成果呈现出较高的相似性，写作方式相似，也不可避免地在内容上相似。如众多名为"教育法学"、"教育法学基础"、"教育法学概论"的著作，其中相当一部分属于学者所讲，"已经形成一种相似的固定结构，即首先比照法学的概念对教育法学的基本原理做些移植工作，再分别对现有的各部教育法逐一进行阐释"（申素平，2009）。在期刊文献中，笔者也频繁见到这样的文献：对某一研究主题的论述无个人见解，缺乏一手资料，主要为二手文献的再组，对某一主题的研究并没有实质贡献，尽管从逻辑上还讲得通。如果这样的文章选取文献精准、对文献的判断客观、引用规范，倒也不失为一篇好的文献综述；但倘若故意隐瞒源文献的重要信息，片面选取有利于自己的文献或改编文献，则涉及学术诚信的问题。

之所以出现这一问题，除去由于各种原因产生"学术垃圾"的因素不谈，很重要的一点是研究者问题意识与方法意识的欠缺。研究行为应当是一种创新行为，而不是复述行为；学术成果应当具有独创性，而非相似性。随着教育法学的逐渐成熟，研究中的问题意识已经受到研究者的关切，教育法学研究的问题领域相对集中而明确，但方法意识却还没有引起人们足够的重视。然而，高质量的研究成果，其研究方法的运用也必定是严谨、科学的，甚至是"独特"的。我国的教育法学已经进入一个深入发展的阶段，对于教育实践的影响越来越大，所以对于研究成果的要求必然是"多出精品"。在教育法学的核心研究内容（教育权与受教育权）[①] 基本确定的情况下，研究方法就具有了举足轻重的作用。研究中的问题意识非常重要，但是没有方法意识，问题意识难以有效引导研究，甚至会使研究难以进入实质研究阶段；同时，研究方法意识有助于问题意识的形成，缺乏方法意识或者研究方法单一很难产生出具有创新性的研究成果。

---

① 参见：劳凯声. 变革社会中的教育权与受教育权：教育法学基本问题研究 [M]. 北京：教育科学出版社，2003；尹力. 儿童受教育权：性质、内容与路径 [M]. 北京：教育科学出版社，2011；申素平. 教育法学：原理、规范与应用 [M]. 北京：教育科学出版社，2009.

（二）部分研究有方法之名，无方法之实

在博硕士论文中，通常专门有一部分内容对研究者所选取的研究方法进行介绍与阐释，笔者在阅读相关文献时发现，部分研究有方法之名，但无方法之实。表现为：（1）无对研究方法的说明；（2）虽有说明，但是文中根本就没有该研究方法的运用；（3）对研究方法的理解有误差，个别研究者甚至臆造研究方法。这使得一项研究虽然运用了具体的研究方法，但实际上研究者并不清楚关于这一研究方法的理论问题、具体运用策略，表现出来的是研究方法运用的不严谨、不完全，甚至混乱。

比如，由于对定性研究与定量研究的方法区分不清晰而混用具体的研究方法。又如，一些研究者抓住某一新的或者是热门的理论，便直接运用该理论及其研究方法来解释教育法学的研究问题，但由于缺乏对于这些理论与方法的理解与消化，就出现了生搬乱套或者用了与没用都一样的情形。新制度经济学理论、冲突理论、批判理论、交换理论等近年来受到研究者的青睐，不乏研究者明确表示"本文运用某某的理论与方法来分析"，但行文中难以看到方法与论证的紧密结合。事实上，每一种研究方法大致上有一个适用范围，研究者必须根据研究的具体情况来选择，而能够恰当地选择某一方法是建立在对于该方法的理论的深刻理解基础之上的。

这一问题虽然较为突出地展现在博硕士学位论文中，但反映了教育法学研究整体上对研究方法的模糊认识。一项严谨的研究应当包含对研究方法的介绍或解释，但是可以看到，大量的教育法学研究成果并没有明确的方法解释。无论是否要将研究方法明确写入研究成果，研究者在研究方法上至少要思考本研究选取了哪些方法，为什么要选取这些方法，所选取的方法的内涵与外延是什么，如何在研究中运用这些方法。在研究的过程中更应时时刻刻体现出所选取的研究方法的应用。

需要说明的是，以上所指出的问题对于教育法学这门当前我国新兴而热门的学科来说，虽然是事实，但多少有些苛责。特别是在现有以"成果丰富"为学术研究评价的重要指标之一的科研管理体制下，所谓的学术成果要大批量地产出，研究质量自然良莠不齐，要求每一项研究都有对研究方法的必要思索似乎有些严苛。但是，我们不能屈服于现实，必须重视教育法学研究方法中存在的问题，这对于教育法学学科的发展具有重要意义。

五、教育法学研究方法的发展趋势

（一）教育法学研究方法的选择应基于教育法学的学科定位

上述教育法学研究方法的现状是一种实然状态。那么，教育法学研究方法的应然状态又该是怎样的？即，教育法学应当选取怎样的研究方法作为自己的研究方法呢？对于一个学科来说，研究方法的选择取决于对该学科的定位。

1. 教育法学是一门教育学与法学相交叉的学科

对于教育法学的学科定位是教育法学研究者所关注的一个重要问题，特别是在我国教育法学的形成时期。① 谭晓玉教授在 1995 年就总结了学界对于教育法学的若干认识，从其列举的论述中可以看出，虽然学界对教育法学的概念界定并不相同，但是基本上都承认教育法学是教育学和法学相交叉的一门学科（谭晓玉，1995）。曾经"由于教育法学是一门跨学科的交叉学科"，"法学界从法学角度来规定教育法学的学科内容，形成了'法学的'教育法学；而教育界又从教育视角出发，确定教育法学的研究领域，形成了'教育学的'教育法学"（谭晓玉，2009）。但经过 30 多年的发展，现在学界基本上已达成共识，即不争论教育法学到底属于法学还是教育学，来自不同领域的学者可以运用适当的方式方法开展教育法学的研究。而且，我国法学领域与教育学领域的教育法学研究者已建立起通畅的沟通与对话平台，形成了良好的合作关系，相互借鉴，共同营造了教育法学研究生机盎然的研究氛围。

应当说，对教育法学的关注路径即是法学与教育学相互沟通与合作的。比如，具有教育法学学科开创性意义的著作《教育法论》②，是劳凯声教授在"博士论文的基础上，吸收了教育学和法学方面的专家学者的意见修改而成的"。又如，中国教育学会教育政策与法律研究专业委员会、北京市法学

---

① 形成时期指的是 1986—1993 年，参见：张瑞芳. 1980—2000：中国教育法学研究二十年［M］//劳凯声. 中国教育法制评论（第 2 辑）. 北京：教育科学出版社，2002.

② 参见：申素平. 一本值得仔细阅读的书：《教育法论》［M］//劳凯声. 中国教育法制评论（第 1 辑）. 北京：教育科学出版社，2002.

会教育法学研究会两个组织机构尽管隶属机关的研究领域不同（前者属教育学研究领域，后者为法学研究领域），但二者都以教育法学为研究内容，二者的会员也包含来自教育界和法学界的学者。所以，"教育法学在学科归类上属于法学学科还是属于教育学科，实际上并不重要。因为教育法学除了其自身发展起来的那些概念和理论之外，不可能不运用法学的各种理论、方法和范式进行研究；也不可能不是以教育法律现象和教育法律问题为其特定的研究对象"（秦惠民，2009），"教育法学的研究，必须综合教育学与法学两方面的知识，而不能偏废"（张维平 等，2006）。因此，在研究方法上，作为一门教育学与法学交叉的学科，教育法学必定要采用、借鉴法学研究与教育学研究的方法。

2. 教育法学研究方法的可能选择

尽管教育学被认为"研究方法无独特之处"（贾馥茗 等，1993），法学却一向被认为是相对严谨的学科，研究方法有着悠久的历史，同时也已经建立了相对独特的研究方法，但是二者对于"人"的共同关注①还是使得它们的研究方法有很多共同之处。

教育学与法学尽管属于不同的学科，但同属于社会科学的研究，在研究方法的哲学方法、一般研究方法、具体研究方法三个层次上都有许多共性。比如，在哲学方法层面，教育学和法学的研究无疑都受到了思辨哲学和实证哲学的影响，都会运用辩证的方法、经验方法。又如，一般研究方法中的系统论、控制论、信息论和逻辑思维方法也是教育学和法学（正在或曾经）共同使用的研究方法。② 而作为具体的研究方法，比较的方法、历史的方法，是教育学和法学都很常用的方法。是否有某一"具体的研究方法"仅适用于法学而不适用于教育学？或只适用于教育学而不适用于法学？严格来说，无法作出这样的判断。或许，我们可以更客观地说，在研究方法的选取上，教育学和法学仅仅是因为各自的学科性质不同，而侧重不同的方面。比如，教育学领域近年来使用的质性研究方法，法学领域使用就相对较少，但并非没

---

① 我国学者胡玉鸿先生在其著作《法学方法论导论》（山东人民出版社，2004年）中提出，"人是法学研究的逻辑起点"，而非传统意义上的法律法规。而教育学反复强调的就是"人"。从"人"这一点上，教育学与法学或许可以找到更进一步沟通的问题领域。

② 参见：舒国滢. 法学研究方法的历史演进 [J]. 法律科学，1992（4）；韩修山. "三论"是法学研究和司法实践的科学方法 [J]. 现代法学，1985（4）；查有梁. 控制论、信息论、系统论及其对教育科学的意义 [J]. 教育研究，1984.

有①；而法学中价值分析、社会分析的方法，近年也渗透于教育研究的各个微观领域。

　　教育法学作为教育学与法学的一门交叉学科，它的研究方法的选取应当依据学科特点而进行，有很宽广的选择范围，不应该是教育学和法学研究方法的简单叠加或者是二者的简单交集。综合上文分析的当前教育法学研究方法呈现的特点，基于教育法学的学科特点，笔者对我国教育法学研究方法的发展趋势作出了展望。

（二）我国教育法学研究方法的发展趋势

1. 教育法学无须刻意追寻独特的研究方法

　　对于一门学科的建立、发展与完善，研究方法的重要性不言而喻。但是，这种重要性并不包含"必须要有独特性"。有研究者认为，没有独特研究方法的学科或许会遭遇学术界的冷眼与漠视，从而打击从事这一学科研究的学者的自信，其实大可不必如此悲观。一方面，现代学术的发展，由于沟通的便捷、信息的丰富，研究方法已走向多元化，很难说哪一门学科就确实有自己独特的研究方法；另一方面，一门学科存在的意义，更多地在于揭示研究对象的某些特性，至于采取什么样的方法，适合就可以，而并非要独特。但是没有独特的研究方法，并不等于研究方法不受重视，从学科发展的趋势来看，研究方法将越来越受到重视。而且，如上文所述，教育法学在研究方法上已经展示出了自己的特点。

2. 教育法学研究方法发展的深入与拓展

　　从现有研究成果来看，在教育法学的研究中，方法是一个亟须认真对待的问题。在作好基本的方法选择、应用正确的基础上，对于研究方法的探索还需要继续深入和拓展。一方面，要继续深入研究、运用当前常用的研究方法，达到对于研究方法的透彻理解与熟练、灵活运用。比如，法解释研究法被教育法学研究者普遍运用，但是多数人仅仅是作"文义解释"，很少有人运用到法解释的其他具体方法——体系解释、法意解释、比较解释、目的解释、合宪解释等（杨仁寿，2009）。另一方面，教育法学研究方法要积极应对新兴理论与方法带来的影响。学术研究在不断发展，研究方法也在迅速发

---

　　①　可参见法人类学的相关研究成果。

展，教育法学的研究方法一定不会局限于现有的研究方法，一些新兴的理论和方法影响着教育法学研究方法的发展。例如，"软法"① 理念被引入法学研究领域之后，就有学者迅速运用其原理与方法来研究教育法学的问题②。随着国内学术界与国际学术界的广泛接触和有效互动，以及媒介传播能力的加强，新的研究方法的传播与运用时间会大大缩短，面对新的研究方法的冲击与影响，教育法学研究者的判断与选择或许会成为决定研究成果质量的一个重要因素。

参考文献

曹茂军.2012.西方法学方法论[M].北京:法律出版社.

贾馥茗,杨深坑.1993.教育学方法论[M].台北:五南图书出版股份有限公司.

劳凯声.1993.教育法论[M].南京:江苏教育出版社:后记,序一,序二.

李其瑞.2005.法学研究与方法论[M].济南:山东人民出版社:引言14-15.

普林.2007.教育研究的哲学[M].李伟,译.北京:北京师范大学出版社:32-41.

秦惠民.2009.中国教育法学的产生发展背景与研究状态[M]//劳凯声.中国教育法制评论(第6辑).北京:教育科学出版社:196.

申素平.2009.教育法学:原理、规范与应用[M].北京:教育科学出版社:4-5.

谭晓玉.1995.我国教育法学研究的回顾与反思[J].教育研究 (8).

谭晓玉.2008.教育法学的何谓与何为[M]//劳凯声.中国教育法制评论(第6辑).北京:教育科学出版社:59-83.

王嘉毅,李秉德.1996.《教育研究方法导论》评介[J].教育研究(7).

杨仁寿.2009.法学方法论[M].北京:中国政法大学出版社:101-129,102.

张维平,马雷军.2006.走入法学视野的中国教育法学[J].中国法学教育研究 (4).

周光礼.2007.反思与重构:教育法学的学科建构[J].高等工程教育研究(6).

朱红文.2002.社会科学方法[M].北京:科学出版社:前言5.

---

① "软法,是指由共同体成员协商一致统一制定的,由成员的自我约束来保证实施的行为规范",区别于传统对于法律的认识——"硬法,是指由共同体中拥有权力的主体指定的,并由该主体的强制力保证实施的行为规范"。参见:程迈.软法概念的构造与功能 [M]//罗豪才.软法的理论与实践.北京:北京大学出版社,2010.

② 2005 年,北京大学法学院软法研究中心成立,之后出版了数部软法研究的专著,包括:罗豪才,毕洪海.软法的挑战 [M].北京:商务印书馆,2011;罗豪才.软法的理论与实践 [M].北京:北京大学出版社,2010;罗豪才,宋功德.软法亦法 [M].北京:法律出版社,2009;罗豪才.软法与协商民主 [M].北京:北京大学出版社,2007.在这几部专著中,有数篇教育法学的论文,包括:冯之东.教育纠纷裁决机制的构建——以软硬法的混合治理为视角;罗豪才.高等教育领域软法现象初探.等等。

The Present Status and Future Trends of the Research Methods of Educational Law

Zhang Ruifang

Abstract: With the development of Educational Law for 30 years, the research methods show the following characteristics. Firstly, there are some mature research methods, for example, the historical study method, the comparative study method, the law hermeneutics explain, case study method. Secondly, in research methodology, researchers use the methodology from the empirical analysis to value analysis and social analysis. Although, there is lack of awareness of research methods in educational law study, more and more researchers pay attention to the research methods.

Key words: educational law, research methods, methodology

作者简介

张瑞芳，北京师范大学《比较教育研究》编辑部编辑，北京师范大学教育学部博士研究生。研究方向：教育法学。

□ 戚浩飞

高校处理决定及其救济方式研究

——基于高校教师权利保障的视角

【摘　要】高校为维护教学秩序、保证正常运转，经常性地采用处理决定来进行行政管理。在处理决定中，如何维护教师的合法权益，防止权力与权利的失衡成为现实问题。针对教师权利救济方式存在的诸多问题与不足，必须以综合性的视野，确立科学的原则，选择适当的方式，以系统配置现有救济资源，切实保障高校教师的合法权益。

【关键词】高等院校，处理决定，教师权利保障

高校教师作为教育活动的重要主体之一，"其教学科研活动既有代表着高校履行相应职责的性质，也具有强烈的个性色彩"（湛中乐，2011），是象牙塔里的传道者，守护着教育的精神家园。但在教育实践中，教师却处于弱势地位，"高等学校有权制定内部规则，对教师的权利进行限制，当教师履行不力时，学校可以依职权对他使用多种制裁和奖惩手段"（申素平，2010）。近年来针对教师的处理决定日益增多，教师维权事件频受关注①，凸显了教师权益保护的严峻性。这种现实导致教育实践中出现了一种"困惑"：一方面，教师是学校之本，是高校"学术创新

---

① 杨茂不服成都大学除名决定诉讼案，王晓华不服华中科技大学职称评定诉讼案，陈云先不服复旦大学职称评审诉讼案等案件引发了关于教师维权事件的思考与讨论。

和学术自由的根本依托"（杨建顺，2002），理应得到尊重与呵护，由此出现了强化教师声望的呼声；另一方面，教师权益屡屡受到不法侵犯，合法权益难以得到有效保障，出现教师的主体地位得不到尊重的现象。因此，实有必要理顺高校与教师的基本关系，切实保障教师的合法权益，彰显教师的主体地位，充分发挥教师的创造性。遗憾的是，理论界和实务界对高校教师的权益保障制度缺乏系统梳理。本文试图以现行法的规定为基础，寻求高校教师权利保障的法治之道。

一、高校与教师的关系定位

从世界范围来看，高校与教师的关系定位主要表现为任命制、聘任制等形式。在我国，根据《教育法》、《教师法》的规定，学校应当实行教师聘任制。2000 年人事部发布的《关于深化高等学校人事制度改革的实施意见》、2002 年国务院办公厅转发的《关于在事业单位试行人员聘用制度意见》都明确要求在高校等事业单位推行聘用制度。高校通过与教师签订聘任（用）合同，双方形成一种合同关系，这成为当下高校人事管理的基本手段。针对聘任合同的性质，理论界出现认识分歧。①鉴于"聘任合同是在实行聘任制度条件下解决教师与学校、教师与教育行政部门之间权利义务关系的最重要的法律依据"（张驰 等，2005），有必要分析聘任合同的基本特点。一是合同的内容具有公务性。聘任合同主要是为了完成高校的教学、科研及管理任务而设置的，合同的内容即教师职业劳动的成果具有社会共同消费性、共享性，具有公权力属性。二是合同的主体具有非对等性。在签订合同时，高校享有对合同的制定权、解释权；在履行合同中，高校享有变更权、解聘权。高校总是占据着主导地位，拥有教师管理的行政主体资格。三是合同的签订原则并非完全自治。教师聘任合同基于高等教育的目的，在法律及高等教育目的的框架内得以有限协商，具有契约不自由的特点。综上，教师聘任合同本质上是一种行政合同（余雅风，2008），因为"高等学校和教师之间签订的任职合同，当然有必要接受公法上一些特殊监督和制约"（杨建顺，2002），它确立了一种行政合同关系，形成了一种行政管理关系。同时，鉴

---

　　① 针对聘任合同的性质，理论界出现了行政合同说、民事合同说、劳动合同说等不同的认识与见解。

于教育政策尚处于抉择过程中，没有最终定型，聘用合同的性质还没有定论，聘用合同制度也远非真正意义上的聘用合同，故应当以开放和发展的视角来审视高校与教师之间的基本关系。

二、高校行政及其处理决定

高校行政是高等教育活动的核心内容，"高校行政作为高校的法定职权，是高等教育公共行政的重要组成部分，构建高等教育行政链条上的最后一个环节"（邢鸿飞 等，2008）。离开了高校行政，国家的教育权就无法顺利实现。高校行政具有以下特点：（1）管理事项广泛，既涉及行政管理事项，又包括学术自由事项，呈现出内部行政事项与学术自由事项界限不明的现象。高校既可以因教师违反行政管理事项，也可以因其违反学术事项而作出处理。（2）管理规范复杂，既受法律规范的约束，又受高校规章制度的调整，出现硬法与软法混合治理的格局。高校既可以依据法律规范对教师进行处理，又可以依据内部规范对教师作出处理。（3）权力结构多元①，既体现公共行政的特点，又彰显高校自主的个性，出现行政权力与学术权力二元权力结构。高校要维持正常的运作，必须借助于行政权力与学术权力两种权力形态。高校既可以经校长办公会研究，也可以经相关学术委员会审议来决定是否对教师作出处理。

高校行政不是抽象的意识范畴，而是表现为具体的权力形态。根据《教育法》、《高等教育法》等法律的规定，高校针对教师行使的行政权主要有以下方面：（1）教育权。高校积极贯彻国家的教育方针，发展社会主义教育事业，培养各类专业人才，实现教育的公平。（2）教学管理权。高校依法自主设置和调整学科、专业，自主制订教学计划，选择教材，组织实施教学活动。（3）人事管理权。高校根据实际需要和精简、效能的原则，自主确定内部组织机构的设置和人员配备。按照国家的有关规定，评聘教师和其他专业技术人员的职务，调整津贴及其分配等。（4）科研开发权。高校根据自身条件，自主进行科研活动。国家鼓励高校同企业、事业组织等在科学研究、技术开发和推广等方面开展合作。（5）奖励处分权。高校有权依照法律、法规及相关规定，对教师予以奖励或进行处分。（6）其他管理权。比如财产管理

---

① 囿于研究旨趣，此处略去政治权力即党委权力，只研究行政权力与学术权力。

与使用、后勤管理等。

与上述权力相对应，高校针对教师作出的处理决定主要有以下类型：（1）承担纪律责任的处分。如《教师法》第37条明确规定，高校可以行使处分权。处分具体分为两类：一是应当承担纪律责任的，给予处分。根据《事业单位工作人员处分暂行规定》，处分分为警告、记过、降低岗位等级或者撤职、开除等四类。二是应当党纪处分的，给予处分。根据《中国共产党纪律处分条例》的规定，对党员的纪律处分有警告、严重警告、撤销党内职务、留党察看、开除党籍等。（2）变更聘用关系的决定。因聘用关系的变更而作出相关决定是高校经常适用的一种处理方式。因聘用合同而产生的争议形式多样，具体包括合同成立、岗位调整、合同解除、合同终止等。针对因聘用合同而发生的争议，高校一般以正式的决定形式予以处理，如《关于对××终止合同的决定》、《关于解除与××聘用合同的通知》。（3）内部管理中的处理。高校人事、工资管理是高校行政管理的重要方面，包括教师的调配交流、考核奖惩、人员培训、工资福利等。与此相对应，高校在管理过程中可以对教师作出职务调动、考核奖惩、工资福利待遇等方面的处理行为。（4）其他处理类。主要体现在高校自治层面，高校的处理涉及学术规范、职称评定等方面，这类处理一般由相关的学术决策机构进行认定。

三、高校处理决定的合理救济

（一）现行救济方式的规范梳理

根据现有法律、法规的规定，针对高校的处理决定存在以下救济方式。

第一，提出申诉。根据《教师法》第39条的规定，教师可以对学校侵犯其合法权益或作出的处理向教育行政部门提出申诉。提出申诉的范围是极其广泛的，它是教师寻求救济的一种基础性制度。由于申诉的处理机关是教育行政部门，因此"教师申诉不具有诉讼的性质"（余雅风，2008），它本质上是一种行政内的救济，类似于行政裁决制度（吴平，1997）。

第二，申请劳动仲裁。《劳动法》第2条规定，事业组织等和与之建立劳动合同关系的劳动者，依照《劳动法》执行。《劳动合同法》第2条也有类似规定。《劳动合同法》第96条规定：事业单位与实行聘用制的工作人员订立、履行、变更、解除或者终止劳动合同，法律、行政法规或者国务院另有规定的，依照其规定；未作规定的，依照本法有关规定执行。《劳动争议调解仲裁法》第 52 条规定：事业单位实行聘用制的工作人员与本单位发生劳动争议的，依照本法执行；法律、行政法规或者国务院另有规定的，依照其规定。实际上，国务院并未针对事业单位的聘用争议专门作出规定，只是由国务院办公厅转发了人事部《关于在事业单位试行人员聘用制度的意见》（国办发〔2002〕35 号），而且《人事争议处理规定》（国人部发〔2007〕109 号）也只是人事部、中共中央组织部等联合发布的，不是国务院的规定。因此，劳动仲裁理应适用于高校与教师因聘用合同而发生的争议。根据最高人民法院《关于人民法院审理事业单位人事争议案件若干问题的规定》（法释〔2003〕13 号）第 1 条，解决教师的聘任纠纷可以适用劳动仲裁。劳动争议仲裁委员会由劳动行政部门代表、同级工会代表、用人单位方面的代表组成。因此，它本质上是一种行政裁决制度（应松年，1998）。

第三，申请人事仲裁。严格地说，人事仲裁制度没有直接的法律依据，存在依据不足的问题。根据《人事争议处理暂行规定》第 2 条，事业单位与工作人员之间因辞职、辞退、履行聘任合同发生的争议适用于该规定。因此，因聘用合同发生争议时，教师可以申请人事仲裁。在高校管理实践中，一般在聘任合同中规定"当事人可以自争议发生之日起 60 日内向有管辖权的人事争议仲裁委员会申请仲裁"。人事争议仲裁委员会由公务员主管部门代表、聘任（用）单位代表、工会组织代表、受聘人员代表以及人事、法律专家组成。因此，人事仲裁也是一种行政裁决制度。

第四，提起民事诉讼。《劳动法》第 83 条规定，劳动争议当事人对仲裁裁决不服的，可以自收到仲裁裁决书之日起 15 日内向人民法院提起诉讼。《劳动争议调解仲裁法》第 48 条、第 50 条也有类似规定。《人事争议处理规定》第 32 条规定，当事人对仲裁裁决不服的，可以按照《公务员法》、《中国人民解放军文职人员条例》以及最高人民法院相关司法解释的规定，自收到裁决书之日起 15 日内向人民法院提起诉讼。根据最高人民法院《关于人民法院审理事业单位人事争议案件若干问题的规定》（法释〔2003〕13 号）第 2 条，当事人对人事争议仲裁裁决不服可以向人民法院提起诉讼。

（二）现行救济方式的理性反思

通过上述梳理，现有救济方式存在不少问题，突出表现在两个方面。

第一，法律关系性质不明，救济途径单一。高校与教师之间的关系根据其性质不外乎是行政法律关系与民事法律关系两种。法律关系的类型不同决定了救济方式的差别，"行政权利的救济途径与民事权利的救济途径是不一样的"（湛中乐 等，2009）。在行政法律关系中，高校与教师的地位是不平等的，教师往往处于弱势地位，因此教师可以穷尽内部救济后再寻求外部救济。在民事法律关系中，如果教师的民事权利受到损害，则可以直接寻求外部途径解决。从现有规定来看，没有从争议的法律关系性质入手进行科学区分，而只是单纯地倚重于教育行政部门、人事仲裁委员会、劳动仲裁委员会等化解争议，一旦上述方式解决不了问题，则全部转向民事诉讼，忽略了行政诉讼的独特价值。

第二，救济方式矛盾重叠，救济路径不明。当教师不服学校的处理决定或人事处理时，是应当进行申诉，还是申请仲裁，抑或是提起诉讼？从现有规定来看，这是一个悬而未决的问题，需要进一步予以明确。一旦发生纠纷，不谙法律的教师只能在行政机关和法院之间穿梭往来，陷入程序规则的迷宫，处于两难境地。如果寻求救济的方式不当，则只能从头再来，重新选择合适的方式，有些教师历经千辛万苦，经过行政机关的申诉决定、相关仲裁，又经过司法机关审理，最终仍然无法满足基本的诉求。因此，教师经常无助地被行政机关与法院支来支去，浪费精力和时间。故理顺相关救济关系，明确相关救济程序，显得尤为紧迫和重要。

（三）现行救济方式的正确定位

1. 确立科学的救济原则

结合教师权益保障的实际，以尊重现状与开放发展的视野，宜确立以下基本原则。

第一，救济顺序先后原则。一旦发生高校与教师之间的纠纷，应当确立救济的先后原则：优先适用内部救济原则；在内部救济不力时，再适用仲裁方式；穷尽上述救济方式后，最后适用司法救济的原则。内部救济包括学校内的救济、教育行政部门的内部救济，这种救济的优势在于具有专业性、灵活性，可以把纠纷化解在内部程序中。"穷尽内部救济"之后方可寻求司法救济。如此一来，既能秉承矛盾化解的最大化原则，又能坚守权利保障的最大化原则；既契合行政救济的理论，又能得到学界的认同。比如《中华人民共和国学校法（草案）》（专家建议稿）第 161 条、第 162 条规定：教师与所在学校之间因聘任合同发生争议的，应当自争议发生之日起 60 日内向教育主管部门提出申诉；对教育主管部门的申诉决定不服的，教师可以在接到申诉决定之日起 60 日内向人事争议仲裁委员会申请仲裁；当事人对仲裁裁决不服的，可以自接到仲裁裁决书之日起 15 日内向人民法院提起诉讼（马怀德，2007）。"由于高等教育领域的行政管理行为具有其内在的特殊性，具有很强的专业性、技术性，而在这方面法官缺乏相应的管理经验，因此，有必要确立申诉或复议前置原则。即对于上述范围事项的纠纷，应首先纳入申诉或行政复议的范畴。……对申诉或复议结果不服时，再向法院提起行政诉讼。"（余雅风，2010）

　　第二，救济事项区分原则。以救济事由的区分为基础，凡涉及教师基本权利的重要事项，遵循外部救济原则；而基本权利之外的则属于自主性事项，不必遵循司法救济原则，可由高校内部自行决定。概言之，在高校行为中并非所有的事项都必须纳入司法审查的范围，否则有违高校自主的初衷。如果高校作出的处理影响到教师的基本权利或重要权利，即确有必要介入的事项，比如教师的资格取得、职称评审、聘任事项等重要权利，是允许进入司法审查的视线的。至于哪些事项是基本权利或重要权利，则需要在具体个案中进行衡量。但司法实践中的状况并不令人乐观，如华中科技大学的教师王某因不服学校的职称评审行为而寻求行政复议与行政诉讼却屡屡受挫。①与此同时，教师的内部考核、教学评估等事项则适宜由高校自治管理，司法审查原则上不介入。此类事项可以借助于高校内部申诉制度等。早在 2003 年，教育部颁发的《关于加强依法治校工作的若干意见》就明确要求，建立校内教师申诉渠道。由高校自己来处理自身的纠纷，更能够尊重教育规律，反映教师的意愿，取得双赢的效果。"美国、法国、英国、加拿大等国高等学校在校内建立了较为完善的机制……对于我国高等学校来说，主要的是借鉴这些国家高等学校内部司法制度建设经验，结合我国的国情，逐步完善适合我

---

　　① 相关案情：华中科技大学土木工程与力学学院讲师王晓华，因其在 2002 年学校举行的职称评审中未通过副教授的资格评审向湖北省教育厅申诉。随后王晓华因不服申诉复函向教育部申请行政复议。教育部作出不予受理决定，认为教师职务评审行为是学校内部的管理活动，不属于具体行政行为。王晓华不服，向人民法院提起行政诉讼。法院认为，评聘教师及其他专业技术人员是高校的自主权，教育部的不予受理决定是正确的。参见：郭京霞. 2006. 不给评职称状告教育部　武汉一大学教师一审败诉 [EB/OL]. (2003-06-13) [2013-05-07]. http：//www. chinacourt. org/article/detail/2003/06/id/63265. shtml（中国法院网）.

国高校教师需要的校内司法制度。"（黄明东，2011）

第三，救济审查有别原则。司法介入高校处理决定，不但要进行程序性审查，而且要进行实体审查。在审查过程中，要遵循以有限的实体审查为重点、以程序性审查为主的原则。"司法的实体审查是有限的"（余雅风，2010）。对于学术问题，司法应当秉承节制立场，一般在进行程序审查后尊重高校对实体问题的裁量。教师的评聘等涉及学术评价的问题由高校决定，司法不宜代替高校作出判断。相反，程序性审查应当成为司法审查的重点，正当程序是非常重要的。程序性审查，法官拥有完整的权力，"他有权依照法律、法规及其他规范性文件甚至公立高校自行制定的规则，对校方作出的决定进行严格的程序审理"（湛中乐 等，2009），比如相关评审委员会的组成是否合法，评审的整个过程、程序是否合法等。

2. 理顺适当的救济方式

在上述原则的指导下，结合具体的处理类型，可以归纳出以下几种明确的方式。

第一，针对处分决定产生的争议，原则上适用复核和申诉方式。这类纠纷面广量大，而涉及的权利却不大，外部救济不宜介入。一旦涉及身份的改变（比如开除处分），则应当将之纳入外部救济的范围。有必要说明的是，在2012年9月之前，针对教师的行政处分基本是参照《行政机关公务员处分条例》的规定作出。这种渊源关系，意味着针对教师的处分也就具有不可诉性即排除外部救济的特点。在参照《行政机关公务员处分条例》的基础上，人力资源和社会保障部出台《事业单位工作人员处分暂行规定》。两者在体制与结构方面保持了高度的一致性，而且具体的条文规定也极为相似。具体来说，当教师不服处分决定时，应当寻求以下救济：（1）申请复核。教师可以自知道或应当知道行政处分决定之日起30日内向原处分决定单位申请复核。（2）提出申诉。如果对复核结果仍不服，可以向原处分决定单位的主管部门或者同级事业单位人事综合管理部门提出申诉。申诉决定作出后，教师就不能再寻求其他救济。而对于党员的纪律处分，则只能依据控申条例提出申诉。

第二，针对聘用合同产生的争议，原则上适用两条不同的路径，由当事人自由选择。（1）先申请仲裁，如果对仲裁裁决不服，再提起民事诉讼。这是实践中通用的方式，不妨予以保留与尊重。要说明的是，这里的仲裁既包括人事争议仲裁，又包括劳动争议仲裁，由当事人自由选择，但是只能选择其中的一种。根据《劳动争议调解仲裁法》第 52 条，教师应当依照该法的规定申请劳动争议仲裁。而根据《人事争议处理规定》第 2 条，教师也可以依照该规定申请人事争议仲裁。劳动争议仲裁与人事争议仲裁的关系如何定位？有观点认为，劳动争议仲裁与人事争议仲裁系人为的区分（申素平，2010），它们解决的都是用人问题，两者实际是同一制度。笔者认为，两者不是一般法（一般规定）与特别法（特别规定）的关系。严格说来，只有法律、行政法规或者国务院的规定才可以称为"特别规定"。此处只是出于尊重现实和实际操作的考虑，才将两者定位为由当事人自由选择的关系。由于劳动争议仲裁与人事争议仲裁没有本质的区别，只是名称不同，且具有功能上的同一性，因此应当将它们视为同一性的救济方式，由教师自由选择其中一种即可。当教师不服仲裁裁决时，可以依法向人民法院提起民事诉讼，寻求司法救济。（2）申请行政复议或提起行政诉讼。基于"聘用合同是行政合同"的考虑，理应寻求行政救济方式。在当下的救济渠道中，其启动程序很不畅通，教师针对高校提起的行政诉讼常常被法院拒之门外。实际上，最高人民法院《关于规范行政案件案由的通知》明确将行政合同作为一种行政行为而纳入行政诉讼范围。因而，人民法院应当以开放的姿态积极受理此方面的案件。因为在现有的教育实践中，由于高校的强势地位及其固有的优益权等，高校滥用特权引发了诸多问题，对教师的合法权益形成了较大侵害，特别是聘用合同的不履行纠纷多由高校的原因而造成，实有必要强化行政救济的作用。

第三，针对涉及教师基本权利的重要事项，比如职称评定等事项应当确立救济的先后原则：优先适用内部救济原则；在内部救济不力时，适用司法救济的原则。据此，救济方式的路径应当为：校内申诉→不服校内申诉决定，向教育行政部门提出申诉→不服教育行政部门的申诉处理，向上级行政机关申请行政复议（或直接提起行政诉讼）→不服行政复议决定，向人民法院提起行政诉讼。而针对其他内部处理决定行为，比如工资调整、福利待遇、住房待遇等争议，原则上只能寻求内部申诉的方式，且对申诉决定不服的，不宜再寻求外部救济方式。

第四，针对前述事项外的其他处理决定，只宜采取申诉的方式。如前所述，只要是高校与教师之间的争议都可以纳入申诉的范围，申诉制度已经成为包罗万象的"准信访"制度。从申诉制度的建立来看，从一开始它就与信访制度具有密切的联系。"教师申诉制度的建立，首先要求各级人民政府及其教育行政部门在拟定《教师法》实施办法时，要对教师申诉制度作出具体、明确的规定。……并注意发挥信访机构的作用，也可以授权信访机构按照教师申诉制度的规定，依法办理申诉案件。保证教师申诉有渠道，申诉有答复。"（韩绍祥，1994）从理想的状态来看，申诉制度没有必要承载如此之多的重任，这种定位既不现实也没有实效。"申诉制度赖以存在的法律基础已大大削弱，需要建立新的救济途径。"（谈玲 等，2008）对于申诉制度，从最初建立这种制度的初衷来看，应当是将其定位于内部的救济，强调行政性与内部性。"教师申诉制度是行政性的申诉制度"（韩绍祥，1994）、"教师与学校或其他教育机构发生了纠纷，这是属于学校内部的纠纷，不属于行政诉讼的管辖范围，教师只能向教育行政部门提出申诉"（全国人大教科文卫委员会教育研究室，1993），这些表述充分说明了申诉制度的内部救济性。在继承申诉制度的基础上，可以将之改造成一种穷尽选择的兜底方式，在前述各种方式（仲裁、复议、诉讼等）不能适用时，可将之作为一种特殊的救济方式。

参考文献

韩绍祥.1994.中华人民共和国教师法学习与实施指导[M].北京:科学普及出版社:191,197.

黄明东.2011.中、美、法高校教师法律地位比较研究[M].武汉:武汉大学出版社:368

马怀德.2007.学校法律制度研究[M].北京:北京大学出版社:91.

全国人大教科文卫委员会教育研究室.1993.教师法学习宣传讲话[M].北京:北京师范大学出版社:210.

申素平.2010.高等学校的公法人地位研究[M].北京:北京师范大学出版社:138,155.

谈玲,李煜兴.2008.我国高校教育纠纷解决机制探究[J].法制与经济(12).

吴平.1997.行政裁决制度研究[M].北京:中国民主法制出版社:25.

邢鸿飞,秦雪峰.2008.高校行政法论[M].北京:中国方正出版社:22.

杨建顺.2002.教师聘任制与教师的地位——以高等学校教师为中心[M]//劳凯声.中国教育法制评论（第1辑）.北京：教育科学出版社：258,268.

应松年. 1998. 行政法学新论 [M]. 北京：中国方正出版社：477.

余雅风. 2008. 新编教育法 [M]. 上海：华东师范大学出版社：151, 232.

余雅风. 2010. 构建高等教育公共性的法律保障机制 [M]. 北京：北京师范大学出版社：300, 301.

湛中乐. 2011. 大学法治与权益保护 [M]. 北京：中国法制出版社：201.

湛中乐, 等. 2009. 公立高等学校法律问题研究 [M]. 北京：法律出版社：291, 428.

张驰, 韩强. 2005. 学校法律治理研究 [M]. 上海：上海交通大学出版社：165.

The Research on the Management Decision and Remedy Ways for Colleges and Universities: Based on the Perspective of Protecting Teachers' Rights in Colleges and Universities

Ji Haofei

Abstract: To maintain the teaching order and guarantee normal operation, the colleges and universities regularly use the decision for their managements. It is a realistic problem that how to safeguard the legitimate rights and interests of teachers, to prevent the imbalance of power and right in the management decision. There are many problems and deficiencies exist in teachers' right remedy ways, so that we must focus on establishing scientific principles and choose the appropriate ways to configurate existing relief resources systematically and protect the legitimate rights and interests of teachers in colleges and universities properly.

Key words: college and university, decision of the management, protection of the legitimate rights and interests of teacher

作者简介
    戢浩飞，法学博士，中南财经政法大学武汉学院副教授，湖北省人民政府法制研究中心研究员。研究方向：行政法学、教育法学、教育政策等。

□李　祥

试论大学生学习权救济的困境及路径选择①

【摘　要】构建大学生学习权救济机制具有重要意义，但也面临物质保障权救济机制缺位、可诉性界定模糊、实效性滞后、校方态度消极等困境。大学生学习权救济机制的构建应该明确学习权的价值位阶，重视参与主体的多元性，尊重和落实高校办学自主权以及健全校内救济机制（特别是申诉制度）。

【关键词】大学生，学习权救济，困境，路径

随着受教育权的权利性质日益受到重视，受教育权的内涵已从他赋向自赋转变，学界更强调受教育主体学习的自由性与主动性，学习权的概念逐渐形成并深化发展。在市场经济进一步发展和终身学习理念逐渐深入人心的背景下，基于对国家教育权力可能侵害公民接受教育权益的思考，绝大多数学者越来越认可学习权作为一种旨在促进个人发展的综合性权利的重要地位和价值，视其为人权理论体系的重要组成部分。高校学生的学习权更多体现为学习主体的发展权、自主权和选择权，建立完善的学习权保障机制特别是救济机制是维护高校学生学习权的重要途径。充分认识当前高校学生学习权救济机制存在的不足和面临

①　本文系国家社科基金项目（教育）"学生学习权益保障体系研究"（项目批准号：BFA070023）的研究成果之一。

的挑战，正确选择高校学生学习权救济路径是一项十分紧迫和重要的任务。

一、构建高校学生学习权救济机制的缘起

改革开放以来，一方面我国教育政策的价值取向受到经济发展水平、意识观念和制度环境等因素的影响，另一方面我国公民权利意识的演进表现出被动性、不均衡性及薄弱性等特点，特别是受社会义务导向及传统文化影响，在相当长的一段时间，无论是政府、学校还是学习主体本身并没有重视学生学习权的问题。有研究表明，当前中国公民权利意识变化的趋向表现为"自我意识开始觉醒"、"寻求救济的愿望日益强烈，包括主动性增强、范围扩大和强度增加"（夏勇，2007）。在国外，受教育权被公认为"授权个人应付基本的需要如健康和尊严，并使他或她的个性全面而自由的发展"，已从"强调其对经济的贡献向基本人权这一性质转移"（Pimentel et al，2006）。构建高校学生学习权救济机制具有十分重要的意义。

构建高校学生学习权救济机制体现了教育政策法规的重要价值和权威。由于教育政策价值主体、选择类型和内容的多样性，教育资源的相对有限性，现实中社会和教育不平等的原因，存在价值冲突是必然的；但价值平衡又是必需的，这就要求对相互冲突的价值选择和利益要求进行"价值澄清"和利益衡量（刘复兴，2006）。在高等教育管理过程中，秩序与自由、效率与公平等价值博弈时常出现，维护学生学习权的价值选择经常面临其他价值取向的困扰。育人是高等教育的重要功能之一，与学生成才密切相关的学习权自然不应处在较低的价值位阶。关于学习权的价值位阶，有学者甚至指出，"能够超越公平、效率与自由的元价值非'公民学习权保障'莫属"（尹力，2010）。

构建高校学生学习权救济机制是依法治校的必然要求。近年来，高校学生基于学习权而产生的纠纷呈现出多样化和复杂化的特点。2012 年年底，教育部制定了《全面推进依法治校实施纲要》，其中第 19 条明确提出："要把法治作为解决校内矛盾和冲突的基本方式，依法妥善、便捷地处理学校内部各种利益纠纷，对难于在校内完全解决的纠纷，应当按照法定程序，提交有关行政机关、仲裁机构、社会调解组织或者司法机关依法解决。"高校学生学习权受到侵害涉及学校公权力与学生私权利的平衡与协调，学生主体既有

保护个人正当权利的意识和诉求，也有遵循校方合法管理制度的义务与责任；学校、司法机关、仲裁机构和学校的上级监督管理部门在对高校学生学习权进行救济时应根据相应的法律法规承担职责和义务，而这就要求健全高校学生学习权保障机制。

构建高校学生学习权救济机制是维护高校学生学习权的最重要渠道。权利的维护应基于健全的保障机制，学习权保障学生学习的基本需要，在此基础上衍生出物质保障权、学习自由权等诸多权利。事实上，近年来我国高校学生学习权救济机制不健全导致的对学习权的侵害案例屡见不鲜。以高校助学金政策为例，各个高校在实施的时候无论其评议程序形式多么民主（如班级评议、群众投票）、程序多么严谨（如材料的审定、多次公示制度、举报制度等），但因缺乏权利救济机制，当学生认为自身权利受到侵害时就可能寻求极端的救济方式，如对教师和同学进行造谣中伤、乱投匿名信等，最极端的案例是：2012 年 7 月 2 日，陕西科技大学学生张某因为不满助学金评定，持刀到班长所在的宿舍将其捅死后逃逸，后被抓获（杨德合，2012）。没有完善的学习权救济机制，维护高校学生学习权只能是一句空话。

二、当前构建学习权救济机制面临的困境

保障高校学生学习权的最低要求应该是满足学习者的基本学习需要，但相比保障制度确立及过程实施来说，当前高校学生学习权救济机制相对滞后，面临以下困境。

（一）高校学生学习的物质保障及救济机制缺位

虽然高等教育不是义务教育，高等教育需要大量的物质投入，但是根据高等教育的准公共产品性质和高等教育效益具有正的外部性，高等学校只能收取适当的学费。不仅如此，对家庭条件贫困的学生，政府和学校有责任和义务帮助其解决基本生活问题，以保证其能投入到正常的学习中去，这在相关法律中已有明确规定。例如：《教育法》第 37 条规定"国家、社会对符合入学条件、家庭经济困难的儿童、少年、青年，提供各种形式的资助"，第 42 条第 2 款规定受教育者有"按照国家有关规定获得奖学金、贷学金、助学

金"的权利;《高等教育法》第 9 条规定"公民依法享有接受高等教育的权利。国家采取措施,帮助少数民族学生和经济困难的学生接受高等教育",第 54 条规定"家庭经济困难的学生,可以申请补助或者减免学费"。绝大多数高校也根据相关法规和政策制订了奖勤助贷等相关政策,但无论是法律法规、相关政策还是高校制度,除了一般的申诉外,鲜见关于高校学生物质保障权受到侵害后的救济途径特别是司法途径的规定。

近年来,高校学生物质保障权相关案件时有发生。例如,2012 年 12 月,中国政法大学 78 名法律硕士因奖学金减少而状告校方,12 月 12 日,北京市昌平区人民法院以中国政法大学并非行政机关,不属于行政诉讼主体为由不予立案。此事经各大媒体广泛报道后,引起了社会对高校学生学习权利保障的广泛关注(雷军,2012)。又如 2012 年年底教育部出台了高校博士和硕士国家奖学金政策,金额分别高达 3 万元及 2 万元,各高校在评定过程中主要考虑学业成绩和科研水平两个因素,特别是在博士阶段学业成绩较难统一比较的情况下,科研水平成为关键要素,其实质就是考量学生论文发表档次和篇数。学界批评这种做法助长了高校学术浮躁心态,让学术更加功利化,作为主体的学生基本没有发言权和对规则的申诉权。不仅奖学金、助学金如此,相关部门出台的涉及贷款、减免学费、税收优惠(可以减少一部分学费)、勤工俭学岗位、国家其他资助、国内外社会资助等的相关物质保障政策①中,也很难查到学生主体能够获得的救济途径。

(二) 高校学生学习权救济的可诉性界定模糊

学习权的可诉性可以分为可诉讼和可申诉。一方面,学校纠纷的申诉和诉讼解决机制方面存在的成本过高、时间太长、程序相对烦琐等问题广受批评;另一方面,出于对干预学校办学自主权及学术自由的担心,高校纠纷的外界审查限制特别是诉讼边界问题常常引起激烈争论。一般认为,司法诉讼应该是作为学校纠纷解决的最终救济和程序而占有优势地位的最终纠纷解决机构,它和行政申诉或复议、其他校内纠纷解决机制共同构筑起解决学校纠纷的有效系统。相比以往受教育权的可诉性,高校学生学习权涉及范围更广

① 本文认为,对于学生参军、参加"特岗计划"等返还学费不属于学习权物质保障机制,原因在于:首先,这些政策属于学业已经完成的事后救济;其次,政策出台的目的也并非为了保证学生能够顺利完成学业,而是鼓励其学成之后到国家需要的地方和部门去。

且内容更复杂，其可诉边界如何划分在法律中并没有明确规定，在实践中亦存在多种可能。

从法理上讲，"权利和义务归根到底都是工具，而不是目的，每项权利的享有和行使都同主体获取一定利益联系在一起"，"在重视法治和人权的国家，法定权利是权利存在的主要形态"（张文显，2012），因此具备可诉性的学习权应该是由法律法规作出明确界定的，这涉及可诉性的边界问题，特别是司法诉讼。近些年多数涉及学习权的案件被驳回，其理由均是不具备可诉性。高等学校能够成为行政诉讼主体是因为现代国家的行政范围和公共职能延伸，高等学校等社会组织经常因法律、法规的授权而获得行政法上的行政主体地位，例如"田永案"以及此后的"刘燕文案"等都是首先对高校是否具备行政诉讼被告资格存在争议，争论双方的焦点都是高校是否为"法律、法规授权的组织"。此外，一般也认为只有具体行政行为具有可诉性，在上文提到的中国政法大学学生因奖学金状告学校的案件中，由于中国政法大学对不特定的对象制定具有普遍约束力的规范性文件属于抽象行政行为，因此也不具备可诉性，从行政法角度看，只有某位学生因学校没有按照事先的规定给其发放奖学金，才能依照相关法律提起行政诉讼。值得一提的是，有的司法诉讼是以复议前置为前提的，复议前置意味着诉讼人在寻求法律救济途径时，应先选择向行政复议机关申请行政复议，而不能直接提起行政诉讼，其理由之一就是考虑人民法院对专业性问题辨别的难度，从这个角度讲，多数学习权司法救济应该以复议前置为前提。不过针对学习权可诉性边界的争议本身就很大，如果涉及专业性问题是否还可以通过法律途径解决又是一个需要考量的问题。有学者提出："愈接近学术事项的核心地带，司法介入的广度愈小、强度愈弱，反之亦然。"同时，"就大学生学习权保障而言，司法审查范围的划分标准就可简约为自治标准和基本权利标准"（倪洪涛，2008），但学习权救济的可诉性边界还需进一步研究。

（三）现有学习权救济制度的实效性滞后

西方法谚云"迟来的正义即非正义"，分析以往的"齐玉苓案"、"罗彩霞案"、"田永案"、"刘燕文案"、"重邮学生怀孕被开除案"等可见，高校学生权利救济有其特殊性。除了"齐玉苓案"因发现时间晚，当时教育法律法规不完善造成学习权救济的迟到外，其他案件基本都在学生及时申诉和诉讼中得到了较好的解决，但是随着学习权涉及问题的深化和复杂化，一些高校学生学习权救济的实效性问题进入研究视野。以"甘露案"为例，2011年 10 月 25 日，最高人民法院对"暨南大学开除硕士生甘露"一案作出判决，最终决定撤销广东省广州市中级人民法院（2007）穗中法行终字第 709号行政判决和广州市天河区人民法院（2007）天法行初字第 62 号行政判决，同时确认暨南大学暨学〔2006〕33 号《关于给予硕士研究生甘露开除学籍处分的决定》违法，这起因 2005 年暨南大学研究生甘露撰写课程论文时存在抄袭行为被给予开除学籍处分而导致的行政诉讼画上了句号。"甘露案"与之前诸多学习权诉讼案例在许多方面反映的问题都是一致的，如对学校处理的程序争议、依据的法律条文是否合理合法的争议、处分与行为是否一致（是否过重）的争议等，但其救济的实效性却远不如其他案件，"甘露案"利益相关人在学习权受到侵犯后立即采用各种权利救济途径，从行政申诉到司法诉讼，最后却无法从法律上实现权利救济，正如在最高法院庭审后甘露再次向最高法院递交的书面说明所言，"因已经失去 5 年最好的光阴，已不愿意回到学校修完学业"。法律本身为了保障正义而体现的程序性、事实判断的复杂性以及法律自身的局限性决定了法律只能是调整社会关系的规范之一，高校学生学习权问题并不能完全通过法律途径得到解决，但是作为一种最终、最权威的解决途径，它往往又给了学生主体较大的期望，同时教育的顺序性、阶段性、差异性及影响终身性的特点，决定了教育的权利救济实效判断标准也不能仅以物质补偿等为依据，这些都是考虑学习权救济必须思考的实效性问题。

（四）校方对学生学习权维护的消极态度

虽然学生权利意识认识误区也是学习权救济存在的困境之一，但其根源在于校方对学生学习权维护的消极态度，这才是造成高校内部学生学习权救济机制构建困境的主要原因。

一方面，校方对依法办学，维护学生学习权益的认识不足。学校管理者对学生权利认识不足的问题在其他国家也较常见，例如，芬德利（Findlay，2007）的调查表明，"虽然学校管理者不一定明白学生权利的性质，但 97%的受访者表示在处理学生权利问题时会在一定的恰当水平"，但同时也认为"掌握教育法律知识能帮助学校管理者避免潜在的诉讼，成为更有效的学校领导，并确保学生权利在学校得到尊重"。在我国，当前许多高校学生学习权纠纷难以在校内完全解决，一些学校出于自身声誉等考虑又不愿意将学校纠纷放在校外解决机制中处理，对有关行政机关、仲裁机构、社会调解组织或者司法机关介入纠纷持排斥态度，主要表现为被诉学校不积极应诉、不认真对待应诉以及利用自身权力向师生施压，迫使对方撤诉，这些行为严重侵害了学生学习权受到损害后的救济权。

另一方面，学校内部纠纷解决机制不健全，学生救济渠道匮乏。一些高校不仅在程序上难以保证学生的知情权、陈述权和申辩权，而且在纠纷出现后更多地表现出管理缺位、意识被动、不履行举证责任以及草率行事等。从近些年校内纠纷的典型案例来看，大多数校内纠纷并不一定需要通过行政申诉或复议解决，也不适合通过法院途径，依法健全校内纠纷解决机制成为依法治校的必然趋势，这需要校方树立依法治校意识，正确对待学生学习权益。

三、学习权救济机制构建的路径选择

结合当前学习权救济机制构建存在的诸多困境以及所要达成的维护学生基本学习权益的最终目标来考虑，学习权保障机制构建的路径选择必须回答这些问题：一是高校的办学自主权与校外救济机制如何平衡，二是在学习活动过程中对侵害学习权行为确定的标准是什么，三是各种学习权救济渠道如何有效衔接以及避免法律空白或多方扯皮。在选择构建路径的时候，以下途径可供参考。

1. 理念上明确高校学生学习权的价值位阶，恰当处理秩序与自由、效率与公平等价值关系

教育是以教育活动中的主体"人"为研究对象的，它必须依赖人的能动性，所有涉及教育政策或制度的价值考量都应基于时代背景下人的价值理念和价值立场。在过去相当长一段时期内，受西方人力资本理论、社会义务本位价值思想影响和基于我国十年"文革"对人才破坏性毁灭的现实，我国奉行"科教兴国"的社会为本教育价值取向。随着经济发展和社会进步，国家尊重和保障人权写入宪法，教育在人的发展中的作用越来越得到社会认同，高校的管理更趋于民主化、人性化，例如取消大学生不得结婚的规定等。在此背景下，基于学生个体发展的学习权价值位阶问题提上日程。正如前文所述，学习权在高校管理中的价值位阶应该处于前列，这就要求校方站在维护学生学习权的价值立场考量两个问题：一是秩序与学习自由的问题；二是效率与公平的问题，涉及学生主体的需求差异、学校教育资源有限等问题。如何协调这些价值是一个很大的挑战。

2. 注意高校学生学习权救济中的学生利益至上和多方利益兼顾

高校学生学习权保障体系是在社会、学校、学生等多元主体博弈与冲突的交叉环境下对利益的权威分配结果，涉及多方利益，因此救济机制构建片面强调维护学生权益是不合理的。高校学生是救济机制的直接受益人，在体系构建中应占据重要地位，学习权维护的是学生整体利益，不能因为维护一部分学生利益而损害另外一部分学生利益或者其他主体的较大利益；高等学校是提供教育教学的机构，是体系构建的直接主体；高等学校的相关主管部门代表国家政府行使对高等教育的直接管理权，它通过制定强制性或建议性的政策制度和分配教育资源（土地资源、办学经费等）引导高校行为，是救济体系构建重要的外部监督和指引力量；大学生对家长在经济和情感上具有依赖性，家长的权利意识是影响权利救济的重要因素。为了确保上述各方利益，高校学生学习权救济体系构建必须在程序上体现民主性和公开性，内容上体现科学性，实施路径上体现多元性。

3. 坚持法律保障是最底线和最有效的保障

尊重高校自主办学的权利，并不意味着高校管理与法律的必然分离和隔绝，许多学者均意识到法律介入高校管理的必要性。例如劳凯声认为，受经济利益的驱动，在高等学校中出现了一批新的办学形式，不同程度地把高等学校与市场联系在了一起，高等学校具有了企业或商业实体的某些特征。为了保证高等学校的公益性质，应从公法的角度对高等学校进行规范（劳凯声，2007）。余雅风提出法律必须对高等学校的权力范围和权力行使的程序加以明确具体的规范，并赋予学生权利有效的救济途径（余雅风，2007）。

但是需要强调，这是在健全校内救济机制的前提下思考的，法律保障应作为最底线和最有效的途径，诉讼终局原则为高校学生学习权救济提供了最后保障。司法机关、仲裁机构和学校的上级监督管理部门在处理学校内部矛盾和纠纷时，应在不干预学校自主办学权前提下承担起法律规定的相应职责和义务。学校负责人也要积极应诉，这不仅直接体现其依法治校的水平，还直接影响到师生权利的保障，因此学校应把积极应诉作为一项常态化的制度。此外，有关部门应该健全制度，对高等学校应诉情况进行监督；对人民法院或相关申诉处理机构依法作出的生效的行政判决和裁定，应当督促学校自觉履行；学校没有履行应诉职责，造成后果的，应当按照规定追究有关责任人的责任。学习权的性质决定了其法律救济也应考虑程序简便、效率高效等问题，更重要的是一般情况下行政诉讼不影响行政处罚的执行，这是出于效率的缘故，但如前所述，学习权应具有比效率更高的价值，如何避免像"甘露案"等最后赢了官司而输了学习权现象的发生，还值得进一步思考。

4. 尊重和落实高校办学自主权，健全校内学生学习权救济机制特别是申诉制度

尊重和落实高校办学自主权是我国高等教育体制改革的重要内容，内部治理结构调整亦是落实高校办学自主权的一个极为关键的环节。一般认为高校办学自主权的核心是保障学术自由与学术管理自治，尊重高校办学自主权可以使大学在各种社会政治与经济纠纷中保持独立思考立场。同时高校学生学习权救济机制包括教育行政申诉、行政复议、社会组织调解、行政仲裁、行政诉讼和民事诉讼等校外解决机制，这些机制在成本、效率、适切性等方面各有利弊。教育纠纷对司法、行政申诉、复议等的需求与其他领域的需求在性质上有很大区别，特别是面对学校内部冲突和矛盾的多元化，这些制度不能完全独立地解决问题，一方面增加了司法机关、上级行政监督管理部门的工作负担，另一方面效率也不高。由于教育事业的特殊性，很多权利一旦不能得到及时救济，也很可能直接影响学生的学习权行使，同时会造成对学校内部管理事务的干涉。基于此，学生学习权救济更多地需要在学校内部解决。通过建立和完善校内学习权纠纷的多元救济机制，使学习权救济渠道高效化、多样化，充分保障和维护利益相关者的权益和弥补当前法律缺陷，这也有利于矛盾和冲突得到有效化解。

在校内学习权救济机制的构建中，尊重学生的申诉权极为重要。《普通高等学校学生管理规定》第 60 条规定："学校应当成立学生申诉处理委员会，受理学生对取消入学资格、退学处理或者违规、违纪处分的申诉。"此外，广义的行政救济除行政复议与行政诉讼外，还包括相对方请求行政机关改正错误、声明异议、陈述和申辩、要求听证等（罗豪才 等，2012）。而且，通过学校内部纠纷解决机构妥善解决校内纠纷是成本低、效率高的首选途径，解决学校学习权纠纷的目标是化解矛盾，实现共赢，因此还应建立校内协商和调解机制。在将司法诉讼作为纠纷解决的最终保障前提下，健全校内学习权救济机制特别是申诉制度，这是高校学生学习权救济机制构建的现实途径，且对作为行政复议或行政诉讼的前置程序也具有十分重要的意义。

参考文献

劳凯声.2007.教育体制改革中的高等学校法律地位变迁[J].北京师范大学学报:哲学社会科学版(2).

雷军.2012.中国政大78名硕士因奖学金减少状告校方[N]. 京华时报,12-13(13).

刘复兴.2006.教育政策的价值分析[M].北京:教育科学出版社:142-148.

罗豪才,湛中乐.2012.行政法学[M].3版.北京:北京大学出版社:232.

倪洪涛.2008.大学生学习权司法救济范围再认识[J].湘潭大学学报:哲学社会科学版(3).

夏勇.2007.走向权利的时代——中国公民权利发展研究[M].北京:社会科学文献出版社:45-60.

杨德合.2012.陕西科技大学1名学生持刀捅死班长被批捕[N].华商报,08-19(4).

尹力.2010.学习权保障:学习型社会教育法律与政策的价值基础[J].北京师范大学学报:社会科学版(3).

余雅风.2007.契约行政:促进高等学校学生管理的法治化[J].北京师范大学学报:哲学社会科学版(2).

张文显.2012.法理学[M].4版.北京:高等教育出版社:95-96.

Findlay N M. 2007. In-school administrators' knowledge of education law[J].Education Law Journal, 17(2):177-202.

Pimentel C. 2006. The human right to education: freedom and empowerment[J]. Multicultural Education,13(4):2-10.

The Plight and Path Selection on Relief of College Students' Learning Right

Li Xiang

Abstract: It is of great significance to construct the relief mechanism for college students' learning right, but some plight are still exist, such as the vacancy of relief mechanism in the material guarantee right, the ambiguity of definition in the possibility of accusation, the lagging behind of effectiveness and the negative attitude of college. The construction of the relief mechanism of college students' learning right should be constructed as follows: clearing the value position of learning right, paying attention to the pluralism of participation subject, respecting and Implementing the autonomy of college running, and perfecting the intramural relief mechanism, especially the appeal system.

Key words: college student, relief of learning right, plight, path

作者简介

李祥，西南大学教育学部博士生，贵州师范大学经济与管理学院讲师。研究方向：教育法学、教育经济与管理。

□ 湛中乐

受教育平等权保护的行政法思考①

——以随迁子女的义务教育为例

【摘　要】受教育平等权兼有受教育权和平等权的含义，包括入学机会、在校待遇和升学条件三方面的平等。义务教育作为国家法律明确规定的基础性教育，最应该体现受教育者的受教育平等权。目前随迁子女义务教育不平等问题表现得最为直接和鲜明。理清受教育平等权涉及的行政法律关系，结合前述三方面的平等，从行政法上对其加以考量，有很高的理论价值和实际意义。通过分析现行法律规范和行政实践，我们需要对受教育平等权的法律保障进行补强，进而构筑全面可行的保障和救济法律体系，以期落实包括随迁子女在内的全体受教育者的受教育平等权。

【关键词】受教育平等权，随迁子女，义务教育，行政法

一、引　论

百年大计，教育为本。无论对个人还是国家来

① 本文是作者提交给第四届海峡两岸公法论坛（山东）的会议论文。博士研究生赵玄为论文撰写提供了必要的资料支持，特致感谢。但论文观点和内容由作者负全责。

说，教育在当今时代都有着基础性的重要地位，而义务教育又是教育制度中的基础。我国巨大的人口资源转化为人力资源的关键就在于义务教育的实施情况。有学者指出：一个民众的政府，而民众没有知识或者没有学得知识的手段，那它只是笑剧的序幕，或者是悲剧的序幕，或者可能二者兼有（范斯科德，1984）。作为个人的公民能有效地参与到国家和社会的生产生活中来，使国家或民族始终保持持续的发展进程，均有赖于教育之力。从地域和人口自然情况看，基本上反映了中国教育资源的不均衡分布。在迁徙逐步自由的情况下，人口自然会向具有比较优势的地域流动，最初多体现在对经济利益的追求上，但包括教育在内的其他社会利益也渐渐成为人口流动的动因。

但是，城乡二元结构这种人为的制度窠臼，犹如矗立在城乡之间的"无形之手"，无时无刻不在制约着人口的流动自由度。诸多利益与户籍直接联结，在"无形之手"的掌控下，制造出种种城乡差异，导致城乡人口在法律上的不平等地位。在流动人口离土又离乡的大趋势下，这种不平等变得更加直接而现实，对利益相关各方造成的影响也更为深刻。离土又离乡者已然成为一个不可忽视的庞大群体，他们缺乏组织归属而散布于城市的每个角落，政府意识到这一问题关涉甚大，逐渐以红头文件的方式予以规范引导。对城市的熟悉、认同与对乡村的疏远、陌生，使流动人口举家迁徙渐成趋势，随迁子女①的教育本地化问题就成为对比日益鲜明的城乡利益差别的一个重要反映。义务教育作为政府提供的基本公共服务，是最应体现教育公平的领域（中共中央宣传部理论局，2011）。对全体适龄人口应当依法平等对待，使其平等地接受义务教育，从法理上来说，他们不应当受到由包括户籍在内的任何因素带来的差别化对待。也正是从这个意义上讲，随迁子女接受义务教育的平等保护问题是不难讲通的。

据教育部《全国教育事业发展统计公报》显示，2010 年全国义务教育阶段在校生中进城务工人员随迁子女共 1167.17 万人，包括在小学就读的864.30 万人和在初中就读的 302.88 万人。2011 年全国义务教育阶段在校生中进城务工人员随迁子女共 1260.97 万人，包括在小学就读的 932.74 万人和在初中就读的 328.23 万人。其中，跨省随迁子女的比例约占三分之一强，而广东、浙江、江苏、上海、北京等五省（市）接收了全国近六成的跨省随

---

① 在政府相关文件以及学者的论述中，进城务工人员的子女最早被称为流动儿童、少年或打工子弟，后被称为随迁儿童、少年或同住子女。本文以下部分除引用相关文件的原文表述外，皆称其为随迁子女。

迁子女。① 其中优质教育资源集中和相对有限的北京、上海等地，随迁子女义务教育问题表现得最为突出，也自然会成为关注的焦点。

受教育权是宪法赋予公民的一项基本权利，不论其性别、民族、宗教信仰、财产状况等均应当平等享有。出现不平等的情况时，权利人有权要求侵权者采取一定措施以承担相应责任，国家应当提供有效的救济途径，切实保障受教育者权利的平等享有。当下，国家实行九年义务教育制度，按照新修订的《义务教育法》的规定，义务教育是国家统一实施的所有适龄儿童、少年必须接受的教育，是国家必须予以保障的公益性事业。② 每一个具有中国国籍的适龄儿童、少年都享有接受义务教育的权利，随迁不应成为平等行使基本权利的障碍。但现实中存在对法律的变通和违反，有法不依的现象单单归咎于基本国情或本地实情未免牵强。随迁子女义务教育问题的解决不仅仅是义务教育法制的完善过程，也是对中国整体改革的一个有益探索过程，其妥善解决将促进改革发展。

无论是专门性的学术论文，还是教育法学领域的著作，对受教育权平等保护的讨论基本都围绕宪法展开，即便有专论教育行政法律的作品，也不免存在依法例编排的刻板现象。然而，在宪法层面的高端设计最终须落实到行政法治的过程中来，受教育权也应以行政法为主予以保障。虽然义务教育的属性决定了义务教育阶段的受教育权不同于一般的法律权利，这可能是行政法难于论述的一点，不过，但凡原则必有例外，沿着行政法学的基本原理，理清义务教育行政法律关系主体、内容和对象，必然有助于解决受教育权在行政法上的保障和救济问题。以此为切入点，以受教育权平等保护的三个方面作为研究路径，形成相互交织的权利保障网络，每一个节点都可成为行政法调整的对象，继而可围绕这些节点对受教育平等权进行行政法上的展开。

二、受教育平等权与行政法律关系

受教育权内涵丰富，论及受教育权必然要将其与教育权和学习权等进行

---

① 教育部的统计数据包括了跨省随迁和省内随迁，结合有关学者的研究，跨省随迁子女约为 34.1%。参见：王宗萍. 我国农民工随迁子女状况研究：基于 2005 年全国 1% 人口抽样调查数据的分析 [J]. 中国软科学，2010（9）.

② 参见《义务教育法》（2006 年）第 2 条。

比较分析。狭义的受教育权指向接受教育的权利,广义的受教育权还包括施教的权利和选择教育的自由。教育权同广义的受教育权概念相当,但教育权还包括权力维度的含义,这是受教育权所不具备的。而学习权多是一种研究上的需要,不适合作为法律概念或术语来使用。受教育权并不将公民作为接受教育的被动客体来对待,它是为了人格的自我完善而形成的一项基本权利(申素平,2009)。本文的旨归在于受教育平等权①的保护,本部分将就受教育权的内涵与平等权的关系进行分析,归结出受教育平等权,并阐明其三个层面的意义。同时作为后文分析的进路,就义务教育涉及的行政法律关系进行梳理,着重就三个关系进行说明。

(一) 受教育平等权

受教育平等权兼具受教育权和平等权的特征,既有受教育权对平等价值的追求,又有平等权对受教育这一领域的涵盖,是受教育的平等权或平等权的受教育分支。就其内容而言亦十分丰富,有学者认为其"基本内容包括教育内容的平等、入学机会平等和平等地享有教育资源"(周永坤,2006);也有学者认为"义务教育公平的精神实质就是平等,而且是数量平等,即教育机会平等、教育起点平等和教育结果平等"(朱永坤,曲铁华,2008)。② 综合观之,受教育平等权应当是受教育全过程不受歧视或不正当差别对待的权利。就义务教育而言,受教育平等权可分为三个方面,即入学机会平等、在校待遇平等和升学条件平等。入学机会平等,是指符合法律规定条件的儿童、少年平等地享有入学并取得正式学籍的权利。在校待遇平等,是指已取得学籍的学生在本校有得到平等待遇的权利。升学条件平等,是指完成义务

---

① 受教育平等权,这一称谓在学界尚不统一。有学者称教育平等权,并解释为受教育的平等权;有学者称为平等受教育权或平等教育权。详见:王东霞. 公民受教育权的基本理论研究 [J]. 前沿,2009 (12);周永坤. 教育平等权问题及解决之道 [J]. 华东政法学院学报,2006 (2);温毅斌. 受教育权的实质是受教育平等权 [J]. 上海教育科研,2003 (7);邓剑光. 关于教育平等权的法律思考 [J]. 河南师范大学学报:哲学社会科学版,2008 (6);章正璋. 关于受教育权的几个法律问题 [J]. 苏州大学学报:哲学社会科学版,2005 (2)。"受教育平等权"是本文基于部分学者的探索所作的概念建构尝试,将受教育权与平等权结合起来,取其权利保障范围的交融之处,而获得一种复合性的权利形态。这种权利形态虽然未必是一种严谨的逻辑演绎,但在进行规范解释及制度建构时,或许能给我们带来更大的便利。

② 西方国家关于教育平等的含义也有如此划分的,且不限于此。详见:鲍传友. 教育公平与政府责任 [M]. 北京:北京师范大学出版社,2011:172-188.

教育，继续非义务教育的条件要求应当平等。

在作为受教育权内容的维度上，受教育平等权受限于受教育权的特性。现行宪法和相关法律规定了公民受教育的权利和义务。同时，义务教育的公共属性决定了其自身具有的普及性、基础性、强制性和无偿性等基本特征。从一定意义上说，接受和普及义务教育既是个人成长的起点，也是整个国家持续发展的源泉所在。此时教育权处在权利和义务并存的阶段（李修琼，2002）。① 义务教育既有权利性又有义务性，且其义务性更为鲜明，但作为同一个体同一时刻不可能兼具彼此对立的权利和义务。易言之，对受教育者来说，当任何他人阻碍其正当接受义务教育时，均可以权利被侵犯为由进行对抗，任何他人负有的是保证其权利不被侵犯的义务；反之，受教育者应当接受义务教育而不接受时，作为强制其接受教育的主体就享有权利（权力），受教育者不得主张权利行使的自由，其义务也就显现出来。就受教育平等权的保护来说，更多的是从前一层意义上去考察。

（二）随迁子女义务教育与行政法律关系

行政法律关系，包括行政法律关系主体、客体和内容。随迁子女接受义务教育问题涉及的主体主要是政府、学校及教师、随迁子女及其家长、本地生源及其家长。鉴于行政法律关系中一方确为行政主体，随迁子女义务教育问题中的行政法律关系应包括：政府与学校之间的关系、政府与随迁子女及其家长的关系、政府与本地生源及其家长的关系、学校与随迁子女的关系、学校与本地生源的关系。相应地，受教育平等权就体现为同类法律关系是否得到平等的对待。

在义务教育阶段，政府承担着基本的资源供给义务，合理规划并按照学生分布情况布局义务教育学校及设施，确保适龄公民均能平等进入学校取得学籍。学校不分公办还是民办，应得到平等的对待。学校应贯彻国家义务教育的法律规范，通过教师的教育让每一个学生平等地享受学校的所有资源。政府和学校对待随迁子女和本地生源应一视同仁。作为随迁子女应坚持自己

---

① 相似论述参见：章正璋. 关于受教育权的几个法律问题 [J]. 苏州大学学报：哲学社会科学版，2005（2）. 关于教育平等权，也有学者认为公民就是权利主体，国家就是义务主体，在义务教育上也没有过多区分。参见：周永坤. 教育平等权问题及解决之道 [J]. 华东政法学院学报，2006（2）.

的受教育平等权，争取自己应有的合法权益。

三、规范文本对现实的妥协

宪法和相关法律法规均有关于受教育权应平等享有的规定，但一直以来受教育平等权对随迁子女来说仅仅是纸面上的权利，国家虽不断发文，日益重视随迁子女义务教育问题，但这种执行和落实法律的行政方式仍不能切实符合法律条文的应有含义，进一步讲，对行政执行法律的再执行，体现在一个个的随迁子女身上时又会打折扣，同文本的要求也就更远。从文本与现实的对比中，不难发现现实同文本的冲突。通过分析，毋宁说现实的不平等恰恰是文本自身造成的，是文本对现实的妥协退让，以致放弃了对自身原则的秉持。

（一）入学机会平等方面

入学机会平等是受教育平等权实现的第一步，是其他平等权得以实现的基础和关键，没有入学机会的平等，很难说在其他方面的对待是平等的。适龄儿童不分民族、种族、性别、职业、财产状况、宗教信仰等，依法享有平等的受教育机会。除了明确列举的不得据以作出差别对待的标准外，这里主要还涉及收费标准和"就近入学"标准。

1. 收费标准

义务教育在法定意义上是免收学费的。1986 年《义务教育法》中对此有明确规定，对于其他费用则没有明确规定。但依据该法第 17 条的授权，经国务院批准由国家教委制定的实施细则中明确可收取杂费，继而又将收费的标准和办法授权于省级物价教育部门。针对随迁子女统一收取杂费似乎也是平等对待了，且实施细则还规定了经户籍地政府批准和居住地政府同意即可借读。然而，正是这一借读的规定，将收费标准差异化了，1998 年制定的《流动儿童少年就学暂行办法》作为国家教委和公安部的一个联合文件，写明了借读需要交纳借读费。作为其依据的《义务教育学校收费管理暂行办法》仅规定杂费按照公用经费的一定比例收取，借读费同杂费一起作为专项收入专用于弥补公用经费的不足。在这种层级空白转授权①中，行政权力被逐步放大，在这种公开的不平等之下乱收费也就不足为奇。如北京市 2002 年之前每学期借读费是小学 600 元、初中 1000 元，之后分别调整为 200 元和 500 元（容安才，2002）。这笔开支对随迁子女的父母来说还可接受，但从法律上是讲不通的，客观上造成了入学机会的不平等，对随迁子女接受义务教育的平等权构成侵犯。2006 年《义务教育法》作了修订，在法律条文中明确义务教育不收学费和杂费，国家建立经费保障机制予以保证，只字未提借读，借读费这一没有法律根基的收费也就淡出了公众的视野。②

似乎收费标准不平等的问题随着法律的修订得到了彻底解决。其实不然，在上有政策下有对策的中国，人们总能找到"收费"的依据，那就是新《义务教育法》所鼓励提倡的捐资助学，这种变相的收费比明着收借读费更有过之而无不及。在 2011 年的重庆，一方面是市人大常委会拟定的地方性法规《重庆市义务教育条例》，其第 2 条第 2 款规定："实施义务教育不收学费、杂费、择校费和借读费，以及国家和本市规定以外的任何费用，免费提供教科书"，另一方面却是数额不断刷新的"捐资助学费"，有名的小学一般在 4 万—4.5 万元，最高达到 7 万元，较好的中学则在 1.8 万—3 万元。而将要被禁收的择校费及其他一切费用都会以自愿的名义收取。重庆市人大常委会委员宋愚认为，在教育资源不够均衡的现实条件下，无论是择校费还是捐资助学费都是分流生源的一条措施，这样做至少对有的家庭而言，可以通过多交钱来获得去名校的上学资格（李国，2010）。③ 照此思路，本来不平等的教育资源分配，还要因个人或家庭经济能力的高低再次遭遇不公，这给受教育平等权的实现带来沉重的负担。在部分立法者心中，对不平等的纵

---

① "空白转授权"具体是指：1986 年《义务教育法》第 17 条对国务院教育主管部门的授权是概括性的，没有指明授权范围、目的、内容等，近于空白，以致被授权机关制定规范有很大的裁量空间，也就出现了国家教委制定的细则再授权省级物价、教育部门制定收费标准等情况。

② 如北京市于 2004 年取消了农民工随迁子女的借读费，并于 2009 年将具有非农业户口随迁子女的借读费全部取消。具体参见：李江涛. 北京将取消农民工子女借读费 [N]. 人民日报，2004-07-10；赵正元. 北京取消中小学义务教育借读费 [N]. 中国教育报，2009-02-4 (1).

③ 相关评论亦可参见：蔡正兵. 不要让借读费借尸还魂 [N]. 人民日报，2009-03-20 (15)；王石川. 删条款易，除披马甲的借读费难 [N]. 新华每日电讯，2010-12-27 (3). 该文指出很多城市早就取消了借读费，而赞助费、建校费等改头换面的费名频出。张胜波，等. 取消借读费：上级请客，下级买单 [N]. 南方日报，2010-01-26 (A10). 该文认为取消借读费，却没有相应的财政来填补这一块费用空白，导致了变相收费"被捐资"。周晓东. 警惕变了味的捐资助学费 [N]. 江淮时报，2011-05-27 (3). 该文认为择校费等是包括学校、教师以及教育管理部门的一个利益输送渠道，在禁收的同时应多措并举。

容似乎是一种无奈的选择，如此高的择校费对随迁子女平等行使受教育权显然构成了巨大的障碍。

2. 就近入学标准

除了经济方面的限制，对随迁子女来说，最大的障碍莫过于就近入学标准。在不断的"立法完善"中，就近入学同户籍地牢牢地捆绑在一起。1986年《义务教育法》规定地方各级政府应合理设置小学、初中，使儿童、少年就近入学。① 就文意来看，规定意在强调政府的责任和义务，以方便权利人便捷地享有受教育的权利，本不应有限制在户籍地入学的延伸含义。即便是随后的实施细则也仅仅说明了离开户籍地借读，并没有任何将就近入学限定于户籍地的表示。但行政机关出于管理上的便利，在法律之外添设了户籍地和居住地的区别标准，且随着2006年《义务教育法》修订，"地方各级人民政府应当保障适龄儿童、少年在户籍所在地学校就近入学"变成了法律条文，这种"保障"毋宁说是一种"限制"。将就近入学限制于户籍地不仅与当今社会流动性加强的趋势相悖，而且使得随迁子女的入学完全依赖于流入地省一级政府的具体办法的规定。这些规定通常需要流动人口提供相关流入地要求的一系列证明文件。

以北京市为例，2010年新修订的《北京市中小学校学生学籍管理办法》对随迁子女借读作出规定：因家长在本市工作或居住需要在本市接受义务教育的，需持在京居住证明、户口簿等，经暂住地街道或乡政府确认，开具在京借读证明，到暂住地就近的中小学联系学校。接受有困难的，区县教育部门协调解决。② 从要求提供的证明文件内容来看并不复杂，暂住证或居住证、户口簿相当于流入地和户籍地的双重证明，"等"代表的应是北京市制定的实施《义务教育法》的地方性法规中规定的工作证明。与之形成对比的是广东省，作为随迁子女流入最多的省份，其要求相对就苛刻一些，如取消借读费的条件就包括：在非户籍所在地连续居住5年以上，有固定住所、固定就业或经营证明、计划生育证明，持有效暂住证。这些要求同接受义务教育本身联系都不大，基本上强调的都是"本地化程度"。至于随迁子女入读公办学校的资格，广东省民进教育工委副主任钟阳认为，可以采取积分制，即"凡符合入读公办学校条件的非户籍常住人口子女，以其父母的学历、职称、在当地服务年限、居住条件、参加社会保险、纳税、计划生育等方面情况作

① 参见《义务教育法》（1986年）第9条。
② 参见《北京市中小学校学生学籍管理办法》第15条、第16条。

为计算积分的依据，视各地提供的学位数根据积分由高到低确定入读公办学校人员名单"（张胜波，2010）。看似分数面前人人平等，其实已然涵盖了太多不应考虑的因素，并且许多因素都形成了实质性的行权障碍。加上对办理相关证件时间的考虑，广州平均需要近86天，即便北京也需要近33天（田慧生　等，2010），而本地生源基本上不需要这个时间，数据对比使得不平等更为显著。

关键问题是对法律精神原意的落实，随迁子女不应当被这些经济或社会的无关因素所牵绊。公办学校认为自己资源有限，政府对其支持有限，造成接纳随迁子女的数量有限，在这种情况下，就得在其他方面找寻比较优势，金钱的多寡和本地化的程度也就成为最好的选择。在对公办学校望而生畏时，民办学校（尤其是教学条件相对较差的打工子弟学校）或简易学校自然成为随迁子女不太情愿的选择。结果只能是好的学校"因财施教"、"唯财是举"，差的学校"毁人不倦"，这极大地损害了教育公平（蔡正兵，2009）。在2002年上海市作的随迁子女抽样调查中，有39.25%的适龄儿童处于失学状态；同一时期的深圳，随迁子女失学比例也高达19.25%（范先佐，2011）。这与彼时标准的壁垒效应不无关系。

（二）在校待遇平等方面

在校待遇平等是指取得学籍的学生应受到学校和教师在教育教学、综合发展和学业评定等三个方面的公正对待。在校待遇平等对入学机会平等的实现程度有传递效应，即如果入学机会平等实现的程度小，那么对作为权利主体的随迁子女来说，这种不平等感受会影响其对在校待遇平等的期望和评价①，同时对保障在校待遇平等的义务主体要求会更高。一如美国教育家杜威所言："学校环境的职责，在于尽力排除现存环境中的丑陋现象，以免影响儿童的心理习惯。学校的责任不在于把社会的全部成就传递下去，保存起来，而只是把有助于未来更美好的社会的部分传递和保存起来。"（杜威，2001）如果说，入学机会平等是实现受教育平等权的基础，那么在校待遇平

---

① 2011年8月，北京石油学院附属小学为逃避安置民办学校随迁子女，另行更名为北京石油学院附属实验小学，将原牌子挂在一个青少年活动中心，以此拒绝接收随迁子女。记者对这种做法评论道：这也许是打工子弟爱打工子弟学校的原因之一，因为他们担心在公立学校中得不到同城里孩子同等的待遇和关爱。详见：舒圣祥. 小学紧急换名更像是"实验"歧视 [N]. 新华每日电讯，2011-08-22（3）.

等则是实现受教育平等权的关键，不平等的在校待遇可能会造成难以挽回的不利后果。对随迁子女来说，平等享有在校待遇意义深远。

现行《义务教育法》对政府、学校和教师规定了可视为在校待遇平等的相关规范。该法第 22 条指出：县级以上政府及其教育主管部门不得将学校分为重点学校和非重点学校；同时作为学校，不得分设重点班和非重点班。第 29 条规定：教师在教育教学中应当平等对待学生，关注学生的个体差异，因材施教，促进学生的充分发展。应当尊重学生的人格，不得歧视学生。但是，对社会略有关注就会发现，学校经常都处在持续违法状态，政府还在主导推进各种示范学校或某一级别的达标学校评比，对学校区分等级；学校也在迎合与展示这种评比，而且还将内部的班别区分为实验班、科技班、元培班等，实则区别了班级的重要性。① 这些分类是对在校学生的公然差别化对待，有违在校待遇平等的原则。

从教育教学方面来说，平等原则要求学校首先不得将随迁子女单独编班。学校和教师的任务是让随迁子女融入学校正常的教育教学中来，单独编班会造成"平等但隔离"的负面效果。同时，学校在学习和心理上应给予随迁子女更多的关注和帮助。从已有调研报告来看，一些城市做得还不错："教师在辅导和与随迁子女谈心方面，与本地学生无显著差异，且在鼓励思考、帮助纠正作业错误、提供发言机会等方面随迁子女受到的关注要多于本地学生"（田慧生，吴霓，2010）。② 对于随迁子女的关注过高似乎又有"反向歧视"的意味，但整体考察能够发现随迁子女在幸福感等方面还是不及本地学生高。前文脚注中提到的北京石油学院附属小学，在报道之后不久，即同年 8 月 26 日，将青少年活动中心的校区确定为附属小学的北校区，专门安置由打工子弟学校分流来的随迁子女（邓晖，2011）。联系两篇新闻稿，不禁让人体会到该学校的做法确实达到了"平等但隔离"的效果。

从综合发展方面来说，素质教育一直是教育发展的方向和追求，是学生在教育教学之外，通过课外活动和实践等全面塑造人格，达到德智体美全面

① 河南省在 2012 年为落实《义务教育法》所拟定的征求意见稿中，写了不得将学校分为重点和非重点，有媒体以"河南拟立法取消重点中小学"为题，大赞此举措有助于实现教育公平。殊不知这是对 2006 年新修订的《义务教育法》的直接援引，《中国教育报》记者对此进行了评议。参见：李习凡. 早该消失的重点校为何继续被取消［N］. 中国教育报，2012-06-16（3）. 对上位法的漠不关心，不禁让人想起同样发生在河南的"洛阳种子案"。

② 调查城市包括北京、成都、杭州、无锡、郑州、义乌、顺德、石家庄、广州、上海、沈阳和乌鲁木齐等共 12 个。

发展。城市中小学校在这方面做得很好，当随迁子女加入公办学校时，一方面要鼓励这些随迁子女参加课外活动和实践，在经济上给予照顾；另一方面要客观公正地评价随迁子女的综合素质。要维护随迁子女的正当权益，在奖励、评优、申请加入少先队或共青团、参加校内外活动等方面不得歧视，做到与本地学生一视同仁。① 但是这些具体要求并未转化为法律，即便在省级授权立法中也未能看到这样的规定，在法律明文规定有时还得不到执行和遵守的当下，不予规定的做法更难以让随迁子女心安。

从学业评价方面看，在校待遇平等要求对学生的学业进行公正评价，对符合毕业要求的予以颁发毕业证书，且毕业证书不得区别对待。如北京市在2010 年之前的学籍管理办法中对随迁子女的毕业证即冠以"借读"二字②，这种明显的歧视性做法随着新学籍办法的出台亦将成为历史。

（三）升学条件平等方面

升学条件平等包括义务教育内的升学和升入非义务教育阶段学习两个方面，而这里主要指的是后一方面。在西方关于教育平等的论述中，也涉及教育结果的平等，国内也有类似的表述。如"教育结果平等指儿童接受义务教育后都能达到义务教育的最低质量标准"（朱永坤 等，2008）。"受教育后成就上的平等，即在接受教育后的成绩认定、学术资格、学位认定、就业机会等方面的平等。"（高秦伟，2007）但就其内涵而言，应属于在校待遇平等的范畴，且后一表述更多是立足于高等教育的视角。就法律和政策来说，义务教育阶段内的升学不存在障碍，但义务教育后的升学就面临立法空白。升学意味着将超越九年制义务教育的范畴，进入非义务的教育阶段，此时的受教育权主要是权利的状态。在高中教育同大学教育紧密相关，并且大学招生主要按照省份分配指标的现实下，接受完义务教育的随迁子女进入高中就会受到这一因素的反向牵制。升学条件平等作为受教育平等权在义务教育阶段末端的权利状态，恰恰是解决这一问题的。义务教育平等权在权利形态上并不因义务属性而与非义务截然分开，权利应当具有连续性，升学条件平等就是联系义务教育与非义务教育的纽带，并作为义务教育平等权的附随状态存

---

① 参见《流动儿童少年就学暂行办法》第 14 条和《关于进一步做好进城就业农民工子女义务教育工作的意见》第 4 条。

② 参见《北京市中小学学生学籍管理办法》（1990 年）第 14 条第 2 款。

在；没有这一层面的升学条件平等，那么义务教育平等权在时间和逻辑上的局限就显得太大。当然，作为一种连接性的权利，这种平等与义务教育的平等又会有所区别，它可接纳的分类因素可能多于前两种层次的平等。

2012年8月，国务院办公厅转发教育部等四部委《关于做好进城务工人员随迁子女接受义务教育后在当地参加升学考试工作的意见》，要求各地方政府在2012年年底前出台相关办法，并明确了应坚持的原则、条件以及流出地和流入地的相互配合。① 但从各地的升学方案来看，高考录取率较高的省份，在很大程度上限制了随迁子女接受义务教育后升入当地高中的资格，如北京市符合条件的只能参加中职学校的招生，上海市也有类似规定，中职学校毕业可参加高职录取进而可参加本地专升本考试。广东省作为随迁子女流入大省，制定了"分步走"方案，将随迁子女升学问题同居住证和社保缴纳年限等相关联，符合条件的从2016年起可以在本地同等参加高考并被录取（王庆环，2012）。当然，这些限制本地录取的升学方案都规定了与随迁子女户籍地的借考衔接。

从这些方案和现实教育体制等来看，可能存在三个较为令人困惑的问题。一是随迁子女接受完义务教育应否平等地享有进入高中学习的权利，北京、上海等对这一点是限制的，按照中职、高职和专升本的路径，拉长了随迁子女的受教育时间，排斥了平等升学权利的享有。二是各省份教育教学内容不一，组织相关考试如会考等的时间有差别，且考试内容亦不相同。在流入地借考，考的是本地的试卷，还是流出地的试卷？如果是本地的试卷，而又回到流出地参加录取，如何做到同流出地学生的公平录取，毕竟两省份的考试有差异；如果是流出地的试卷，教学内容的不一致，是否会造成考试的不公平。三是对社保缴纳年限和流入地居住证的限制如何规定才既符合平等的要求，又可以避免"高考移民"等现象的发生。就升学条件平等来说，北京和上海限制进入高中学习的做法会受到质疑，但就高中与高考的联系看，

---

① 《关于做好进城务工人员随迁子女接受义务教育后在当地参加升学考试工作的意见》第2条：坚持有利于保障进城务工人员随迁子女公平受教育权利和升学机会，坚持有利于促进人口合理有序流动，统筹考虑进城务工人员随迁子女升学考试需求和人口流入地教育资源承载能力等现实可能，积极稳妥地推进随迁子女升学考试工作。第3条：根据进城务工人员在当地的合法稳定职业、合法稳定住所（含租赁）和按照国家规定参加社会保险年限，以及随迁子女在当地连续就学年限等情况，确定随迁子女在当地参加升学考试的具体条件，制定具体办法。第4条：保障当地高考录取比例不因符合条件的随迁子女参加当地高考而受到影响。对不符合在流入地参加升学考试条件的随迁子女，流出地和流入地要积极配合，做好政策衔接，保障考生能够回流出地参加升学考试；经流出地和流入地协商，有条件的流入地可提供借考服务。

没有其他相关制度的配合，不限制随迁子女可能会对本地学生构成反向不公平。

（四）问题的归结

通过对随迁子女受教育平等权三个层面的分析，可以明确的是从法律法规到政策执行，从各级政府到学校教师等都作了很多的努力和突破。但不可回避的是不平等的现象、违法的事实还在持续，究其原因可归结为以下几点。

一是法律文本方面。法治国家和行政法治的原则与理念不应仅仅成为响亮的口号，应当通过对法律的制定和实施来展现。关于随迁子女义务教育问题，从最初的政策补白到政策转化为法律，可以说是对随迁子女问题的重视，但也可以说是对原有法律的不遵守。法律自身太过简单和概括，授权条款并未明确授权的目的、内容和期限等主要条件，笼统授权，完全依赖于行政和地方政府的自由发挥，以致一省一策。追根溯源，还是由于法律自身的规范不足，没有形成体系化的相互衔接关系，同时法律责任和制裁匮乏，最终没有强制力和执行力，行政监督和监督行政都缺乏这种"硬工具"作为依靠。

二是具体制度方面。我国各地发展不均衡，情况不一样，需要因地制宜，这是现实的制约。如何让这种现实条件的不平等通过制度的设计达到效果的平等，绝不是放手地方各自为政，目前法律得不到完善和执行的很多障碍恰恰在此。随迁子女义务教育"以流入地为主，以公办中小学为主"，需要相关的配套措施跟进，做到"户口不迁移，公民利益跟人走"（程福蒙，2006）。将政策制度化、法律化，不能形成对国务院及其相关部委的政策依赖，现在的这种模式和思维要进行转变。随迁子女义务教育平等权的受损，与政策制定的频仍不无关系，而地方之间又缺乏一个明确统一的上位政策，衔接和协调会遭遇困难，造成"土政策"不惧法律、"土政策"相互失衡的现象。另外，政策也缺乏稳定性和连续性，而会根据每年的本地情况进行调整，得不到有效保障。

三是受教育平等权的救济。有权利，就应当有救济；无救济，权利就会虚置。受教育平等权保护，一般都是从宪法的意义上去理解，认为只有通过确立有效的违宪审查制度才能得到根本保证（参见朱应平，2002）①。《宪法》规定的这项基本权利，在《民法》中没有专门的表述，但在《教育法》和《义务教育法》中却有明确的规定，请求司法的保护应不成问题。1997年曾发生过学校起诉家长拒送子女接受义务教育的案例，法院最终作出原告胜诉的民事判决。但有人认为该案不符合民事诉讼的条件，家长的行为属于行政违法行为，应当依法受到行政机关的行政处罚。② 这一判断应当是正确的。如果是学校和行政机关侵犯随迁子女的受教育平等权，可以行政复议或行政诉讼的方式寻求救济。然而，《教育法》和《义务教育法》都没有为这一权利规定诉权，能不能纳入受案范围很大程度上取决于法院对行政诉讼受案范围的理解。如果是家长或随迁子女本人阻碍甚至放弃受教育平等权的行使，学校可请求行政机关纠正或后者主动进行纠正③，行政机关不纠正，转而寄希望于公益行政诉讼，则又于法无据。这些都是受教育平等权救济受限的阻碍所在。

四、回归文本，重塑制度

基于对随迁子女义务教育受教育平等权的现实和文本的层次比较，面对不平等的事实，行政法应当有所作为。对于随迁子女义务教育平等权的保障与救济，需要从法律制度和行政执法以及行政司法救济等方面进行系统构建。对于法律中原有的符合平等原则的条款，应予以保留并促成其法律效力

---

① 朱应平教授认为：完整的诉讼制度包括民事诉讼、行政诉讼和宪法诉讼。对于侵犯民事权利的行为给予有力的民事救济。对于政府行政机关的行政侵权或者不作为行为，赋予农民工子女及其家长行政诉讼权。对于地方性法规或者行政机关不予保护或违反宪法法律平等权的行为，予以宪法诉讼等手段。详见：朱应平. 农民工子女平等受教育权从行政保护开始 [J]. 华东政法学院学报，2006（2）.

② 参见泸县得胜镇初级中学诉周某拒送子女接受义务教育案。基本案情：被告周某之女梁某系原告泸县得胜镇初级中学学生。1997年春季开学后，梁某辍学，原告泸县得胜镇初级中学多次派员做被告周某的思想工作，要求被告将梁某送入学校接受义务教育。被告拒绝，并于1997年3月份将梁某送去广州务工。原告泸县得胜镇初级中学遂向泸县人民法院对周某提起民事诉讼。

③ 有学者认为：受教育权是公民对国家应尽的义务。此种义务不专为特定主体而设，因而属公共义务的性质，义务人违反此种义务，国家有权提起行政诉讼，但此诉讼不是根据受教育权，而是根据政府的行政管理权而提起。因为政府是公共利益的代表，对义务教育等教育活动负有领导、组织与监督之责。参见：章正璋. 关于受教育权的几个法律问题 [J]. 苏州大学学报：哲学社会科学版，2005（2）. 但此观点是一种司法导向的思维模式，明显违反行政诉讼被告资格。

的实施；对于法律阙如的，应予以补强，对需要赋予规范地位的政策措施予以法律化，对于其他的授权立法则应保证法律的有效控制和高位阶权威。

（一）　以实现受教育平等权为核心构建法律框架

法律作为一种社会规范，以一定的分类标准对相应社会关系进行调整，而分类标准会体现法律自身的平等价值，受教育平等权也是如此。2006 年《义务教育法》第 4 条规定："凡具有中华人民共和国国籍的适龄儿童、少年，不分性别、民族、种族、家庭财产状况、宗教信仰等，依法享有平等接受义务教育的权利，并履行接受义务教育的义务。"这应当是受教育平等权的法律依据所在，而随迁子女的义务教育问题应当在这个条款下解决，其他的法律设计应体现并保障该条款的精神和原则。如此，随迁子女作为中国公民达到入学年龄的就应当平等接受义务教育，至于其流动性并不能作为对其差别对待的借口，不论随迁子女来自何地，任何一级人民政府都有平等对待的义务。

确立了受教育平等权的原则性地位，继而要围绕这一核心进行相关制度的保障。主要是国务院领导、省级政府统筹和以县为主管理的义务教育体制，这种体制强调了县级政府的主要职责，考虑到多地还存在地级政府，造成的结果就会是政令的下达与贯彻被打折和变通，县级政府作为主要的具体执行机关会背负更多的义务，而与之相对应的权力如财政等会受到上级节制。同时，考虑到随迁子女的义务教育又是以流入地政府管理为主，这种主管责任自然也会落到流入地县级政府肩上，这种权责不一会造成执行中的偏差。这一管理体制须同经费保障制度一体考虑，并行设计。可以考虑教育财政权上收，由国务院或省级政府对基层直接拨付款项，而县级以上政府及其教育主管部门负责编制相关预算并对其真实性、完整性负责。同时，可以将一定比例的生均经费和特别补贴以教育券形式直补到每一个适龄儿童、少年，由后者在入学或开学时交给所在学校，进而换取财政经费的划拨。① 由此，随迁子女依据户籍地标准领取教育券，在流入地学校交出教育券，由后者申请相应的财政拨款或省际转移支付，如低于本地标准，差额由相应政府

---

① 关于教育券可参见：刘复兴. 教育券制度的政治学分析——以浙江长兴县的教育券改革为例[J]. 教育发展研究，2003（9）. 其中有对教育券最初提出者美国经济学家弗里德曼的相关文献及观点的介绍。

给予补足。这样既可以减轻流入地政府的压力和责任，又可以调动流入地学校接收随迁子女的积极性，提高随迁子在公办学校就读的比例，也会相应减少变相收费的发生，有助于维护随迁子女受教育平等权。

（二） 保证对授权立法①的法律监督和民主控制

行政机关作为实施义务教育的法定主体，其执行法律的手段首先是进行行政立法，继而以行政立法作为其他行政行为的具体依据。《义务教育法》中对为随迁子女在流入地提供平等受教育的条件，授权省、自治区、直辖市制定具体办法。这一规定既可以理解为对权力机关的授权，也可以理解为对行政机关的授权。然而，从各省份制定的义务教育法实施办法的内容来看，很多都规定了随迁子女在流入地入学的条件，相当于省级权力机关行使了授权。如北京市的实施办法就是如此规定的，且授权北京市人民政府制定具体办法以保障随迁子女接受义务教育。② 仔细琢磨，就会发现这种授权立法途径违背了授权立法应遵循的原则，难免超出法律监督和控制范围。

细言之，首先，授权条款的对象必须明确，如果目的是制定地方性法规，就写明由省、自治区、直辖市人大或其常委会制定具体办法；如果目的是制定地方政府规章，就写明由省、自治区、直辖市人民政府制定具体办法。这样就可以避免混淆。严格考察北京市的立法路径可以发现，显然在其立法中进行了再次授权，这种现象在现行的立法模式中很普遍。对相关事项的逐级授权立法，要求一层比一层严格，对权力提出条件限制的也更多，这是不符合授权条款宗旨和法治精神的。其次，授权条款应明确授权立法要实现的目的、可以规定的基本内容以及适用或涵盖的范围。当然，"提供平等接受义务教育的条件"③ 可以作为立法要达到的目的，但还不够，应明确随迁子女受教育平等权这一立法目的和原则。在授权条款未明确立法内容和范围的情况下，行政立法对平等条件目的的内容设计有可能会过多地考虑本地利益，难以实现随迁子女的受教育平等权。再次，应严格禁止转授权或再授权行为，这种行为必须要有法律上的明确依据。地方各级权力机关和政府有

---

① 本文所说的授权立法，既包括法律授权地方权力机关制定的地方性法规，也包括授权国务院制定的行政法规和地方政府制定的政府规章。

② 参见《北京市实施〈中华人民共和国义务教育法〉办法》（2008 年修订）第 12 条和第 13 条。

③ 《义务教育法》（2006 年）第 12 条。

时会把法律中有的都加以细化，而不论是否有这种职权，以显示对法律的统一贯彻。总之，加强对授权立法的监督控制，应从法律本身入手，将授权条款明确化，必须包括对授权对象、内容、范围和目的的规定，因为这也是对授权立法的监督依据所在。

同时，除了授权条款本身的监督作用外，还应加强民主控制，对于影响随迁子女义务教育切身利益的条款，各级政府应充分听取进城务工人员和随迁子女的意见，以听证、座谈、调研等各种途径扩大授权立法合法性的基础。这对于保障随迁子女平等接受义务教育将大有益处。

（三）完善责任条款

责任条款是法律规范中最具强制性效果的部分，没有责任条款，法律规范的完整性和实效性都会缺乏支撑。当权利遭遇侵犯或权利保障面临行政不作为时，责任条款应当发挥相应作用，对权利进行救济，对权力进行纠偏。就受教育平等权而言，其既有权利的一面又有义务的一面，这要求法律对责任的设置全面不留空当。责任条款的设置应当贯穿于入学机会平等、在校待遇平等和升学条件平等的全过程。

首先，在入学机会平等上，现行法律中行政机关的责任较为明朗，通过扩大解释完全可以保证随迁子女的入学机会。易言之，县级教育行政部门或乡级政府应当对辖区内所有符合入学条件的本地生源和随迁子女组织入学并防止辍学。同时应当看到，在对学校的责任规定上，仅有一款规定拒绝有接受普通教育能力的残疾适龄儿童、少年随班就读会受到相关处分，能否作当然解释①似有疑问。就随迁子女而言，无论是否区分其中的特殊群体和正常群体，他们都应在流入地得到相应的平等对待。法律应当从严谨考虑，加上这一条款，即对普通儿童、少年的拒绝入学构成行政责任。

其次，从在校待遇平等来看，法律似乎对这一部分没有任何规定。这可能是受特别权力关系学说的影响，立法者认为在校待遇问题更多的涉及内部管理关系。即便学生受到不平等对待，也只能内部解决或按照行政内部规定处理，法律责任这种外部化的设置似乎与之不相称。但是就义务教育而言，无论是公办学校还是民办学校，也不论其独立与否，从法律上而言都应当是

---

①　即特殊儿童具备接受能力的都不得拒绝，正常的儿童就更应当得到就读的机会，这种理解似较为妥当。

承担义务教育实施义务的政府的受托机构，接受义务教育更多的是一种公法上的法律关系，任何侵犯义务教育平等权的行为都是一种行政违法行为，受害人理应得到行政法上的相应救济。基于此，受教育平等权中在校待遇的平等应当得到法律责任的庇护。在随迁子女受教育平等权更容易受到侵害的当下，将内部管理关系外部化是正确的选择。

最后，在升学条件平等方面，《义务教育法》没有设置任何条款涉及这个问题，而《教育法》也仅规定受教育者在升学方面依法享有平等权利。①一般认为，升学意味着将脱离九年制义务教育的范围，国家和学校对此负责的义务明显降低，诸多在义务教育阶段不平等的因素有可能被考虑进来。即便如此，学生的平等权对国家和学校毕竟还是提出了一定标准的要求，应有相关的主体对其负责；空置一个升学的平等权利而不予任何保护，显然不当。行政机关和高级中学应当担负相应责任，义务教育绝不应成为封闭的一部分，既不考虑学前教育也不照顾到升学，这不是义务教育的初衷。升学作为完成义务教育的对接，应当保持权利的连续性。

（四）确保行政法上的权利救济

根据前文的分析，在随迁子女义务教育行政法律关系中，主要涉及行政主体同学校之间的关系、行政主体同随迁子女及其家长之间的关系和学校同随迁子女及其家长之间的关系。一般认为行政救济主要是行政法律关系中行政主体对行政相对人权利侵犯的保护方式。而在义务教育中，其他如家长阻止随迁子女入学、随迁子女自己放弃入学、他人阻止随迁子女入学的侵权行为，都可以转化为行政救济。因为上述行为都属于行政违法行为，行政机关有权进行纠正，其不纠正时相关主体就可以提起行政复议或行政诉讼。

首先，在《行政复议法》中，受教育权被明确写入了可复议范围。因此，受教育平等权作为受教育权的一个方面，当其受到教育当局或学校侵犯时，就可以进行行政复议。这里还是会涉及学校和学生之间是不是能直接构成可复议的行政法律关系的问题。对于学校侵犯学生的平等权，一般应先到教育行政部门进行申诉，请求教育行政部门的救济，由后者对学校的行为进行纠正处理。易言之，学校并不被视为行政法律关系中的行政主体，可以将之完全视为行政相对人。但就学校真正行使的义务教育的权力而言，其应当

---

① 参见《教育法》第 36 条。

作为具有部分权利能力的公法主体（高秦伟，2007）[232-235]。学校在其职权范围内不平等对待随迁子女的行为应当可以得到其主管部门的复议。总之，受教育平等权在行政复议领域不存在法律上的障碍。

其次，在《行政诉讼法》中，受教育权在其受案范围中没有涉及，即便是其兜底条款也是对其他人身权和财产权的诉权保障。唯一可解释的是《行政复议法》将其纳入了复议的范围，且在该权利未受到法定终局裁决的行政复议中，可以提起行政诉讼。从立法先后顺序以及一般法和特别法的关系看，行政诉讼都应当受理受教育权案件，对侵权的行政主体进行司法审查。在司法实践中，受教育权方面的法律纠纷已然被纳入了行政诉讼范围。《行政诉讼法》的修改也已列入人大议事议程，应适当扩大行政诉讼的受案范围，将包括受教育权在内的有关权利都纳入行政诉讼的保护中来。

最后，在行政赔偿方面，因行政赔偿的范围限于人身权和财产权受损的赔偿，而受教育平等权显然不属于人身权，对其的侵害可能会对财产权造成损害，但这种财产损害不是确定的和现实性的，更多可能是可预期的财产利益，即接受了义务教育的人群同不接受义务教育的人群相比，在理论上前者取得财产较为有优势，但这种预期的财产显然不属于行政赔偿的覆盖范围。有学者考虑到这种学校侵权判断的复杂性，认为即使不能得到行政赔偿的救济，也应通过民事赔偿给予救济（高秦伟，2007）[216]。从这个意义上说，受教育平等权欲得到相关赔偿，还必须经由相关请求权的发动，使侵权责任转化为或体现为人身权和财产权的损失。就新《国家赔偿法》关于精神损害赔偿的规定看，侵犯受教育平等权是可以得到行政赔偿的（丁晓华，2012），但相关实务操作还需要进一步细化。

综上，通过确立受教育平等权这一原则，围绕原则设计法律框架，并按照合法性原则对授权立法进行有效监督控制。同时结合法律责任的设置，做到权责一致、权责对等、有权必有责，通过对行政救济途径的拓展让受教育平等权得到最终的保障。

五、结　论

受教育平等权作为受教育权和平等权的交叉权利，既具有受教育权之权利义务复合的属性，又具有形式平等和实质平等的维度。尤其是义务教育这一特殊的教育制度和随迁子女这一应特别重视的特殊群体的结合，使得受教育平等权变得真实且具体，增强了这一权利在实践中得到保障的复杂性。本文虽然以一种近乎理想主义的方式构建了受教育平等权的行政法框架及其保障机制设计，然而徒法不足以自行，随迁子女义务教育问题及其平等权保护问题，不是依靠行政法的构建就可以全部解决的，还要依靠其他制度的协调统一。就目前我国的义务教育体制而言，行政权力起着绝对的主导作用，涉及从人事到财政各个方面。对教育的投入最能说明国家的重视程度和态度，而教育方面的相关法律对这方面的规定显然过于概括和笼统，最重要的是这种财政的收入和支出不能受到权力机关的有效控制，制度的细节设计出现了重要的空白地带。财政投入不足、教育资源的不均衡乃至户籍藩篱等问题，最终需要依靠以宪法为统领的法律体系的规范指引，在精益求精的规范要求下得以解决。

　　不得不承认的是，受教育平等权中权利的平等可能更多意味着相对的平等，特别是对于城乡有别的现实以及随迁子女和留守儿童而言，对任何一类群体的重视都可能造成对同质另一类群体的不平等。受教育平等权是最基础意义上的平等权，不排除差别发展的权利。但不论怎样，义务教育对一个国家和民族都有着基础性的重要意义，国家和政府有责任和义务提供充分的教育资源条件，让每一位适龄儿童、少年都平等享有受教育机会。我们相信，在法治日益进步的当下，法律亦将跃然于纸上，成为权利的守护者。我们需要努力激活法律中的权利保障精神，促使随迁子女的义务教育受到各级各地政府的充分重视，将看似负担转化为人力资源。这也必将有助于提升本地区的人才竞争力，继而提升其综合竞争力，让所有的适龄儿童、少年"同在蓝天下，共同成长进步"。①

参考文献

程福蒙,柯洪霞.2006.关于流动儿童教育问题的再审视[J].教育探索 (8).

邓晖.2011.打工子弟学生的新学期乍喜还忧[N].光明日报,08-29(6).

丁晓华.2012.论反歧视诉讼对公民平等权的保障[J].上海政法学院学报(4).

杜威.2001.民主主义与教育[M].王承绪,译,北京:人民教育出版社:28.

① 2003 年教师节，时任总理温家宝考察北京玉泉路小学，在黑板上写下"同在蓝天下，共同成长进步"，体现了对义务教育平等对待和均衡发展的寄语和希望。

范斯科德.1984.美国教育基础——社会展望[M].北京师范大学外国教育研究所,译,北京:教育科学出版社:9-10.

高秦伟.2007.教育行政法[M].北京:北京大学出版社:25,216,232-235.

李国.2010.择校难抱钱不知何处捐　择校贵房价跑输择校费[N].工人日报,10-28(5).

李修琼.教育权有关问题的思考[J].政治与法律,2002(5).

容安才.2002.北京降低借读费[N].新华每日电讯,8-17(2).

申素平.2009.教育法学[M].北京:教育科学出版社:16-19.

田慧生,吴霓.2010.农民工子女教育问题研究[M].北京:教育科学出版社:27,76.

王庆环.2012.北上广异地高考方案公布[N].光明日报,12-31(6).

张胜波,等.2010.取消借读费:上级请客下级买单[N].南方日报,01-26(A10).

中共中央宣传部理论局.2011.从怎么看到怎么办[M].北京:学习出版社,人民出版社:87.

周永坤.2006.教育平等权问题及解决之道[J].华东政法学院学报 (2).

朱应平.教育平等权的司法保护[J].政治与法律,2002(3).

朱永坤,曲铁华.2008.公平的分类对我国义务教育公平问题解决的路径指引[J].教育科学研究(6).

Consideration on Protection of Equal Right to Education on Administrative Law: Taking Compulsory Education of Migrant Children for Example

Zhan Zhongle

Abstract: Equal right to education has both the meaning of right to education and equal rights, which includes three aspects of equality: entrance opportunity, treatment at school and entrance condition. Compulsory education is the basic education stipulated by national law clearly, it should directly reflect children's equal right to education. At present inequality of compulsory education of migrant children is severe and distinct. It has a high theoretical value and practical significance to clarify equal right to education involving administrative legal relation and to consider the three aspects of equality in administrative law. Analyzing legal norm and administrative practice, we should enhance the legal protection of equal right to education, construct comprehensive and feasible guarantee and relief law system so as to realize equal right to education of these migrant children.

Key words: equal right to education, migrant children, compulsory education, administrative law

作者简介

　　湛中乐，法学博士，博士生导师，北京大学法学院教授，教育部百所人文社会科学重点研究基地北京大学宪法与行政法中心副主任，北京大学教育法研究中心主任。

□蔡乐渭

论学前教育中的政府职责及其法律规制①

【摘　要】学前教育是国民教育体系的重要组成部分，事关儿童的健康成长和社会经济的健康发展。政府在学前教育中承担着规划与建设、财政经费投入、教育公平维护、监督管理等重要职责。为促进学前教育的健康发展，应加强对学前教育中政府职责的法律规制，确保其得到有效履行。

【关键词】学前教育，政府责任，法律规制

20世纪90年代以来，我国学前教育体制改革一度出现了"市场化"、"社会化"的倾向，公办园的主体地位被弱化，社会力量办园成了幼儿园的主体。学前教育成了各级各类教育中的薄弱环节，主要表现为教育资源短缺，投入不足，师资队伍不健全，体制机制不完善，城乡区域发展不平衡，一些地方适龄儿童"入园难"问题突出。在这一背景之下，《国家中长期教育改革和发展规划纲要（2010—2020年）》提出要"明确政府职责"，"建立政府主导、社会参与、公办民办并举的办园体制。大力发展公办幼儿园，积极扶持民办幼儿园。加大政府投入，完善成本合理分担机制，对家庭经济困难幼儿入园给予补助"。2010年，国务院出台的《关于当前发展学前教育的若干意见》又专门对明确和强化政府职责问题进行了规定。然

---

① 本文系国家社科基金项目"服务行政的原理与制度研究"（项目批准号：09CFX016）的成果之一。

而，在学前教育中，政府为什么要承担相应责任？政府职责与社会和家庭责任的区别与界限在何处？政府职责包括哪些内容？如何保证政府职责得到有效履行？这些问题仍然需要进一步明确。

一、学前教育中政府职责的理论基础

（一）学前教育的公共产品属性

公共产品指那些能够同时提供给许多人享用，并且供给它的成本与享用它的效果并不随着享用人数规模的变化而变化的产品。与私人产品相比较，公共产品的特性包括（丁冰，1995）：（1）不可分割性。公共产品的消费只能在保持其完整性的前提下，由众多的消费者共同享受，而不能将其分割成可以计价的单位供市场销售。（2）非竞争性。对公共产品而言，消费者的增加并不会引起该种产品生产成本的增加。（3）非排他性。特定主体对公共产品的消费，并不会排斥他人对该产品的同时消费。同时，特定主体是否具备消费资格不能依其是否支付了价格来确定。公共产品的这些特性，决定了其需求与供给不能通过市场机制解决，即存在所谓的"市场失灵"问题。为解决这一问题，可行的办法是组建一个公共机构，专门负责提供公共产品，最典型的情形即是由作为公共机构的政府来负责提供公共产品。但是，并非所有产品都可归为纯粹的公共产品或纯粹的私人产品，在一些情形之下，某产品具有部分的公共产品特性，如具有非排他性但不具备非竞争性，或者相反，这样的产品即所谓的准公共产品。由于其自身特性，准公共产品既不宜完全由私人提供，又难以完全由公共机构提供，因此，实践中往往由公共机构和私人共同承担提供责任。

学前教育作为教育的一个组成部分，是不是具有公共产品的属性呢？我们可以逐项分析。首先，就不可分割性而言，学前教育本身是一个完整的整体，由受教育者共同享有，不能将其分割成可计价单位供市场销售，也不能由特定的受教育者或其监护人按其需求或喜好，接受学前教育的某一个部分或者环节。其次，就非竞争性而言，在一定的范围和幅度内，受教育者的增加并不必然会引起成本的增加。在此意义上，学前教育具备部分的非竞争性。再次，学前教育的具体提供者完全可将未交费者排除在接受学前教育的范围之外，也就是说，学前教育并不具备非排他性。从以上分析可见，学前教育尽管并非如国防、外交那样是纯粹的公共产品，但仍具有公共产品的部分属性，是所谓的准公共产品。换言之，对于学前教育，市场仍存在"失灵"的可能，政府为保证此种产品的有效提供，仍有介入的必要。

（二）学前教育的外部效应

外部效应指人们的一些经济活动，不通过价格而直接影响他人的经济环境或经济利益，从而由他人而不是由自己承担行为后果。外部效应根据其所起的是正面的作用还是负面的作用，分为正的外部效应或负的外部效应。前者指某个经济行为主体的行动使他人或社会受益，而受益者无须支付代价；后者指某个经济行为主体的行动使他人或社会受损，而造成这种影响的人却并不为此承担成本（余永定 等，2002）。

学前教育作为社会活动之一，具有正外部效应，对教育者和受教育者之外的其他社会主体有着重要影响。学龄前阶段是儿童身体、智力、情感、社会性以及道德观念形成与发展的重要时期，在这一阶段能否接受良好的教育，不仅对受教育者本人的终身和全面发展具有重要意义，对整个社会的长远发展也具有重大意义。有研究表明，对学前教育进行的投资，在受教育者40 岁时，投资的总体回报率高达 17.07，其中对个人的回报率为 4.17，对社会的回报率高达 12.9。[①]

学前教育所具有的正外部效应表明，学前教育不仅使受教育者本人受益，更使整个社会受益，作为以维护社会公共利益为根本责任的公共机构，政府必须从促进社会整体发展的角度，承担起学前教育的责任，促进学前教育的发展。

（三）学前教育与教育公平保障

教育公平要求，每个受教育者都有公平接受教育的机会，所受教育的质量是相等的或相近的，为接受教育而承担的费用也是相近的。我国《教育

---

① 这一研究由美国的高瞻佩里幼儿园实施，从学业成就、经济状况、犯罪率、家庭关系和健康状况五个维度考察了学前教育对贫困儿童的长期效果。参见：谢托丽，郭开泉. 政府财政为何干预学前教育 [J]. 中南财经政法大学研究生学报，2011 (5).

法》明确规定了公民在接受教育方面的平等权利。①

　　学前教育作为公民接受教育的开端，更需要体现公平性。若完全由家庭和社会来承担学前教育责任，并由市场来调节，那么平等是不可能实现的。首先，各个不同的家庭之间经济条件千差万别，若完全由家庭和社会承担学前教育责任，则居于社会底层的孩子可能根本得不到学前教育机会。其次，我国城乡之间、地区之间社会经济发展并不均衡，学前教育的发展更是处于不同的层次上，若政府不承担起学前教育责任，则学前教育的城乡差异和地区差异无从缩小。再次，在我国当前的现实之下，各个不同的幼儿园之间差距也非常大。一些高质量幼儿园收费高昂，而另外一些幼儿园则质量层次较低，进入这些幼儿园的孩子难以得到与高质量幼儿园孩子同等的教育。最后，学前教育是教育的起点，学前教育中出现的不公平，还会使未得到良好学前教育的儿童不能在义务教育乃至高等教育中进行公平的竞争。

　　可见，学前教育的责任由谁来承担，与教育公平密切相关，若政府对之完全放任，则会出现学前教育的公平性无法保证的问题，违背社会对教育公平的基本要求，也违背法律的规定。不仅如此，由于学前教育是公民受教育的起点，学前教育的不公平还可能导致部分儿童在将来的人生发展中处于不利的地位，影响社会阶层间的流动性，加剧整个社会的不公平。因此，政府对学前教育必须高度重视，切实承担起相应责任，促进学前教育的均衡发展，保证学龄前儿童受到公平的学前教育。

二、学前教育中政府职责的界限

（一）　与义务教育中政府职责的区别

　　义务教育指根据法律规定，适龄儿童和青少年必须接受的，国家、社会和家庭必须予以保证的国民教育。本质上，义务教育是国家通过立法对受教育者实施的一种强制教育制度。义务教育的特性有三：一是公益性，即国家出于公益目的而实施，实行免费教育，不收取学费、杂费等费用，强调国家在义务教育中的责任；二是统一性，义务教育在全国范围内统一实施，包括

---

① 参见《教育法》第9条。

入学条件、教学内容、教学条件、经费标准等都要予以统一；三是强制性，即所有符合义务教育条件的适龄儿童与青少年都必须接受义务教育，不得以任何理由拒绝接受国家提供的义务教育。

学前教育与义务教育一样，都是教育的重要组成部分，特别是学前教育作为公共服务的定位①，决定了无论是在学前教育还是在义务教育中，政府都承担着重要的职责。这种职责包括投入相应的经费、提供必要的条件、进行必要的监管等方面。然而，受教育者在生理、心智、情感等方面的特点，决定了学前教育在内容、方式和对社会发展的意义上都不同于义务教育，其中最主要的区别在于，学前教育不宜实行强制教育，不具有强制性，因此，与在义务教育中的政府职责相比，政府并不强制学龄前儿童接受学前教育。两者的另一重要区别在于，学前教育尽管被定位为公共服务，但并不是免费教育，此点与义务教育所强调的免费教育不同，由此，政府也不承担保证适龄儿童接受免费学前教育的责任。再次，学前教育在内容上以游戏为主，各学前教育机构可自主选择具体的教育方式，政府也不承担统一学前教育的入学标准、教育内容、教育条件、经费标准等方面的职责。

（二）与家庭责任和社会责任的界分

广义上，对学龄前儿童的教育首先是父母的责任，但就正规的学前教育而言，政府承担着重要的责任，且其所承担的一些责任是家庭无法承担的，如幼儿园规划建设责任、师资培训责任等。在政府和家庭之间进行划分的责任主要是学前教育经费分担责任。学前教育并非免费教育意味着家庭也必须承担一定的费用，关键在于按什么标准与比例在政府与家庭间分担经费责任。在挪威，对学前教育经费的分担比例为：对公立托幼机构州政府补助36.2%，地方政府补助27.9%，父母付费和其他收入共35.9%；对私立托幼机构州政府补助39.30%，地方政府补助8.2%，父母付费和其他收入共52.5%。在美国，1995年的幼儿教育和看护经费，联邦政府、州政府和幼儿家庭承担的比例分别为27%、14%和59%（蔡迎旗 等，2006）。在这种经费分担机制下，家庭尽管也承担学前教育经费，但仅仅是部分的经费责任，甚至是一小部分的责任，大部分经费由政府承担。

---

① 《国务院关于当前发展学前教育的若干意见》（国发〔2010〕41号）提出：发展学前教育，必须坚持公益性和普惠性，努力构建覆盖城乡、布局合理的学前教育公共服务体系。

在政府职责与社会责任的分担方面，除了专属于政府的职责之外，所涉及的主要是公办幼儿园与民办幼儿园的地位问题。就此而言，很少有国家直接规定明确的比例，但通常由政府承担主要的或主导的责任。既要真正体现政府在学前教育中的主导作用，又要维护学龄前儿童受教育的平等权，则有不同的途径。一种是向学龄前儿童家庭发放受教育券，由家庭决定选择民办还是公办幼儿园，两者之间存在一定的竞争关系。二是政府直接将经费投入公立幼儿园，公立幼儿园与民办幼儿园采取不同的收费政策。在这种模式下，应保证学龄前儿童家庭有权选择公立幼儿园，社会对公立幼儿园的需求有多大，政府就应设立多少公立幼儿园。三是对公立幼儿园与民办幼儿园实行相同的收费标准，并保证近似的保教质量，对学龄前儿童家庭而言，选择哪类幼儿园至少在费用上是没有区别的。在这种情形下，政府就应考虑如何确定对民办幼儿园的经费补助问题，否则将使民办幼儿园失去办学的动力。

三、学前教育中政府职责的内容

（一）规划与建设责任

就学前教育而言，规划意味着对学前教育的未来发展进行全局性的、长期性的考虑，并在此基础上设计出整体的行动方案，对学前教育的目标、原则、体制、布局、经费分担、监管责任等基本问题进行规定。比如，《国家中长期教育改革和发展规划纲要（2010—2020年）》针对学前教育作出了专章规定，提出要"明确政府职责。把发展学前教育纳入城镇、社会主义新农村建设规划。建立政府主导、社会参与、公办民办并举的办园体制。大力发展公办幼儿园，积极扶持民办幼儿园"。规划为一定时期学前教育的发展确立了蓝图，明确了方向，是政府履行相关责任的重要方式和手段，也是对政府履行责任的限定和保障，对学前教育具有重要的意义。

规划本身仅仅是原则性的规定，其所确立的学前教育目标的实现还有赖于政府采取具体的行动，其中首要的就是设立幼儿园，没有幼儿园的设立，所谓的学前教育只是空中楼阁。政府应按照提供"广覆盖、保基本"的学前教育公共服务要求，适时设立公立幼儿园，保证适龄儿童"有园可入"。同时还应采取措施支持民办幼儿园的设立，充实学前教育资源，满足多元的学前教育需要。

(二) 财政投入责任

任何公共服务都涉及一定的公共财政投入，学前教育也不例外。在一定意义上，财政经费投入甚至是政府承担学前教育责任最具支撑性的责任。从多数国家的经验来看，为学前教育提供充裕的经费保障都是政府职责的重要内容。我国对学前教育的投入近年来有了较大的增长，但总体上学前教育财政性经费投入仍然较低，到 2009 年，投入学前教育的财政性经费也仅占全部财政性教育经费的 1.36%，占 GDP 的 0.049%（国家统计局，2011）。参照国外经验，要有效承担学前教育责任，政府在财政经费上还需要进一步增大投入。

在投入方式上，当前我国的学前教育财政经费主要是直接投入学前教育机构。从现实情形来看，这种投入方式在将来的一段时间内还会延续，但作为一种尝试，也可考虑新的投入方式：将财政经费直接投给学前教育服务的接受者，而不是具体提供方。就此而言，发放教育券的做法是一种可考虑的选择。学生凭教育券自由选择政府所认可的学校（公立学校或私立学校）就读，不再受学区的限制，学校凭收到的教育券到政府部门兑换教育经费，用于支付办学经费（刘复兴，2003）。这种将财政性经费直接投给学前教育接受者的做法，有利于保证学前教育的平等，在一定程度上也在学前教育机构间引入了竞争机制，有利于提高它们的效率。

(三) 维护教育平等权责任

我国《宪法》第 3 条规定公民在法律面前一律平等，《教育法》第 9 条、第 36 条也规定了受教育者具有平等的受教育权利。学前教育作为教育的重要组成部分，也同样应符合平等原则的要求。为达到这一目标，政府首先应按照"广覆盖、保基本"的要求，普遍设立公益性的学前教育机构与设施，保证适龄儿童"有园可入"。其次，应合理分配教育资源，保证公办学前教育机构之间、民办普惠性学前机构之间，以及它们相互之间在保教的条件、内容和质量上是相近的。再次，政府应采取措施消除学前教育过程中的一切歧视现象，取消一切有违平等原则的排斥、限制或特惠行为。最后，学前教育平等权还要求政府为特别的群体提供必要的照顾，比如：对贫困群体学龄前子女在政策和资金上予以倾斜；对残疾的学龄前儿童采取适当的照顾措施，使他们得到与其生理、心理特征相适应的学前教育。①

（四）监管责任

监管是有关的行政主体对行政相对人的行为是否符合法律规定所进行的一种监督、管理、督促和纠正活动。政府在学前教育中所承担的监管责任主要包括以下几个方面。

1. 主体资格监管责任

学前教育必须由具备法定资质资格的机构来开展，相关的行政主体应依法把好"入口关"，对拟设立的学前教育机关进行严格审查，允许开展学前教育活动的必须符合有合格的师资、足够的空间、安全的设施、必要的经费、完善的制度等条件。对于未经许可擅自开展学前教育活动的机构，在保证学龄前儿童有机会获得学前教育机会的前提下，都要进行严格整治直至予以取缔。

2. 保教质量监管责任

学前教育机构开展的保教活动应该是符合法定质量标准的活动，这种活动应遵循幼儿身心发展规律，以游戏而非知识传授为主要形式，保育教育结合，寓教于乐。为达到这一目标，政府教育行政等相关部门应加强指导，适时进行评估，进行有力监管。既纠正在学前教育中怠于开展保教活动的现象，又纠正在学前教育中出现的"过度教育"倾向。

3. 收费监管责任

当前学前教育收费面临的主要问题是学前教育机构通过各种名目与方式进行不合法收费，如收取高额的赞助费，在保教时间内举办各类兴趣班并收取费用等。对此，政府应进行严格的监管，对乱收费现象予以惩戒，确保学

---

① 从学前教育平等的要求出发，当前一些地方政府对幼儿园所实施的分级分类管理以及所谓的"优质优价"收费做法是不适当的，因为这种做法实际上承认普惠性幼儿园在办学条件和办学质量上的不均衡是合理的，甚至使政府将更多的经费投入某些所谓的优质幼儿园，同时也使得一部分家庭为得到学前教育而不得不承担更多的经济压力。

前教育机构的收费符合法律的规定。①

4. 安全监管责任

学龄前儿童年龄小，自我防护的意识与能力弱，容易受到伤害。实践中，幼儿园幼童受到侵害的事件层出不穷，治安、交通、卫生等方面的事件时有发生。在此现实之下，政府应从认识、制度、人员、设施等多层面、多角度加强对学前教育的安全监管工作，确保幼儿的安全。

四、学前教育中政府职责的法律规制

（一）加快立法工作，为政府职责确立法律规范

我国并无专门的学前教育立法，《教育法》、《教师法》等相关法律对学前教育制度也无专门规定，目前有关学前教育中的政府职责的规定主要见于行政法规以下层面，效力层级相对较低，主要是针对特定事项中的政府职责进行规定，缺少对政府职责的系统规定，且内容较为抽象、缺乏操作性，在实践中难以有效执行。针对这一立法现状，为促进政府切实承担起学前教育的责任，推动学前教育的健康发展，应积极加强学前教育立法。

首先，在法律层面，应参考义务教育立法或高等教育立法的模式，制定学前教育的专门法律，确立学前教育立法的基本框架，赋予学前教育应有的法律地位，明确政府在学前教育中应承担的主导性作用，并规定其具体的职责。其次，在行政法规层面，应发挥行政立法针对性强、效率高的特点，对未及制定法律又迫切需要在全国范围内进行规范的事项，及时制定行政法规，明确政府职责。再次，在地方性法规层面，针对国家立法程序较为复杂的现实，可积极开展学前教育立法，如结合当地实际制定"学前教育条例"，对政府在学前教育中应承担的责任进行系统规定。② 最后，在规章层面，尽管有关学前教育政府职责事宜由教育部或地方政府进行规定在理论上似乎存

---

① 事实上，学前教育领域出现的乱收费现象有其深刻的制度背景，在北京市开展的相关调研活动中，众多幼儿园园长指出，在当前规定之下，若完全依赖政府拨款，幼儿园的生存都难以为继，遑论开展高质量保教活动。换言之，乱收费的制度原因至少部分在于国家没有真正履行其经费投入职责。

② 事实上，已经有部分地方对此进行了尝试，如北京早在 2001 年就制定了《学前教育条例》，江苏省则在 2012 年通过了《学前教育条例》。

在不足之处，但在一些较为迫切又缺乏上位立法的事项上，通过政府规章进行立法仍有其必要性，可对明确政府职责起到积极作用。此外，针对一些政策性、时效性较强的事项，仍可通过行政规范性文件的形式进行规定。

（二）严格执行法律，确立体制保障

一是建立政府主导、社会参与、公办民办并举的办园体制。必须根据学前教育的公益性和普惠性特点，以提供"广覆盖、保基本"的学前教育公共服务为目标，发挥政府的主导作用，大力发展公办幼儿园。在此前提之下，发挥社会力量的作用，鼓励社会力量通过各种形式举办幼儿园。不仅如此，对于普惠性民办幼儿园，政府也应采取购买服务、减免租金、以奖代补、派驻公办教师等方式，支持它们的发展，并赋予它们与公办幼儿园同等的法律地位。

二是明确政府间责任分工。各级政府与不同的政府部门都对学前教育承担相应的责任。所谓的政府间责任分工，包括中央政府与地方政府间的责任分工、上级政府与下级政府间的责任分工、各个不同的政府部门间的责任分工。在美国，联邦政府正越来越多地直接承担起发展学前教育事业的各项重要职责，同时注意充分调动各州和地方政府在学前教育事业发展中的积极性（沙莉 等，2007）。我国中央与地方政府间在学前教育责任分工方面仍较模糊，应通过立法的形式明确界定中央及地方各级政府的责任。同时还应明确不同层级的地方政府之间和教育、财政、发展改革、国土、建设、安全监管等政府部门之间的学前教育责任分工。

三是确立法定的经费保障制度。经费保障是学前教育健康发展的基础，为确保学前教育的经费足额到位，应确立完善的学前教育经费保障制度。这一制度应按照政府发挥主导作用的要求，将学前教育经费纳入财政经费保障的范围，并明确从中央到地方各级政府的财政经费分担比例。同时还要明确政府与家庭和社会在学前教育经费分担方面的比例，形成合理的经费投入机制。此外，还应完善经费管理机制，加强对财政经费的监管。

（三）完善对学前教育政府职责的监督制度

从监督主体的角度来看，对学前教育政府职责的监督主要包括以下几个方面：（1）人大对政府的监督。人大要加强对政府的监督，确保政府履行其职责，保障学龄前儿童的合法权益。（2）上级政府对下级政府的监督及政府对所属职能部门的监督。特别是县以上人民政府应加强对下级政府和政府职能部门的监督。（3）司法机关的监督。司法机关的监督主要是通过行政诉讼对未履行其法定职责的行政机关进行监督，以及对政府工作人员违反法定职责构成犯罪的行为追究刑事责任。（4）社会监督，即由社会公众通过媒体或其他途径对政府是否履行或是否依法履行其学前教育职责进行监督，通过舆论的力量促进政府职责的履行。

从监督内容的角度来看，对学前教育中政府职责的监督主要包括以下几个方面：是否投入足额经费以及经费使用情况；是否依法履行规划与建设职责；是否依法履行安全、收费、质量等方面的监管职责。

加强对学前教育政府职责的监督还应明确责任追究制度，对未履行学前教育法定职责或未依法履行学前教育法定职责的主体，应依法追究其法律责任。不仅对未履行安全监管职责导致严重后果的人员要追究其法律责任，对政府没有履行经费投入职责、没有按法律规定规划与建设幼儿园，以及没有履行价格监督职责等情形，也都要追究相关主体的法律责任。

参考文献

蔡迎旗,冯晓霞.2006.论中国幼儿教育财政投资体制的重构[J].教育研究与实验(2).

丁冰.1995.现代西方经济学说[M].北京:中国经济出版社:235-236.

刘复兴.2003.教育券制度的政治学分析——以浙江长兴县的教育券改革为例[J].教育发展研究(9).

沙莉,庞丽娟,刘小蕊.2007.通过立法强化政府在学前教育事业发展中的职责——美国的经验及其对我国的启示[J].学前教育研究(2).

余永定,等.2002.西方经济学[M].北京:经济科学出版社:232.

On the Government Responsibility and Regulation
in Pre-school Education

Cai Lewei

Abstract: Pre-school education is an important part of the national educational system, and is closely related to the growth of children and the development of society and economy. The government has responsibilities in pre-school education, including planning and construction, financial investment, maintaining educational equality, and supervision. To promote the development of pre-school education, the legal regulation on the responsibilities of the government should be strengthened.

Key words: pre-school education, governmental responsibility, regulation

作者简介

蔡乐渭，男，法学博士，首都师范大学政法学院副教授，硕士生导师，中央编译局政治学博士后。主要研究方向：行政法学、教育法学、中国政治制度。

□ 赵德成

中小学依法治校评估：问题与建议

【摘 要】本研究按照分层抽样与有意抽样相结合的原则，从我国东、中、西部地区选取广东、湖南、新疆等11个省（直辖市、自治区），对样本省份 2003 年以来的中小学依法治校专项评估方案进行分析，发现当前依法治校评估实践中存在一些亟须关注的问题，主要有：（1）过分注重评估的甄别、选拔和评优功能，评估的督察和改进功能尚未受到足够重视；（2）评估指标体系比较全面地反映了依法治校的基本要求，但重点不够突出；（3）多数省份创设条件让校长、教师、学生和家长等主体参与依法治校评估，但利益相关者参与的范围仍有待进一步拓展；（4）数据收集主要采用资料查阅和访谈两种方式，评估方法的科学性和有效性亟待提升。针对上述问题，应加强和完善有关立法，系统设计和改进依法治校评估，建立学校自我评估和改进的新机制。

【关键词】依法治校，学校评估，中小学，学校自我评估

一、引　言

依法治校是学校落实依法治国基本方略的必然要求，也是实现教育为人民服务宗旨的重要保障。法治作为一个动态的或能动的社会范畴，其基本意义是指任何个人和组织的社会性活动均应受到既定法律规则的约束，人人平等地依法办事。而法治精神的核心是政府机关及其工作人员严格依法办事，只有政府官员严格依法办事，接受法律的约束，才有法治可言（周旺生，2003）。正如英国著名学者哈耶克所说："法治的意思就是指人有可能十分肯定地预见到当局在某一情况中会怎样使用它的强制权力，和根据对此的了解计划他自己的个人事务。"（哈耶克，1997）中小学作为具有公共管理职能的社会组织，需要按照法律至上、保障权利、制约权力的原则，实行依法治校。

为全面推进依法治校，教育部于2003年颁布了《教育部关于加强依法治校工作的若干意见》（以下简称《若干意见》）（教政法〔2003〕3号），整合《教育法》、《义务教育法》、《教师法》、《未成年人保护法》等法律法规的有关规定，对各级各类学校落实依法治校提出系统性要求，成为引领我国学校依法治校的重要文件。2012年年底，结合《国家中长期教育改革和发展规划纲要（2010—2020年）》提出的新要求，教育部又颁布了《全面推进依法治校实施纲要》（以下简称《实施纲要》）（教政法〔2012〕9号），要求各地区、各学校全面推动教育行政管理体制以及学校内部管理体制的改革，在依法行政、依法治校的基础上，构建政府、学校、社会之间的新型关系，加快建设现代学校制度。在实践中，各地区教育行政部门纷纷建立由法制工作机构或者其他综合部门牵头负责的推进依法治校工作机制，加强对学校依法治校工作的指导，同时积极推动依法治校评估，试图通过评估促进学校工作的改进。在这样的背景下，对最近十年来各省（直辖市、自治区）推出的中小学依法治校专项评估方案进行元分析，发现依法治校评估实践中存在的问题，并有针对性地提出改进建议，对于进一步推动依法治校，建设现代学校制度具有重要的现实意义。

二、中小学依法治校评估实践中的问题及分析

按照分层抽样与有意抽样相结合的原则，本研究从我国东部地区选择广东、福建、江苏和山东，从中部地区选择湖南、江西和山西，从西部地区选择新疆、重庆、四川和陕西，共 11 个省（直辖市、自治区）作为样本省份，采用"Why"（为什么实施依法治校专项评估?）、"What"（依法治校专项评估评什么?）、"Who"（谁参与依法治校专项评估?）、"How"（怎样实施依法治校专项评估?）框架，对 11 个样本省份 2003 年以来颁布的中小学依法治校专项评估方案进行深入分析，以揭示当前依法治校评估实践中尚存在的一些亟须关注的问题。

（一）过分注重评估的甄别、选拔和评优功能，评估的督察和改进功能尚未受到足够重视

就工作性质而言，依法治校评估属于教育行政督导，它具有多种潜在功能，主要包括以下三个方面：（1）评优和激励。评估者及时总结学校在依法治校实践中的典型经验和成功做法，评选和表彰依法治校示范校，以激发更多学校的主动性和创造性，带动更多学校重视依法治校，并自主进行自我评估和改进。（2）监督和检查。评估者对学校履行法律义务和行使法律权利的情况进行监督和检查，以发现、纠正、防范和制约实践中可能出现的各种违法行为，保障教育者和受教育者的合法权益，形成符合法治精神的育人环境。（3）指导和改进。评估可以识别学校在章程和制度建设、决策民主、师生权益保障、法制宣传教育等领域中的优势与不足，并及时反馈给学校，指导、督促和支持学校有针对性地予以改进，有效地提升学校依法治校的水平，促进学校的可持续发展。

对样本省份的依法治校专项评估方案进行元分析，发现所有样本省份都将评估功能主要定位于"评优和表彰"，以评选依法治校示范校为直接目的。这与教育部对依法治校示范校创建活动的部署有关。2003 年，教育部在《若干意见》颁布之后发布了《教育部办公厅关于开展依法治校示范校创建活动的通知》（以下简称《示范校创建通知》）（教政法厅〔2003〕4 号），

要求各级教育行政部门积极开展依法治校示范校评估，并通过逐级推荐，最终评选出"教育部依法治校示范校"。2012 年教育部颁布的《实施纲要》也对此予以强调，指出各地教育行政部门"要进一步完善依法治校示范校的评价标准，将依法治校示范学校创建活动制度化、规范化，在国家和地方层面，开展依法治校示范学校创建活动，积极推广典型经验，推动各级各类学校依法治校水平的整体提高"。可以说，各省（直辖市、自治区）依法治校专项评估方案基本上都是在这一精神指导下设计与实施的，试图通过示范校创建活动，带动更多学校依法治校。

依法治校评估的功能不是孤立发挥的，各种功能之间相互联系和相互促进。功能定位于"评优和激励"的评估，在不同程度上也具有监督、检查、反馈、指导和改进的功能。但必须指出的是，各省（直辖市、自治区）依法治校示范校评估的功能相对单一，过分注重评估的甄别、选拔和评优功能，而督察、指导和改进功能只是一种附带性功能，尚未受到足够重视。以山西省为例，该省教育厅于 2003 年颁布有关通知指出："开展'依法治校示范校'创建活动，对全面促进依法治校工作，推动依法治教具有十分重要的意义。通过评估考核，树立一批在依法治校工作方面成绩突出的示范学校，必将发挥示范带动作用，同时对于全省各级各类学校自觉开展依法治校工作，也必将起到督促和推动作用。"（山西省教育厅，2003）各省（直辖市、自治区）依法治校示范校评估几乎都不是在全面评估的基础上择优推荐，也没有与区域内面向所有学校的督导评估相结合，而是经由学校自评、自主申报、教育行政部门考核等程序进行认可性评估。这种方式确实发挥了评估的评优、激励和示范性功能，但督察、改进以及带动更多学校发展的作用没能得到充分体现。各省（直辖市、自治区）在依法治校评估中不能顾此失彼，要注重多种功能的平衡，既要注重甄别和评优，又要加强督察和改进。

（二）评估指标体系比较全面地反映了依法治校的基本要求，但重点不够突出

依法治校评估考察学校依据有关法律法规治理、运营和管理学校的情况，只要是对学校这一社会机构以及学校中校长、教师、学生及家长等法律关系主体权责进行规范的法律法规，都应成为评估的依据和标准。因而，中小学依法治校评估涉及《宪法》、《教育法》、《义务教育法》、《教师法》、

《未成年人保护法》、《劳动法》、《劳动合同法》等多部法律、法规和规章，内容十分繁杂，需要通过系统的梳理和联系实际的设计，才能形成一个既照顾全面、又突出重点的评估指标体系。

对各样本省（直辖市、自治区）依法治校示范校评估指标体系进行分析，发现各省份的指标体系都是参照《示范校创建通知》来设计的。教育部于 2003 年颁布的《示范校创建通知》对示范校评估标准提出了明确建议。评估标准包括八个维度，分别是：（1）管理制度完善健全；（2）校内管理体制完善；（3）办学活动依法规范；（4）民主管理机制健全；（5）教师权益受到保障；（6）学生权益得到尊重和维护；（7）法制宣传教育成效明显；（8）依法治校工作机制健全。这八个维度在各样本省（直辖市、自治区）评估方案中都有所体现。江苏省和四川省的一级指标与此完全保持一致，其他省份略有调整。其中，广东、湖南、江西、山西、重庆和陕西等省份增加了"依法治校成效"维度，广东和新疆增加了"安全管理"维度，福建、湖南、江西和山西等省份将其中部分维度合并，一级指标精简为 4—6 个。

通过对指标的逐级分解和不断细化，各省（直辖市、自治区）评估指标体系比较全面地反映了依法治校的基本要求，从学校依法办学到师生权益保障，从管理体制和制度完善到法制教育，依法治校各个方面都得到基本关照。但需要指出，多数省份评估方案重点不够突出，当前实践中教师、学生、家长等利益相关群体广泛关注的一些热点问题尚未受到足够的重视。

比如，为了促进教育公平，保障学生平等接受教育的权利，2006 年修订的《义务教育法》第 22 条规定，"学校不得分设重点班和非重点班"，第 57 条规定，如果学校违规设立重点班，"由县级人民政府教育行政部门责令限期改正；情节严重的，对直接负责的主管人员和其他直接责任人员依法给予处分"。但目前不少中小学，尤其是传统意义上的"重点学校"，仍然以各种变化了的名目（如"院士班"、"实验班"、"直升班"）开设重点班，有悖于教育公平理念，妨碍了素质教育的深入实施（鲁森，2008）（吴全华，2010），这种现象需要在依法治校评估实践中予以重点关注。实际上，在 11 个样本省份的依法治校评估方案中，仅广东省明确强调义务教育学校"不得分重点班、快慢班"，其他省份只是笼统地提出"规范办学行为"或"依法实施办学行为"。

又如，同工同酬是《劳动法》规定的工资分配基本原则，《教师法》第 31 条也规定，"各级人民政府应当采取措施，改善国家补助、集体支付工资的中小学教师的待遇，逐步做到在工资收入上与国家支付工资的教师同工同酬"。但目前不少学校中的代课教师或劳务派遣教师，在工资待遇和福利方面仍未能与在编教师持平，这不利于教师队伍的稳定和学校教育教学质量的提升（谭叶，2013），这个问题同样需要在依法治校评估实践中予以关注。

　　教育行政部门有必要对本地区中小学依法治校实践进行深入调研，找准当前百姓关切、迫切需要解决的热点问题，并将其转化为指标，纳入评估指标体系，不断完善评估标准和指标体系。

（三）多数省份创设条件让校长、教师、学生和家长等主体参与依法治校评估，但利益相关者参与的范围仍有待进一步拓展

　　评估参与者的选择和安排在很大程度上影响着评估的准确性和有用性。从法律关系视角来看，任何法律现象的存在都是为了处理某种法律关系，依法治校就是要求学校（法人）、校长、教师、学生和家长等法律关系主体依法行使权利和履行义务，形成符合法律规范、平衡各方利益的良好社会关系。因此，评估学校是否依法治校以及依法治校的程度如何，必须有多种主体的参与、协商和对话，使评估建立在事实清晰、证据可靠、程序公正的基础之上。而从建构主义理论视角来看，评估者在评估中发现的并不是唯一、客观、真正的事实，描述的也不是事物的客观、唯一、真实状态，而只是被人体现、认同的事实，以及带有价值评判的认识、描述。评估在本质上是一种通过"协商"而形成"心理建构"的过程（张民选，1995）。具体到依法治校评估实践中，学生、家长、教师、校长和管理者等各种利益相关者对教育教学活动和学校治理工作有不同的价值诉求，有不同的经历、理解、体验和建构，因此，组织者在评估资料获得和解释上要重视多种利益相关者群体的民主参与，广泛听取他们的意见与建议，使评估更加客观、深入地反映实际。

　　评估中的利益相关者可以分为三类，第一类是评估的推动者，第二类是评估的受益者，第三类是评估的受害者。具体到依法治校实践中，利益相关者主要有校长（通常为学校法人代表）、教师、学生、家长、社区人士、上级主管部门以及合作机构（法人）等，每一种利益相关者都以不同的角色参与到与学校法人、教师或学生所形成的各种法律关系中。以社区人士为例，《国务院关于进一步加强农村教育工作的决定》（国发〔2003〕19号）规定，

"坚持把公开选拔、平等竞争、择优聘任作为选拔任用校长的主要方式。切实扩大民主,保障教职工对校长选拔任用工作的参与和监督,并努力提高社区和学生家长的参与程度"。社区人士在学校治理过程中不仅是支持者,也是参与者和决策者,他们有权参与到校长选聘和任免程序之中,是学校治理的重要利益相关群体之一。在依法治校评估实践中,各种利益相关者的参与权、发言权和评估权应有所保障。

对样本省(直辖市、自治区)依法治校专项评估中的参与者进行统计,结果见表 1。不难发现,多数省份已意识到多种利益相关者参与的意义,并在实践中创设条件让校长、教师、学生和家长等主体参与依法治校评估,但利益相关者参与的范围仍有待进一步拓展,主要问题有:(1)社区人士、上级主管部门、合作机构及其他类型的利益相关者在各省份依法治校评估实践中几乎没有参与机会;(2)相对而言,家长参与依法治校评估的机会明显少于校长、教师和学生,接近一半的省份在评估中不面向家长举行座谈或访谈;(3)四川和陕西两省没有对每一所申报省级依法治校示范校的学校进行现场评估,只是对部分申报学校进行抽查,利益相关者参与评估的程度十分有限。

表 1　样本省(直辖市、自治区)依法治校评估中参与者情况分析

	校长	教师	学生	家长	社区人士	上级主管部门	合作机构	其他
福建	+	+	+	+				
广东	+	+	+					
江苏	+							
山东	+	+	+	+				
湖南	+	+	+	+	+			
江西		+	+	+				
山西	+	+	+					
新疆	+	+	+					
重庆	+	+	+	+				
四川								
陕西								

注:"+"表示相应主体有机会参与依法治校评估。

　　依法治校所依据的法规既有内容明确、具体和肯定的规范性规则，又有内容具有一定伸缩性，须经解释方可适用的标准性规则。在依据标准性规则评判学校是否依法治校或依法治校程度的时候，必须要有不同的利益相关者提供信息和参与讨论。即便是依据规范性规则进行评判，也要创设条件让不同的利益相关者参与其中，并对不同利益相关者所提供的信息和解释进行成员间核查（member checks）与三角互证（triangulation），以确保评估结果的准确性与可靠性。各省（直辖市、自治区）要细致识别依法治校评估的利益相关者群体，确保利益相关者有机会深度参与评估。

（四）数据收集主要采用资料查阅和访谈两种方式，评估方法的科学性和有效性亟待提升

　　数据的来源、质量以及使用方法在很大程度上影响着评估的信效度。一个好的评估，需要广泛收集和选择信息，而且要确保信息的真实性和有用性，能有效回应评估发起人及其他各种利益相关者的需求和利益（Stufflebeam，2007）[525-526]。这就要求评估不仅要重视多种利益相关者的参与，保证数据来源的广泛性，还要通过合适的方法使参与者真实表达意见并充分参与到对话中，以保证评估信息的深入程度。因此，评估方法的设计和操作非常重要。

　　对各样本省（直辖市、自治区）依法治校专项评估所采用的方法进行统计分析，发现各省份依法治校评估在方法上呈现出如下特点。（1）资料查阅法是各省份普遍使用的一种方法。各省份在评估中都要求学校准备和提供相应的资料（俗称台账），主要资料有学校贯彻实施教育法规的工作方案、依法治校工作规划和工作总结、依法治校组织机构和人员名单、学校章程和管理制度、相关会议记录等。（2）多数省份使用座谈或个别访谈法。访谈的对象包括教师、学生和家长等主要利益相关者群体。由于座谈法一次可以有多人参与，效率比较高，所以各省份更多采用座谈法，而较少使用个别访谈法。（3）问卷法较少被使用，仅有广东、湖南和重庆三个省份在涉及师生权益保障、校园安全、规范办学行为等领域的评估中采用问卷法。（4）福建、湖南和山西三个省份采用测试法考查教职工对法律法规知识的了解和掌握程度。

　　进一步分析，可以发现各省份依法治校评估方法在科学性、有效性上存

在一些问题。（1）效度。效度即评估结论的准确性和有效性，它在很大程度上受评估数据收集和分析方法的影响。资料查阅法是依法治校评估实践中应用最广泛的方法，但值得注意的是，每一所被评学校为了取得理想的评估等级，都会在接受评估前有选择地准备材料，有的甚至会编制虚假材料，"整理一套制作精美的自查材料"，"撰写一份天花乱坠的验收报告"（刘永和，2009），因此这种方法所提供的信息有很大的局限性。片面依赖这种方法的评估会有失客观，效度难以保证。例如，某省依法治校示范校评估的第一个领域是"组织领导"，下面涉及"领导重视"、"专班负责"、"管理规范"等三个二级指标，对于这些指标的评估全部使用资料查阅法，没有问卷，没有访谈，没有多种利益相关者的参与，如此形成的评估结论难有可接受的效度。（2）信度。信度主要指评估结果的稳定性和一致性。在依法治校评估实践中，不少省份采用座谈法收集数据，可出于自我保护的考虑，有些参与者在座谈中可能不便于表达真实意见，而表达意见的真实性和深入程度取决于主持人身份、指导语、参与者相互关系等很多因素。那么，找这几个人座谈和找另外几个人座谈，或者同样是一批人，今天座谈和改天第二次座谈，两次座谈所收集信息的一致性就难以保证，从而影响信度。（3）效率。之所以很多省（直辖市、自治区）在依法治校专项评估的方法设计上比较简单，很可能是考虑到评估的成本和效率。但在信效度和效率之间取舍，应该首先确保信效度。一个信效度不合乎测量学标准的评估，即便效率很高，也绝不是一个好的评估。而为了提高依法治校评估的效率，各省份应该重视和加强问卷法的使用。问卷法能在较短时间内收集到大量的资料，能节约人力、时间和经费，只要精心设计与实施，就可以成为一种高效的数据收集手段，增进评估的效率。

值得注意的是，每一种评估方法都有其优势与局限。要形成科学、有效的评估，必须在依法治校评估实践中综合使用多种方法，使各种方法收集的数据相互支持和相互佐证，从而得出准确、有效的评估结论。

三、中小学依法治校评估的改进建议

评估也需要评估，更需要基于评估的改进。前文在讨论依法治校评估实践中存在问题的时候，已相应提出了部分建议。为了进一步推进依法治校评估，以下再针对当前实践中的突出问题，提出一些综合性改进建议。

（一）加强和完善有关立法

建设法治社会，形成人人守法的格局，一个重要的前提条件就是法自身必须具有优秀品质。亚里士多德曾经说过："法治应该包含两重意义：已成立的法律获得普遍的服从，而大家所服从的法律又应该本身是制定得良好的法律。"（亚里士多德，1983）中小学依法治校本身以及依法治校的评估也是如此，它们有赖于教育法制建设的进程和质量。改革开放以来，我国制定了一批教育基本法律、单行法律、行政法规、地方性法规和政府规章，教育法体系的框架已初步建立，但整个教育法制建设中仍然存在一些问题，成为制约依法治校的重要因素。（劳凯声，2008）（李赐平，2008）

为进一步推进依法治校及其评估，必须加强和完善有关立法，使学校治理活动"有法可依"，使依法治校评估真正做到以法律为依据。具体的立法建议如下。

（1）制定和颁布"学校教育法"（谭细龙，2008）。学校是实现国家教育权、公民受教育权的主要场所，学校的管理水平和教育质量直接关系到国家教育权和公民受教育权的实现。但我国有关学校治理和学校教育的规定多散见于各种法律法规（如《义务教育法》、《教师法》）之中，至今没有一部专门的"学校教育法"对学校、校长、教师、家长、社区等各种相关法律关系主体的权利和义务作出严格规范。德国、美国、日本等西方国家的相关立法经验值得借鉴。

（2）加强有关法律法规的操作性。当前许多有关学校治理和学校教育的法律中描述性语言较多，操作性、定量化的规范不足，致使学校治校和依法治校评估无所适从。比如，2007年颁布的《中共中央国务院关于加强青少年体育增强青少年体质的意见》规定，学校要"确保学生每天锻炼一小时"，但体育课、上午统一安排的大课间体育活动或寄宿制学校的早操时间是否可以/应当计在"一小时"之内，文件没有明确规定，导致学校和督导评估机构不知如何具体落实。相反，国外在教育立法上特别强调操作性。以"保护学生分数隐私"为例，美国1974年颁布的"巴克利修正案"规定：教师不能张贴学生的等级排名，不能把学生作品作为好或坏的样例展示出来，不能允许学生对其他学生的作业进行评分或修改，不可以让回答正确或错误的学生举手，不能以任何其他同学可以看到分数的方式发试卷（萨克斯，2002）。只有将各种原则性规定操作化为一些具体行为条款，法律的执行和监督才会真正"有法可依"。保证操作性，是当前教育立法迫切需要关注的问题。

（3）明确规定法律后果和罚则。一条完整的法律规范应该包括法定条件、行为准则和法律后果三个要素。法具有强制性，法律后果和罚则是法律规范的重要组成部分。法是由制裁支持的。如果没有制裁，法律不可能成为社会调整的有效手段。但是，我国不少有关学校治理的法律规范仅有法定条件和行为准则，而无法律后果和罚则，导致一些法律关系主体虽不履行义务却不必承担法律后果，依法治校的推进必然受到牵制。而在依法治校评估中，评估者即便发现学校违背法律法规要求，也无法追究相关法律主体的责任，无法责成和督促其改进。法律法规本身的完善是依法治校及其评估的重要前提，立法机构和决策者必须给予高度的重视。

（二）系统设计和改进依法治校评估

高质量的评估需要系统的设计。美国知名评估专家斯塔弗尔比姆认为，系统的评估设计需要回答以下问题：（1）如何理解评估？（2）评估的目的是什么？（3）评估的焦点是什么？（4）评估需要哪些信息？（5）评估为谁服务？（6）谁参与评估？（7）如何实施评估？（8）用什么样的标准对评估进行再评估？（Stufflebeam，2013）当这些问题都有了清晰、适当的回答，一个高质量的评估方案自然就形成了。但受篇幅所限，笔者在此不会针对依法治校评估设计中的每一个问题进行细致讨论，而是特别强调以下几点。

首先，抓住系统评估设计的核心。评估设计中的各个问题之间相互联系、相互影响。设计者需要抓住核心，分清主次。而在上述若干问题中，"评估的目的是什么"，即评估的功能定位是整个设计的核心。评估目的和功能不同，其他各个问题的回答都可能需要作相应的调整。以往依法治校评估片面强调甄别与评优功能，而在未来，各省（直辖市、自治区）要在法治精神与发展性评估理念的双重指导下，淡化甄别与评优功能，同时加强督察和改进（特别是改进）。因为改进和发展才是依法治校评估的根本目的。从这一意义而言，依法治校评估应该面向所有中小学，促进所有学校依法治校。而为避免每校必评所带来的成本增加，一个可行的做法是将依法治校评估与区县教育督导机构所作的学校督导结合起来，这样做既可以使每所学校的依法治校情况都受到检查和监督，又可以在一定程度上减轻学校迎评负担。

其次，关注评估设计的细节。系统评估设计不仅要注意各个问题之间的联系，而且要关注细节，尽量完善对每一个问题的回答和处理。"细节决定成败"，只有从细节上分析与完善评估设计的每个环节，才能有效防止出现各种偏差，确保评估的质量、公平和效率。以家长参与为例，如果在依法治校评估中仅简单规定要让家长参与座谈或问卷调查，而对如何选择家长、选择多少家长、选出的家长如何参与以及没有被选择的家长又如何参与等有关细节没有操作化规定，家长参与的广度和深度可能就无法保证，评估的效度就会受损。英国国家教育标准局的经验可资借鉴，为了能听到家长们的真实意见，该局明确要求：（1）学校在接到通知后，马上把学校将要接受评估的信息通知家长，包括告知家长学校如何向评估人员汇报他们观点的详细信息；（2）学校董事应提供一封以社区通用语言书写的标准信，信的内容包括简短的家长调查问卷，以便记录他们对学校的看法；（3）调查问卷获得的信息应暗中送交评估人员进行分析；（4）如果在评估期间家长要求面见评估人员，评估人员应尽可能地满足他们的要求（Ofsted，2009）。

最后，重视对评估的再评估。再评估，也有人称为元评估，指对评估的评估。它对应的是系统评估设计中的最后一问。在实践中，再评估通常被人所忽视，而它却是保障评估质量不可或缺的一个环节。目前，比较权威的再评估标准来自美国教育评估标准联合委员会，该委员会于 1994 年出版的《方案评估标准》建议从效用性、可行性、适当性和精确性等四个维度实施再评估（Stufflebeam，2007）[525-526]。对于中小学依法治校评估的再评估而言，每一条标准都不容忽视，都应予以仔细审查，而其中最重要却容易被忽视的是精确性。只有评估信息可靠、一致，据此所作的推论准确、有效，依法治校评估才能客观反映学校实际，从而准确识别学校依法治校过程中的问题，有效促进学校的改进与发展。但值得注意的是，目前我国依法治校评估存在"效率至上"倾向，对评估质量重视不够。如果一个评估连信度和效度都无法保证，那么再高的效率都是没有意义的。所以，依法治校评估不能因为要节约成本和提高效率而牺牲质量。评估必须广泛听取意见，在利益相关者参与、各种来源数据三角互证等关键环节上保证投入，使各种利益相关者有机会表达意见和充分参与评估，而这本身就是促进学校加强校内民主监督和依法治校的过程。

（三）　建立学校自我评估和改进的新机制

要深入推进中小学依法治校，不能仅靠一两次评估，必须着力建设能促进学校自我评估和改进的可持续发展机制。学校自评是一所学校自行发起和组织实施，对本校依法治校进展及成果进行自我审视与分析的过程。在学校自评过程中，学校可以重点思考以下三个问题：（1）我们学校做到依法治校了吗？（2）我们是如何知道的？（3）下一步我们该怎么做？通过对这些问题的分析和回答，学校可以客观识别和深入分析学校依法治校实践中面临的问题，并在此基础上形成自我改进行动计划。相对于教育行政部门组织实施的外部评估而言，学校自评能更有效地激发学校的主动性和创造性，充分调动各种利益相关者共同参与到学校改进中，引导学校建立自我检讨和改进的可持续发展机制，有效推动依法治校。更重要的是，这种学校自评与改进的机制是否建立以及效果如何，本身就是依法治校评估的重要内容之一。《示范校创建通知》明确指出，"依法治校工作机制健全"是示范校评估的重要标准之一，要求"学校党政领导重视依法治校工作"，"学校有专门机构或者领导负责依法治校工作"，"制定依法治校实施方案，定期研究依法治校工作"。每一所中小学都应在法治精神指导下，重视依法治校自我评估，经常听取各种利益相关者的意见和建议，接受民主监督，及时发现问题并予以改进。有了学校自评，再辅以适度频率和适当方式的外部评估，使自评与外部评估相互支持、内外互动，评估就可以有效推动学校依法治校，建设现代学校制度，形成平等、自由、公平、公正的育人环境。

参考文献

哈耶克.1997.通往奴役之路[M].王明毅，等，译.北京：中国社会科学出版社：73.

劳凯声.2008.改革开放30年的教育法制建设[J].教育研究(11).

李赐平.2008.法治之法：30年来教育法制建设的进展与局限[J].国家教育行政学院学报(11).

刘永和.2009.学校教育督导评估亟待改革——以江苏省南京市为例[J].教育测量与评估：理论版(1).

鲁森.2008.从"重点班"和"普通班"的划分看教育公平问题[J].现代教育科学(2).

萨克斯.2002.教育和心理的测量与评价原理[M].4版.王昌海，等，译.南京：江苏教育出版社：38.

谭叶.2013.教师管理二元制的问题与思考——以城市新生代代课教师为例[J].集美大学学报(1).

谭细龙.2008.论我国教育法制建设中的问题及其对策[M]//劳凯声.中国教育法制评论(第6辑).北京：

教育科学出版社：198-211.

吴全华.2010.义务教育学校重点班制度应该废止——兼析因材施教的误用及后果[J].教育科学研究（10）.

亚里士多德.1983.政治学[M].吴寿彭，译.北京：商务印书馆：199.

张民选. 1995.回应、协商与共同建构——"第四代评价理论"评述[J]. 外国教育资料(3).

周旺生.2003.法治与法治国家[M]//张文显. 法理学. 北京：高等教育出版社，北京大学出版社：333.

Stufflebeam. 2007. 评估专业标准与原则 [M]// Stufflebeam，等. 评估模型. 苏锦丽，等，译. 北京：北京大学出版社：525-526.

Ofsted. 2009. The framework for school inspection in England under section 5 of the Education Act 2005, from September 2009 [Z]. London：Ofsted：20.

Stufflebeam. 2013. Meta-evaluation [EB/OL]. (1974) [05-10]. http：//zh. scribd. com/doc/90235016/Daniel-Stufflebeam-Meta-Evaluation-de-1974.

Evaluation on Managing the School by Law: Problems and Suggestions

Zhao Decheng

Abstract：11 provinces were selected by stratified sampling method and purposive sampling method. Their evaluation programs on managing school by law were analyzed to explore if there are some problems need to be noticed. The main problems are as follows：a）The evaluation programs paid more attention to selection than to inspection and improvement. b）The evaluation indices fully represent the requirement to managing school by law, but some hot issues are not focused enough. c）Stakeholders have opportunity to take part in the evaluation but the extent of involvement need to be expanded. d）Text analysis and interview are often used in evaluation practice but their validity and reliability need to be improved. To solve these problems. The researcher proposed some suggestions：a）Strengthen and improve the related legislation. b）Design and improve the evaluation program systematically. c）Develope a new mechanism to facilitate school self-evaluation and continuous improvement.

Key words：managing school by law, school evaluation, primary and secondary school, school self-evaluation

作者简介

　　赵德成，北京师范大学教育学部教育管理学院副教授，教育学博士，博士生导师。主要研究方向：学校评估、人力资源管理。

□ 汪　敏

论义务教育随班就读权利的边界

——基于深圳"李孟事件"的思考

【摘　要】根据霍菲尔德的权利概念理论，权利、权力、特权、豁免与义务、责任、无权利和无权力构成了随班就读的权利概念。特殊儿童获得随班就读权利的主体资格，以满足随班就读条件为前提。权利内容包括就近入学权、入学选择权、教育条件要求权和教育特殊保护权。该权利具有法定权、专属权和特殊人权的性质，其行使应遵循合理请求、恰当教育与适度保护的原则。

【关键词】义务教育，随班就读，权利，边界

一、中国的随班就读政策及研究的缘起

中国的随班就读政策始于20世纪80年代，指特殊儿童与普通儿童一起在普通教育机构接受教育的形式，是国际全纳教育理念在中国的体现。根据2008年修订的《残疾人保障法》和2013年年初公开向社会征求意见的《残疾人教育条例（修订草案）（送审稿）》（以下简称《条例》）以及《关

于开展残疾儿童少年随班就读工作的试行办法》（以下简称《办法》）可以
认定，我国随班就读政策的对象主要是虽然存在视力、听力、语言和智力等
类别的残疾，但具有在普通学校接受普通教育能力的残疾儿童。

　　研究表明，我国现有的法律法规，主要从宏观上对随班就读的政策对
象、实施办法、制度保障等方面进行了原则性的规定。至于随班就读政策执
行过程中的权利冲突问题，则鲜有涉及。究其原因，除了法制进程本身的问
题外，关于随班就读权利本身的研究也还有很多空白之处。学者们更多关注
的是随班就读的执行制度研究或横向比较研究，而随班就读权利的概念以及
权利所涉及的法律关系构成方面的研究则相对较少。

　　2012 年 9 月，深圳《新快报》跟踪报道了自闭症儿童李孟入学被拒事
件①，该报道引发了全国上百家媒体及网友的热议。从某种角度来说，李孟
事件把残疾儿童的义务教育问题及随班就读问题推到了风口浪尖上，使之成
为当前亟须关注和重视的问题。

　　研究表明，类似"李孟事件"的随班就读权利冲突问题，在国内时有发
生。但如何处理这种冲突，应依据怎样的冲突处理规则？相关研究成果的不
足，增加了相关法律法规理解上的难度与执行上的困惑。由此，我们有必要
从热闹的表象回归到理性的内在；从教育法学的角度，来解读这一个貌似偶
然实则必然的冲突事件；用法律的工具，来分析探讨"李孟事件"中所蕴含
的随班就读权利边界问题。

二、基于霍氏理论的随班就读权利分析

　　要弄清楚随班就读权利的内涵，需先明确什么是权利。葛洪义、张文
显、夏勇等法学家曾从法律要素的角度诠释权利。本文拟在此基础上，采用
美国分析法学家霍菲尔德（Wesley Newcomb Holfeld）对权利概念的分析方

---

　　① 2012 年 9 月 18 日，《新快报》首发报道《家长联名拒绝自闭症儿童入学》，引发热议，之
后国内百余家媒体跟进报道。9 月 19 日，深圳市残联、教育局表态将协调、解决相关问题。9 月 20
日、21 日，《新快报》再发文，将两个自闭症儿童的个案进行比较（一个被劝休学坠楼身亡，一个
进入普通学校顺利读书），并认为深圳市教育局发布的文件《关于开展我市残疾儿童接受义务教育能
力评估工作的通知》存在严重漏洞。9 月 24 日，时任广东省副省长雷于蓝肯定了《新快报》的系列
报道。9 月 27 日，广东省教育厅予以了正式书面回应。9 月 28 日，深圳市宝安区教育局、宝城小学、
壹基金正式启动李孟融合教育执行方案的可行性研究。10 月 29 日，李孟重返宝城小学就读。

法，尝试对随班就读的权利内涵作出界定。霍菲尔德关于权利、义务等基本法律概念的分析，在英美法学界被认为是这一研究领域中较权威的学说（沈宗灵，1990）。霍菲尔德认为，笼统地将所有的法律关系都归并为权利（rights）和义务（duties），是清楚理解、透彻叙述和真正解决法律难题的最大障碍之一（Holfeld，1923）[35]。他认为，严格的基本法律关系始终是自成一格的（*sui generis*）。所以最好的进路是①，把各种关系列示在"相反物"和"对应物"的表格中，然后举例说明它们各自在具体案件中的范围和应用（Holfeld，1923）[6]。具体说来，可以用表 1 表示②：

表 1　霍菲尔德的权利概念分析框架

法律上的 jural	权利 right	特权 privilege	权力 power	豁免 immunity
相反关系 opposite	无权利 no-right	义务 duty	无权力 disability	责任 liability
法律上的 jural	权利 right	特权 privilege	权力 power	豁免 immunity
相关关系 correlative	义务 duty	无权利 no-right	责任 liability	无权力 disability

霍菲尔德认为上述的法律概念和关系是其他所有法律概念和关系的"最小公母"。在他看来，其他的法律概念和关系，只能算作表 1 中的两组关系（相反关系和相关关系）的不同组合。那么，以此来分析随班就读权利，将会得出怎样的结论呢？

（一）霍氏相反关系下的随班就读权利

霍氏所列举的相反关系概念意味着，一个人只能满足每一组相对概念中的一个，而不可能同时兼有。比如，一个人要么有选举权，要么没有选举权，不可能同时既有选举权又无选举权。在随班就读所属的法律关系中，以"李孟事件"为例来分析其是否也具备这样的特征。

首先，权利（right）与无权利（no-right）。根据霍氏的观点，权利是一个人针对他人的肯定性要求权。依照前文所述，符合《办法》中随班就读招收对象条件的特殊儿童，都享有随班就读的"权利"。这意味着：如果李孟

①　进路，forward road，意为前进的道路，本文沿用了国内各位译者对霍氏此句的翻译。
②　王涌将霍氏基本法律概念分析中的八个基本概念的关系以表 1 的形式表示，这种形式较为清晰且易于理解，故本文采用这种方式。详见：王涌. 寻找法律概念的"最小公分母"——霍菲尔德法律概念分析思想研究 [J]. 比较法研究，1998（2）.

是符合国家随班就读政策条件的，那么李孟将拥有到普通学校随班就读的请求（claim）权；反之，若此前提真实存在，则李孟不存在"无权利"随班就读的情形。

其次，特权（privilege）与义务（duty）。按照霍氏的观点，特权意味着一个人享有免受他人的权利或要求权的约束而去做某事的自由。根据我国2007年签署的联合国《残疾人权利公约》和《国务院法制办关于〈残疾人教育条例（修订草案）（送审稿）〉公开征求意见的通知》的说明，目前我国对残疾人的义务教育"应当以融合教育为主，不能将残疾人排斥在普通教育之外"。《残疾人保障法》第25条也规定"普通小学、初级中等学校，必须招收能适应其学习生活的残疾儿童、少年入学"。这里的"应当"和"必须"语气是不容置疑的。这表示：若李孟符合条件并申请了随班就读，他将免受其他人要求权的约束。

再次，权力（power）与无权力（disability）。霍氏概念里的"权力"，意思接近（法律）能力（ability），故与其相对的"无权力"用"无能力"表示。霍氏用一个例子说明什么是"权力"：假设某甲为某物的财产所有权人，则其有权力通过抛弃来消灭自身之法律利益；同时，可以创设他人有关抛弃物的特权和权力，比他人通过占有而取得该物所有权的权力（霍菲尔德，2009）。根据《条例》第13条、第14条的规定，达到法定年龄的残疾儿童，"可以"申请随班就读。这表示：残疾儿童李孟，若符合条件，有权力申请入学以获得相应的法律利益；同时他也可以放弃申请入学这一权力。在这一对关系中，权力的主体是李孟，除非李孟放弃权力，否则其他人无权干涉这一法律关系的形成。

最后，豁免（immunity）与责任（liability）。豁免权是指在特定的法律关系中，一个人免受他人的法律权力或控制力的约束的自由（Holfeld，1923）[60]。霍菲尔德用土地所有权的例子来说明什么是豁免。简单地说，倘若甲是某块土地的所有人，则除甲外的其他任何人都无权处分这块土地。甲可以对抗其他人对这块土地的权利主张，即"豁免"。依据《条例》第14条，适龄残疾儿童申请入学接受义务教育的，学校不得因其残疾而拒绝。若学校不具备能力，则由教育行政部门安排到指定学校就读。也就是说，符合条件的李孟，享有国家赋予的随班就读这项权利。这项权利足以使他对抗其他对此有异议的主张。反之，既然李孟享有对抗他人干涉的豁免，故他不必承担由他人的权利主张而引起的责任。

通过对上述相反关系概念的分析，可以得出这样一个结论：享有随班就读权利的权利主体，有申请到普通学校就读的入学请求权。这项权利是国家赋予某类残疾儿童的特权，不受他人非法干涉。除非权利主体自己放弃，否则其可以此特殊权利对抗其他人的任何权利主张。

从理论上看，这个结论似乎印证了《残疾人保障法》和《条例》中关于随班就读的某些条款。但通过前面的具体分析，可以知道，在法律实践中，比如"李孟事件"，倘若这个结论无条件成立，那么义务教育中的另一个权利主体——普通儿童的权益势必会受到侵犯。这里就涉及权利边界的问题，可以用逻辑公式来说明：如果残疾儿童任意主张随班就读权利，那么可能会伤害普通儿童的受教育权；只有残疾儿童适当主张随班就读权利，才不会伤害到普通儿童的受教育权。在这个公式中，"任意"与"适当"之间的界限，便是随班就读权利的界限。

（二）霍氏相关关系下的随班就读权利

沈宗灵将霍氏权利概念中的四组相关关系简化为："狭义的权利—义务关系"，即"我主张，你必须"；"特权—无权利关系"，即"我可以，你不可以"；"权力—责任关系"，即"我能够，你必须接受"；"豁免—无能力关系"，即"我可以免除，你不能"（沈宗灵，1990）。王涌认为其表述不够恰当（王涌，1998）。本文认为，沈宗灵的解释并无不当，但王涌的解释指向更明确，更有助于读者对这几对概念的理解。由于前文已经对霍氏的八对概念进行了解释，因此在这里将直接就随班就读权利进行分析。

权利（right）与义务（duty）：若符合随班就读条件的特殊儿童主张到普通学校随班就读，则意味着其相对方必须履行使其到普通学校就读的义务。套用到李孟事件里，如果李孟是符合随班就读条件的，并且李孟申请到普通学校随班就读，那么教育行政部门或学校必须履行让李孟随班就读的义务。

特权（privilege）与无权利（no-right）：符合随班就读条件的特殊儿童享有到普通学校就读的特权，只要国家政策存在，其他人就无权利要求这类特殊儿童不进入普通学校就读。即只要国家的随班就读政策不变，并且李孟是符合随班就读条件的，那么任何人就都无权利阻止李孟行使这项权利。

权力（power）与责任（liability）：符合随班就读条件的儿童，可以通过其申请入学的行为使自己与学校建立法律关系，而作为相对方，学校有责任接受。即假设李孟符合随班就读的条件，那么他可以通过申请入学的行为，与普通学校建立法律联系；作为相对方，教育行政部门或学校必须接受。

豁免（immunity）与无能力（disability）：符合随班就读条件的特殊儿童享有对抗他人权力干涉的豁免（或"享有免除他人权力干涉的自由"），而其他儿童则不享有这种豁免或自由。即如果李孟符合随班就读的条件且申请了随班就读，他可以此对抗其他任何人对他这项权利的异议。比如，普通儿童对李孟随班就读的异议。

通过对随班就读权利中相关关系的分析，可以得出这样的结论：如果随班就读权利的主体申请随班就读，那么教育行政部门和学校有义务接收该主体。只要国家的随班就读政策不变，任何人就都无权阻止此权利的实现。教育行政部门和学校有责任接收要求随班就读的权利主体，并且该权利主体可以对抗其他人对其行使随班就读权利提出的异议。与前面分析的相反关系同理，如果上述结论无条件成立，法律实践中同样可能会产生侵犯他人合法权益的法律事实，引起他人合法权益受到侵害的后果。

综上所述，若要使随班就读权利得以适当地履行，须关注以下几个问题：随班就读权利的主体资格是什么，需要满足什么样的条件？随班就读权利的内容，即权利的具体指向是什么？随班就读权利的性质又应该是怎样的？这些问题的解决，是我们探寻随班就读权利边界的必经之路。

三、随班就读权利的内容及其属性

（一）随班就读权利的主体

什么是权利主体？从法律技术的角度观察，凡具备权利能力者即为法律关系的主体，权利能力是法律赋予主体享有权利和承担义务的一种资格。但权利能力仅解决资格问题，主体欲以自己的行为参加法律关系，还必须具备相应的行为能力（姚建宗，2010）。据此，要获得随班就读的权利，首先需要法律赋予其享有随班就读的权利能力。根据《残疾人保障法》第 25 条的规定，普通教育机构对具有接受普通教育能力的残疾人实施教育。怎样判断是否具备"接受普通教育能力"，根据《条例》和《办法》的相关规定，应当是由专业技术人员组成的鉴定小组来鉴定。若家长对鉴定结果有异议，可申请由残疾人教育指导委员会组织评估。

其次，合格主体还需具备相应的行为能力。根据我国《民法通则》对公民行为能力的划分的解释，义务教育阶段的智力残疾儿童，无论是从年龄还是从认知行为上看，都只能归属于"限制行为能力人"——因处于义务教育阶段，故其年龄一般未满 18 岁；因其智力残疾，故其不能"完全辨认和控制自己的行为"。

在"限制行为能力"范围里，主体有多大的自由空间？对此，《民法通则》和《办法》及其他法律法规都没有给予明确的指示。根据前面对权利主体的权利能力和行为能力的分析，要成为随班就读权利的主体，应当至少满足以下两个条件：一是法律法规赋予该主体随班就读的权利能力，二是该主体具备随班就读的行为能力。按照《民法通则》关于"限制行为能力"规定的精神，主体至少应该在随班就读的过程中，能够辨认和控制自己的行为。即如果主体在随班就读过程中无法对自己的行为进行辨认和控制，则不具备随班就读的资格，因为其不能对"无法控制"的那一部分行为和认知负责，而这种"无法控制"，可能会造成对其他权利主体权益的侵害。李孟事件中，李孟随班就读的同班普通儿童及家长便认为李孟的异常行为干扰了其他同学的正常学习，引发了后来的矛盾。

（二）随班就读权利的内容

根据《义务教育法》、《残疾人保障法》等相关法律法规，结合前面的分析，可以将随班就读的权利内容概括如下。

就近入学权。 根据《条例》第 13 条和《办法》第 7 条的规定：达到法定年龄的残疾儿童，申请接受义务教育的，应当在户籍所在地或居住地就近入学。在城市和交通便利的地区，也可以相对集中在指定学校就读。条件不具备或具有特殊困难的地区，可采取安排适当学校就读或是提高入学年龄等办法解决。

入学选择权。 根据《办法》第 10 条、第 11 条和《残疾人保障法》第 25 条、第 26 条的规定，符合主体条件的特殊儿童可以在国家法律政策允许的范围内，选择到特殊学校、普通学校的特殊教育班就读，或是随班就读。这项入学选择权，可以视为国家赋予特殊儿童的一项特权。只是这项特权是一项相对特权，类似于格雷的"小虾沙拉"例子中的受到限制的特权①，因为特殊儿童所享有的这项特权，需要受到国家政策调整、法律修订或是地方法规和学校实际条件的限制。

教育条件要求权。 根据相关法律规定，符合主体条件的特殊儿童到普通学校就读，学校应当安排其与普通学生一起学习、活动；应当对残疾学生加强思想品德教育；如果有特殊需要，应当为其提供特殊教材；应当按照因材施教材的原则，为特殊学生提供适当的个别辅导。这些对特殊儿童受教育条件的描述，隐含了对政府和学校的责任要求，即符合条件进入普通学校随班就读的特殊儿童，政府和学校应当为其提供适合其发展的教育条件，这样才能保障随班就读权利落到实处，而不至变成"随班混读"。

教育特殊保护权。 根据《残疾人保障法》第25条的规定，普通学校必须招收能适应其学习生活的残疾儿童，不得因其残疾而拒绝招收；拒绝招收的，当事人或者其亲属、监护人可以要求有关部门处理，有关部门应当责令该学校招收。

（三）随班就读权利的性质

根据法理学的一般原理和前面的分析，并参照民法学上公民权利的分类，可以将随班就读权利的性质概括如下：

首先，随班就读权利应是一项法定权。根据《义务教育法》第19条第2款的规定：普通学校应当接收具有接受普通教育能力的残疾适龄儿童、少年随班就读，并为其学习、康复提供帮助。另外，其他相关法律法规也对此进行了确认，可以说是以法律的形式对随班就读权利进行了确认。

其次，随班就读权利应是一项专属权。如果对随班就读权利进行归属分类，它应该属于公民受教育权的一种形式。这种受教育权的专属性体现为它是为有能力接受普通教育的特殊儿童而设的，其他儿童不得享有，故具有专属权性质。

最后，随班就读权利应是一项特殊人权。根据《联合国儿童权利公约》

---

① 格雷在其著作《法律的本质和渊源》中，用著名的"小虾沙拉"（the shrimp salad problem）的例子解释严格意义上的特权和权利的区别：A、B、C、D是小虾沙拉的所有者，他们对X说："如果你愿意，你可以吃小虾沙拉，我们允许你这样做，但我们并不答应不干预你。"在这样的情况下，X就有了特权（privilege），但X却没有权利（right）"要求A、B、C、D不干预他吃小虾沙拉"，A、B、C、D也没有权利要求X"不吃小虾沙拉"。

的规定，受教育权属于人权范畴。"人权标准是普遍的与特殊的标准相结合，特殊的标准渗透在普遍的标准之中，普遍的标准包含着特殊的人权标准，强调人权的普遍性而忽视特殊性或反之都不是对人权标准的完整理解。"（黎尔平，2005）特殊儿童是儿童中的特殊群体，其所享有的随班就读权利也是国家保护特殊儿童的一项特殊福利。因此，随班就读权利应该是一种特殊人权。

四、随班就读权利的边界

关于权利边界的问题，前人已经有过不少探讨。孟德斯鸠的"法律自由"论、密尔的"防止对他人的侵害"学说、格林的"国家有限干预"论、哈特的"法律家长主义"、德弗林的"法律道德主义"以及罗尔斯和德沃金的有关理论，都试图为权利划出边界（程燎原 等，1998）。这些学说，为我们提供了很好的关于权利边界问题的思路。事实上，对于任何权利来讲，对权利的具体内容作出限制都是不科学的，也是难以实现的。因此，本文将从"限制原则"这个层面对随班就读权利的边界进行尝试性的探索。

（一）随班就读权利的行使应以合理请求为限

根据前面对随班就读权利内涵的解读，关于"合理请求"的标准，可以通过法理精神和相关法律规定来确定。比如，《残疾人保障法》第21条第1款规定：国家保障残疾人享有平等接受教育的权利。这意味着，权利人的权利请求，应限于所有公民均享有的平等的受教育机会范围内主张，不能因其是残疾人而在权利机会上高于其他人；如果超出了"合理请求"的范围，则可能造成对权利主体的受教育机会权的侵害。

"李孟事件"中，如果仅因为李孟是特殊儿童，便主张优先保护他的受教育权，那么很有可能会因此造成对其他普通儿童受教育权的侵害。事实上，李孟在随班就读期间，确实对同班普通儿童的正常学习造成了困扰。该事件后来的解决办法是在该校为李孟专门开设了特殊教育教室，而非随班就读。这是学校理性处理的一种表现。

（二）　随班就读权利的内容应以恰当教育为限

之所以选用"恰当"这个词作为对随班就读权利内容的限制原则，是借鉴了美国《残疾人教育法案》里的概念。根据该法案的规定，州政府必须保证对州内所有 3—21 周岁的残疾学生提供"恰当且免费的公立教育"，并在受限制最少的环境下实施这种教育。麦卡锡主编的《教育法学》里提到了美国第十一巡回法院所审理的一个案例，很好地说明了什么是"恰当的教育"（麦卡锡，2010）。通过此案例可知，只要学校在法律规定的责任范围内，对特殊儿童尽到了合理而恰当的教育义务，则视为其已经履行了义务，不能再以学生权利"未得到满意解决"来追究学校的责任。

李孟入学被拒经媒体曝光后，他所就读的学校一度积极地提出了各项方案，希望能够圆满解决李孟的读书问题。但是，李孟的家长全部回绝，直到后来政府部门和公益组织介入，提供了专门的教师、教室、教学资源，方才使家长满意。这样的结果，对残疾儿童李孟及其家长来说，自然是完胜。但对学校来说，无疑是加重了学校的责任。

（三）　随班就读权利的救济应以适度保护为限

权利救济是指在权利人的实体权利遭受侵害的时候，由有关机关或个人在法律所允许的范围内采取一定补救措施消除侵害，使得权利人获得一定的补偿或者赔偿，以保护权利人的合法权益。仍以"李孟事件"为例，在李孟的随班就读权利救济上，有大量的参与者介入，政府机关、媒体、普通民众、公益组织以及自闭症专家，在这些力量的介入下，李孟的权利形势快速扭转，由最初的被家长联名退学，到后来校长亲自到校门口迎接其返校，并专门为其量身订制了特殊教室，配备了专门的护工、心理辅导教师、特殊教育教师和专门的课程计划。这一个案中随班就读权利的救济堪称完美，却难以在其他特殊儿童身上得到同样体现。因为无论是从经济、人力还是从资源配备上说，我国当下的国情决定了这一个案的救济方式在短时期内无法推广。既然无法推广，也就失去了其典型意义。因此，在对随班就读权利的救济上，应奉行"适度保护"原则，即只要在法律许可的范围内，责任方尽到了责任，个体的权利得到了救济，解决了随班就读权利的顺利实现问题，便可以视为主体的权利得到了适度的保护。

五、结　语

"随班就读权利"是笔者根据我国当前随班就读政策背景下的特殊儿童受教育权而提出的一个衍生概念。对随班就读权利的边界进行探索,旨在更好地明确特殊儿童的受教育权内涵,以保护其权利的有效实现,同时也是为了在受教育权冲突产生时能够获得明确的法律依据。

参考文献

程燎原,王人博.1998.赢得神圣——权利及其救济 [M].济南:山东人民出版社:209.

霍菲尔德.2009.基本法律概念[M].张书友,译.北京:中国法制出版社(6):54.

麦卡锡,等.2010.教育法学——教师与学生的权利[M].江雪梅,等,译.北京:中国人民大学出版社,(3):187-188.

黎平平.2005.同性恋权利:特殊人权还是普遍人权——兼论大赦国际对同性恋权利的保护[J].法学(10).

沈宗灵.1990.对霍菲尔德法律概念学说的比较研究[J].中国社会科学(1).

王涌.1998.寻找法律概念的"最小公分母"——霍菲尔德法律概念分析思想研究[J].比较法研究(6).

姚建宗.2010.法理学[M].北京:科学出版社:165-166.

于宏.2007.权利救济:含义与方法[J].法制与社会(7).

Holfeld W N.1923.Fundamental legal conceptions as applied in judicial reasoning and other legal essays[M]. Yale university press, 6,35, 60.

The Boundary for the Rights of Learning in Regular Class: Based on "Li Meng Events" in Shenzhen

Wang Min

Abstract: According to the theory of Holfeld's rights concepts, the rights of learning in regular class contain right, power, privilege, immunity, duty, liability, no-right and disability. Special child who learning in regular class obtains the right of principal. The contents of rights include reading near the entrance, admission option, claim to education conditions and special protection. On the other hands, the right to learning in regular class has the nature of legal, exclusive and specific human rights. Exercise of rights of learning in regular class follows reasonable, appropriate and moderate principles.

Keywords: compulsory education, learning in regular class, rights, boundary

作者简介

汪敏，法学学士，教育学硕士，闽南师范大学教育系讲师。研究领域：教育法学、基础教育。

□ 刘　璞

行政主体理论视角下的民办学校法律地位审视

【摘　要】民办学校法律地位是其改革发展过程中不可回避的重要理论与现实问题。我国现行法律将民办学校定位为"民办非企业法人"，这是基于是否以营利为目的对民办学校的定位，它无法准确、全面地反映民办学校法律地位。一些学者从公办与民办学校的不同性质出发，推演出两者法律地位的差异，这与我国现行法律法规的规定不符。本文以是否实施行政职能作为行政主体的判断依据，认为实施义务教育和学历教育的民办学校在实施教育管理行为的过程中可以成为行政主体，其与相对人构成行政法律关系。

【关键词】法人，行政主体，民办学校 法律地位

改革开放以来，我国民办教育发展迅猛，民办学校从非学历、非正规教育发展到各级各类学历教育，并呈现出稳步增长的势头。未来二三十年是中国民办教育发展的关键期，但民办教育发展中一些基本理论问题尚未澄清，民办学校居于何种法律地位？民办学校能否享有与公办学校平等的行政主体地位？民办学校与其相对人是否具有行政法律关系的特征？这些问题严重制约民办教育发展，需要理论界进一步探讨。

一、我国民办学校法律地位及其理论检视

(一) 民办学校的法人性质与民办学校的法律地位

世界范围内，依据不同的标准，将法人分为公法人与私法人、公益法人与营利法人、社团法人与财团法人 (申素平，2009)[248]。我国法学界早先受列宁"我们不承认任何私法，在我们看来，经济领域中的一切都属于公法范围，而不属于私法范围"观点 (列宁，1959)[587] 的影响，否定了公法、私法的划分。但随着理论研究的深化，民法学界几乎所有的有关著述均强调公法、私法的区分。公法学者也对公法与私法的区分没有异议 (汪习根，2002)[24]。公私法的划分在整个法学界逐渐成为基本共识。① 虽然民法学者已经认同了公法、私法的划分，但是我国《民法通则》却没有将民法中的法人分为公法人和私法人，而是将法人依据计划经济下对单位的划分理论分为了企业法人和非企业法人，又将非企业法人分为机关法人、事业单位法人、社团法人，最终形成了民法法人的"四分法"理论，成为我国法人划分的法律依据。

我国《教育法》第 31 条，《民办教育促进法》第 9 条，《民办非企业单位登记管理暂行条例》第 2 条，以及民政部、教育部《关于印发〈教育类民办非企业单位登记办法〉(试行) 的通知》明确规定了我国民办学校是民办非企业法人。"民办非企业法人"的分类依据是法人是否主要从事营利性活动，并以此为逻辑线索安排法人制度。"民办非企业法人"的性质说明了民办学校的资金来源于非国有资金，民办学校不得以营利为目的。但民办非企业法人是公法人还是私法人？是社团法人还是财团法人？法律并未明确。《民法通则》的制定者没有区分公法和私法以及公法人和私法人的概念，没有设计私法领域中民法法人类型。将各种法人类型，都放在笼统的"法人"名下，使公法人、公法组织与私法人混杂于该法之中，造成理论和实践中的

---

① 在法理学上，过去一般将公法和私法的区分作为大陆法系的资本主义国家的法律分类。不过，现在很多法理学著作已经明确将其作为可以适用于我国的一种法律分类。参见：陈金钊. 法理学 [M]. 北京：北京大学出版社，2002：96-97.

诸多缺陷（崔拴林，2011）。[83]

　　劳凯声教授认为学校的法律地位是学校在社会系统中的纵向位阶和横向类别，通常由法律规定的权利和义务所确立。其中，纵向位阶体现为学校与相关主体的关系，横向类别说明学校是什么性质的法人（劳凯声，2007）[56]。因此，民办学校的"民办非企业法人"称谓只表明了民办学校的性质是利用非国有资产举办的，不以营利为目的，从事教育活动的独立法人组织。但现行的相关规定并没有提供判断民办学校与教师、学生的法律关系性质的依据。因为民法学上一般认为法人地位仅仅是针对这些组织参与民事关系时的主体地位而言，而并不认为它们在公法上的权利义务关系也是基于法人地位而承担的（葛云松，2007）。[80]因此，笔者认为"民办非企业法人"的规定只说明了民办学校的法人类别，不能完全反映民办学校的法律地位问题。

（二）民办学校法律地位理论检视

　　理论界给予民办学校法律地位的关注相对于公办学校的研究成果显得匮乏，且欠深入。学者对公办高校作为公法人性质的探讨已基本形成了较为统一的认识，但对公办中小学是否都具有独立的法律地位的认识尚不统一①，对于公办学校与学生的法律关系的认识也未达成一致。有的学者认为公办学校是公法人，但其与学生之间的关系既有民事法律关系，也有行政法律关系，其划分依据是学校的管理行为是否是法律法规授权（湛中乐，2003）。[87]但是，劳凯声教授并没有对民办学校与公办学校的法律地位进行绝对的区分，他认为从理论上说，在社会转型的过程中还应该分出一个介于公域和私域之间的社会领域，即第三部门。学校教育机构应该属于第三部门，但中国在社会转型的过程中并没有分化出一个成熟的第三部门（劳凯声 2007）[14]。这种观点不以举办者资金的公有或私有来判断学校的法律地位与性质，摒弃传统的了公、私分立的理论局限。

　　关于民办学校法律地位的研究成果主要集中在探讨民办学校民事法律地位中的具体制度，如会计、税务、审计、产权问题上。多数文章都指出了民

---

　　① 申素平教授认为公立高等学校是公法人，但公立中小学在《教育法》、《义务教育法》等法律法规中行为受到限制，因此公立中小学在行政法上不具有完全权利能力，公立中小学不应是公法人。

办学校在运行中的复杂性，并提出了相应的改进建议。也有部分学者探讨公办学校和民办学校法律地位的不同之处，但这些文章大多从现实制度反思的角度呼吁修改法律，对法律如何修改却未涉及。其中，吴开华教授的观点颇有代表性，他认为民办学校与学生的在学关系的法律性质，要依据民办学校的法律性质。因为民办学校是私法人，其执行的并非国家教育职能。与公办学校不同，民办学校是教育服务的提供者，民办学校与学生之间是平等主体的民事合同关系，学校对学生的管理权不是一种公权力，而是合同权利，学校与学生之间是基于教育目的的契约关系（吴开华，2010）。[187-190]

很多学者在探讨民办学校的法律问题时，只是笼统的将学校分为公办学校与民办学校，而不对民办学校进行类型化研究。譬如一般不依据是否实施学历教育对民办学校进行划分。而事实上并不是所有的公办学校都实施学历教育，例如政府出资举办的短期职业培训学校；也并不是所有的民办学校都实施非学历教育，例如许多民办高等学校，既实施普通本科教育，又实施自考助学非学历教育。全日制学校有公办、民办的，培训学校也有公办、民办的，例如司法部干部培训学校就是公办的。另外，学者通常根据学校资金来源的性质判断学校的法人性质，依据学校法人性质来探讨学校的法律地位，又基于学校的法律地位来决定学校与其内部成员的法律关系，这种研究路径及其结论在理论与司法实践中都造成了困惑。

二、民办学校与公办学校同等法律地位的理论困境

我国《教育法》明确规定公办学校与民办学校有同等的法律地位。但是不仅在现实中存在着民办学校与公办学校在具体运行制度上的差异，更为重要的是，在理论界也存在着对民办学校与公办学校的"差别地位"的论断。笔者从学校与学生法律关系的视角进行分析。

在学校与学生法律关系的基本理论学说中，特别权力关系理论与私法契约关系理论对我国理论界的影响最大（申素平，2009）[26]。特别权力关系理论是大陆法系国家与地区解释学校与学生关系的主导理论，对我国学术界影响颇深。这一理论是用于调整特殊的公法人及其内部成员之间法律关系的理论。其理论前提是公立学校是公法人，公办学校对学生存在特别的管理权

力。行政法学界和教育法学界一般认为我国公办学校具有公法人①的性质，公办学校与学生的教育管理关系是一种特殊的行政法律关系，这种学校与学生的管理关系涉及学校行使行政权力，学校对学生有总括性的命令支配权（申素平，2009），[264]学校对学生的管理权力应当遵循法律保留原则，当学生权益受损时，学生也不能提起司法救济。我国最高人民法院通过"田永诉北京科技大学案"确认了公立学校与学生在管理方面存在的行政法律关系。"传统上，我国公立学校对学生享有概括性的支配权，学生需要服从学校的管理，并且不能充分享有诉权，从一定程度上说，我国未有'特别权力关系'之名，却有'特别权力关系'之实。"（马怀德，2003）[56]民办学校与学生的法律关系受到了私法契约理论的影响，在我国通常认为民办学校是私法人，其与学生的教育管理关系不是"特别权力关系"，而是平等主体之间的私法契约关系，因此民办学校与学生的教育管理关系并非教育行政法律关系。即"父母与学校签订了一个私法上的在学契约，在此契约中订立了父母（及其子女）与学校之间的在学关系内容。所以公立学校所遵循的法律保留原则及权利救济等原理无法在私立学校的在学关系中适用"（许育典，2007）。[258]

以高等教育领域学生权利纠纷是否能进入司法程序为例。我国《教育法》第42条第4款规定："学生的权利，（四）对学校给予的处分不服向有关部门提出申诉，对学校、教师侵犯其人身权、财产权等合法权益，提出申诉或者依法提起诉讼。"也就是不论是公办学校还是民办学校的学生，如果对学校给予的处分不服，通常只能通过申诉解决纠纷，不能提起复议或诉讼，只有学校或教师侵犯了学生的人身权或财产权时，才可以提出申诉、复议或诉讼。依据《最高人民法院关于执行〈中华人民共和国行政诉讼法〉若干问题的解释》（以下简称《解释》）第1条，"公民、法人或者其他组织对具有国家行政职权的机关和组织及其工作人员的行政行为不服，依法提起诉讼的，属于人民法院行政诉讼的受案范围"。我国理论界和实务界认为公办高校具有行政管理职权，可以具有行政主体资格。公办学校事业单位的性质决定了其在实施教育管理行为时，是《解释》中所指的实施国家行政职

---

① 对于公办中小学是否具有完全的行政法律地位虽然有争论，但是对于公办中小学是公法人或公法人的内部机构的观点还是得到认同的。参见：申素平. 高等学校的公法人地位研究 [M]. 北京：北京师范大学出版集团，2010；周兰领. 政府与公立学校行政关系法制化论纲 [M]. 北京：海洋出版社，2010.

权的行政主体。如果公办学校的教师实施了不当的惩戒行为，与学生发生纠纷，学生可以提起行政诉讼，法院应当受理。而民办学校因其私法人地位，不是实施国家行政职权的机关，不具有行政主体资格。因此，民办学校教师实施惩戒行为与学生发生纠纷，侵害到学生的人身权和财产权时，应通过民法上的侵权行为理论进行救济。

综上，可以看出，我国法律虽然规定了民办学校与公办学校应当具有同等的法律地位，但是在现行理论的逻辑框架下，民办学校与公办学校无法全面实现地位的平等。一方面是因为以学校是否具有行政职权来判断行政主体资格的理论存在问题，另一方面是因为以学校性质决定学校法律地位及其与内部成员法律关系的研究思路，使对民办学校法律地位的认识存在误区。

三、行政主体理论视角下民办学校法律地位的判断依据

虽然我国从学术上具备了公法、私法的划分理念，但是民法学者和行政法学者都在各自的理论学术框架下分别基于民法和行政法的不同特征，界定法人分类理论和行政法主体理论。民法学者认为法人的概念就是指平等民事主体中的行为承担者，对于是否有公法人和应否将法人分为公法人和私法人的问题存在争议。有些学者虽然承认公法和私法的划分，但一般不把公法人、私法人的属性区分作为具体研究的基点，通常是从理论上客观介绍一下"传统民法"（或者大陆法系国家的民法）的这种区分。民法学者承认机关法人享有民事主体资格，也可以在行政活动中作为行政主体，但对于其他民法主体是否可以具备行政主体资格的问题则没有涉及。在行政法学界原来仅谈行政主体，不谈法人概念，并以行政权力为视角界定行政主体。公法学者虽然也承认私法人可以被委托或被授权来承担行政职务，但仅关注作为事业单位的法人成为行政主体的理论问题，而对于"民办非企业法人"是否也能够成为行政主体、在什么情况下成为行政主体的问题很少讨论。应当看到，随着法制建设的推进和市场经济的发展，原有的法人理论和行政法主体理论无法解决现有的很多公与私的混合行为，学者也发现，在自己的理论框架下无法整齐划一地解释法人或行政主体的公与私问题。原有的民法法人理论无法解决市场经济中到底如何划分行政权力和市场权利的问题。行政法领域里行政主体理论也无法明晰地区分我国市场经济领域里复杂的授权问题。而正

是基于以上原因，教育法学者在看待民办学校的法律地位问题时，得出了民办学校是私法人，民办学校与学生的关系也是私法关系的结论。法律到底应该如何划分法人是一个非常棘手的问题，需要民法学和行政法学的共同推动。现阶段可以利用转换行政主体理论来审视民办学校法律地位问题。

行政法学界一般将行政主体界定为享有行政权力，能以自己名义进行行政管理活动，并独立承担因此而产生的法律责任的组织。行政主体包括两大类：行政机关和法律法规授权的组织（罗豪才，2001）。[45]判断是否具有行政主体资格的要件主要有：须为依法享有行政职权的组织，须能以自己的名义实施行政活动，须能够独立承担行政责任。行政法学界对于行政主体的界定主要基于对是否有"行政权力"或者"行政职权"的判断①，强调国家管理社会与人民的权力，因此行政主体与行政相对人之间关系不平等，是一种命令与服从的关系。

在行政法学上，以行政权力判断行政主体，只有依据公法设立的组织体（国家和其他公法人）才是行政主体。但是在分权理论和公共行政高度发展的今天，国家行政通常会借助多种力量或手段达成行政目的。在特定的条件下，国家也可以放弃自行执行行政任务或者由其他公法组织执行行政任务，而是授权私人（自然人或者私法人）在特定范围内行使公权力（被授权人在法律上独立并自负其责地活动），还可以依照私法来设立私法人以完成行政任务（崔拴林，2011）。[56]我国传统的计划经济体制是一种"全能"的政府样态，但由于国力有限，体制允许民间力量为社会提供各种资源，并承担相应的国家的行政职能。以是否有行政权力来判断行政主体的理论视角，无法明晰地判断在国家机关与非国家机关或人员的行政公务合作行为中谁是行政主体。以行政主体的行为目的是否是达成行政任务、实现行政职能来判断行政主体的理念可以解决上述问题。一个公法主体，虽然具有行政权力，但是只有当其执行行政任务时才是行政主体（或被授权的行政主体）；一个私法主体，虽然在一般情况下并不具有行政权力，但是只要其依法实施了行政职能，则其在这种关系中就具有行政主体资格（葛云松，2007）。[43]

---

① 例如，马怀德将行政法定义为关于行政权力的授予、行使以及对行政权力进行监督和对其后果予以补救的法律规范的总称，认为行政权力享有个人权利无法比拟的特权，因此必然会给权力的服从者造成影响乃至损害。这大体反映了他对于行政关系主要是命令、服从关系的理解。但另一方面，他也承认，根据行政方式的不同，可以把行政分为权力行政和非权力行政。那么，这里显然存在着至少是措辞上的矛盾：行政方式就是行使行政权力的方式，它包括非权力行政。参见：葛云松. 法人与行政主体理论的再探讨——以公法人概念为重点 [J]. 中国法学，2007（3）：89.

　　我们可以借鉴公法人理论提供的理论模式来判断某个法人是否可以成为行政主体：（1）该组织体是否具有法人地位（若没有，则以设立主体的性质决定其性质），如具有，则判断（2）属于公法人还是私法人（从其设立的法律依据来判断），（3）该组织体的行为是公法性质的还是私法性质的（这一点与该组织体定位为公法人还是私法人不直接相关），（4）对于私法行为，则判断是何种性质的私法行为，以及是否应（及如何）直接受到公法约束（崔拴林，2011）。这种判断路径不但能够判断出一个法人在私法上的法律地位，还可以判断出其在公法上的法律地位，它确定了公法人与私法人在不同法律关系中的不同地位，明确了不同法律地位下的权利义务关系，能够防止出现私法人以私法主体性质为由逃避公法监督的情形。因此，私法人的含义只是说该法人是依私法而设立的，其不仅在私法上被视为主体，也可以在公法上成为行政主体。可见，公法人和私法人虽然设立的法律依据有性质上的差异，但是它们的权利能力的范围都包括了私法上的民事权利能力和公法上的权利能力。把同一个组织体在民事关系上的主体资格，与其在公法关系上的主体资格区分开来，相当于确认了该组织体的双重人格（崔拴林，2011）。[57]

　　现今的国家行政理念已从“夜警国家”行政变为“福利国家”行政，教育成为一种国家给付行政行为。国家设立学校是国家权力给付行政不可或缺的国家“公共行政职能”。从理想层面看，国家应当为国民普设学校，让人人都能从国家教育中获益。但是，由于财力等因素，国家可以借助民间资金发展教育事业。国家可以作为公办学校的举办者利用国家资金举办各级公立学校来发展教育，还可以依法允许非国家资金举办民办学校。因此，不能因为民办学校在成立时依据私法而设立的性质，一概地否定其行政法律地位。只要民办学校的教育行为是法律规定的实现国家教育职能的行为，那么民办学校就可以在特定的法律关系中成为行政主体。

四、民办学校法律地位的现实关照

　　民办学校可以成为行政主体，并不意味着所有民办学校都能成为行政主体。只有依据宪法和法律的规定，才能确定民办学校的法律地位。

　　首先，从义务教育阶段来讲，根据我国《宪法》、《教育法》、《义务教育法》的相关规定，义务教育是国家通过法律强制推行的公共事业，是国家保障公民基本权利的体现。《教育法》规定接受义务教育既是权利也是义务。《义务教育法》既规定了国家、家长、学生的义务，也规定了"依法实施义务教育的学校应当按照规定标准完成教育教学任务，保证教育教学质量"的义务。这种国家强迫入学，课以父母的送学义务与学校的教育管理义务带有强制性、惩罚性。公法关系主要分为支配关系与管理关系，这种附有罚则的义务，具有强烈的支配关系的公法色彩（许育典，2007）。[358]《教育法》规定国家应当举办学校及其他教育机构。同时，国家鼓励企业事业组织、社会团体、其他社会组织及公民个人依法举办学校及其他教育机构。因此，实施义务教育，履行义务教育职能的学校既有公办学校又有民办学校。在我国公办教育长期"欠账"的情况下，民办基础教育解决了许多适龄儿童入学、就学的问题，在我国城镇化进程中为不断扩容的城市教育提供了多元化的选择，为义务教育的发展作出了贡献。《义务教育法》规定了义务教育学校的教育要达到的标准，因此民办义务教育学校与公办义务教育学校都要按照规定开展教育活动，使学生达到作为一国公民的基本要求。这些义务教育学校不论学校的资金来源与类别，都在实施义务教育活动，履行为公民提供义务教育的职能，其对学生的教育管理行为是达成国家的强制教育目的的行为。所以，在义务教育管理过程中不但公办学校可以成为行政主体（但并不都成为行政诉讼主体），而且依法经过行政许可实施义务教育的民办学校也可以成为行政主体，与学生产生行政法律关系。

其次，需要特别说明实施高级中等教育的民办学校的法律地位问题。《民办教育促进法实施条例》规定："实施高级中等教育、义务教育的民办学校，可以自主开展教育教学活动。但是，该民办学校的教育教学活动应当达到国务院教育行政部门制定的课程标准，其所选用的教材应当依法审定。"在我国现阶段，实施各类高级中等教育的学校，虽然不是义务教育学校，但是长久以来国家对这类学校的管理要求和义务教育学校是一致的。因此，在法律上民办高级中等教育学校与民办义务教育学校一样，也可以成为行政主体。

再次，民办义务教育学校之外的民办高等学校是否可以成为行政主体呢？《高等教育法》第15条规定："高等教育包括学历教育和非学历教育。"《教育法》规定，我国实行学业证书制度与学位证书制度。学历教育是根据国家教育部下达的招生计划录取学生，按教育主管部门认可的教学计划实施教学，学生完成学业后，由学校颁发国家统一印制的毕业证书和学位证书的教育。非学历教育是指各种培训、进修，完成学业后，由培训部门颁发相应结业证书的教育。国家为了实现对学历教育的管理，可以授权相关学校来实施具体的教育行为。学校在实施这些教育行为的过程中实现了国家完成高等学历教育中的统一管理职能。因此，在此过程中，实施学历教育的高等学校可以作为被授权的行政主体，代表国家实施教育行政行为。过去只有公办学校才能实施学历教育，而如今很多民办学校也能实施专科、本科学历教育。因此，不论是公办高等学校还是民办高等学校，只要其实施的是学历教育，那么在这个教育过程中，学校对学生的教育管理行为就是经过国家授权的行政行为，学校在对学生的教育管理活动中是行政主体。

需要特别说明的是，在我国，很多民办学校都是从原来的自学考试助考培训机构发展而来的，学校在实施自考助学教育的同时也实施学历教育。学校在实施学历教育的过程中是教育行政主体，而在实施非学历教育的过程中则不是行政主体。所以，以往关于民办学校是私法人，其与学生的法律关系完全是私法关系的结论显然有些偏颇。

最后，实施非义务教育、非学历教育的学校（如民办幼儿园和各种民办培训学校），不论其出资人的财产是国有资产还是非国有资产，在现行法律框架下，这些学校与学生发生的教育关系都是基于民事契约理论的合同关系。我国还存在一些国家机关利用国家资金设立的干部培训学校、公立大学利用学校资金举办的培训学校，这类办学行为都是公法人在私法上的民事行为，所举办的"子学校"与原来的"母学校"的性质无关。这种培训旨在实现私人目的，学校与学生的教育法律关系都是民事法律关系，因此，这些民办学校不能成为行政主体。

The Theory of Administrative Subject Legal Status of Private School under the View of Transformation

Liu Pu

Abstract：The legal status of private school is an unavoidable and important theoretical and practical problems in the process of reform and development of private school. China's current laws positioned private school as a "private non-enterprise legal person". This classification is based on whether the private school is for-profit or non-profit, it does not accurately reflect a clear picture of the legal status of private school. Some scholars from the different natures of the public school and private school to deduce their different legal status, which do not match China's existing laws and regulations. In this paper, whether the implementation of administrative functions is used as the basis to identify the administrative body, so that the private school which implemente compulsory education and academic education can become administrative body in the process of education with managerial behavior. Itself and its counterpart constitute an administrative legal relationship.

Key words: legal person, administrative body, private school, legal status

参考文献

崔拴林.2011.论我国私法人分类理念的缺陷与修正——以公法人理论为主要视角[J].法律科学(西北政法大学学报)(4).

葛云松.2007.法人与行政主体理论的再探讨——以公法人概念为重点[J].中国法学(3).

江平.1999.民法学[M].北京:中国政法大学出版社.

劳凯声.2007.教育体制改革中的高等学校法律地位变迁[J].北京师范大学学报:社会科学版(2):14.

列宁.1959.列宁全集[M].北京:人民出版社.

林宗材.1994.公法人概念之研究[D].台中:东海大学法律学研究所.

龙卫球.2002.民法总论[M].2版.北京:中国法制出版社.

罗豪才.2001.行政法学[M].北京:北京大学出版社.

马怀德.2000.公务法人问题研究[J].中国法学(4).

彭万林.1994.民法学[M].北京:中国政法大学出版社.

申素平.2005.对学校法人地位的新思考[J].中国高等教育(12).

汪习根.2002.公法法治论——公、私法定位的反思[J].中国法学(5).

吴开华,安杨.2011.民办学校法律地位[M].南京:江苏教育出版社.

许育典.2007.教育法学[M].台北:五南图书出版股份有限公司.

应松年,薛刚凌.2002.行政组织法[M].北京:法律出版社.

张俊浩.2000.民法学原理[M].修订3版.北京:中国政法大学出版社.

周兰领.2010.政府与公立学校行政关系法制化论纲[M].北京:海洋出版社.

作者简介

刘璞,女,1976年,陕西师范大学博士研究生,西北政法大学副教授。主要从事宪法学、行政法学、教育法学研究。

□ 傅　添

论政校间基础教育行政法律关系之重构

——基于平衡论的视角

【摘　要】我国教育行政机关与中小学间的教育行政法律关系一直以行政法学中的管理论为理论基础，这在实践中已对教育行政体制改革的推进和基础教育发展构成了严重阻碍。对此，应以平衡论为指导，对二者间的教育行政法律关系予以反思和重构。这就要求我们完善中小学的行政权利，明确界定和充分保障其民事权利，尤其是办学自主权。教育行政机关也应转变行政理念和权力行使方式，加强依法行政，并有效控制其自由裁量权的行使。

【关键词】教育行政法律关系，管理论，控权论，平衡论，办学自主权

深化教育行政体制改革、转变政校关系是当前我国基础教育改革的一项核心目标。对此，国内近年来的研究主要集中于如何借鉴西方新公共管理、新公共服务等现代行政管理理论来转变政府角色和职能，以达到简政放权、推动学校自主发展的目的。然而，在教育行政法学的视角下，这类改革吁求却同我国教育行政机关与中小学校间的教育行政法律关系相冲突，从而缺乏必要的法律土壤和现实法律

依据，因此难以转变政府行为的性质，更无法将教育行政引向民主化、法治化、专业化管理的轨道。

一、从管理到平衡：我国教育行政法律关系的变革趋势

教育行政法律关系，是指由教育行政法律法规确认和调整的、因教育行政权力的行使而在教育行政机关内部以及教育行政机关和学校等教育机构之间形成的权利义务关系。在政校关系中，它是调整和规范政校双方各自权利义务边界的基本法律依据，是判断教育行政行为和自由裁量权合法性、合理性的最重要标准。教育行政只有在这种法律关系的规范与指导之下方可正常有序地开展。

教育行政法律关系的性质取决于一国行政法的理论基础和研究范式。当前为我国法学界所广泛认可的行政法理论基础主要有三种：管理论、控权论和平衡论。三者源自截然不同的法律文化传统，有着迥异的理念、特征和发展源流，并导致了行政权力，包括教育行政权力，在运作逻辑和方式上的极大差异。

管理论认为，行政法是行政主体管理行政相对人的法律。该理论重视行政权力的行使，行政手段以强制性、命令性为主，片面强调行政主体的权威性和主导性，重视集体利益而忽视个人利益，强调相对人的服从义务而忽视其合法权利。在整个计划经济时代，管理论在苏联、东欧各国和我国都占据主导地位。时至今日，我国的政府行政依然以管理论为主导思想和行为依据。这既是国家政治在行政法领域内的必然反映，也是我国长期以来的政治传统使然。在教育领域中，管理论强调教育行政机关对学校、教师和学生的立法、计划、领导、组织、经营等直接功能，忽视指导、服务、培训、咨询等间接功能，更忽略了学校作为教育行政相对人所享有的参与、听证、监督、批评等权利，甚至将公立中小学直接认定为教育行政机关的下属机构，将办学自主权视作一种行政权。

管理论对我国基础教育发展的负面影响是显而易见的。在该理论的主导下，过度的教育行政化是必然的结果。由于教育行政权力缺乏必要约束，对学校管得过多、过死，很容易超出职权范围，造成不当行政、越权行政或非法行政，如任意增删中小学课程内容，处分教师和学生，开除甚至"封杀"

学校教职员工，自立收费项目收取教育赞助费或其他费用，强迫中小学师生参加各种政治社会活动等。而中小学则沦为教育行政机关的附庸，丧失了独立的办学主体资格，缺乏应有的弹性和组织活力，甚至被强加以许多本不应承担的行政任务。这不仅严重干扰了学校自主办学，影响了学校教育质量和正常教学秩序，还会侵犯教师、学生的包括人身权、财产权在内的各项法定权利。而校本管理、现代学校制度、校长专业化发展等现代化教育改革理念，也都会因为学校自主管理权的缺失而难以落到实处。

控权论认为行政法的目的就是要保证政府权力在法律范围内行使，以防止政府滥用权力并保护人民。正如英国行政法的鼻祖威廉·韦德（William Wade）所言："行政法定义的第一个含义就是它是关于控制政府权力的法。无论如何，这是此学科的核心。"（韦德，1997）该理论的主张主要基于三点理由：第一，行政权力具有两面性。它既可维护社会安定，也可被滥用，给社会和公民个人造成危害。第二，与立法权、司法权相比，行政权最经常、最直接地牵涉行政相对人，而其施行程序却远不如立法权、司法权的程序公开，因而最容易滋生腐败。第三，随着社会和经济的发展，行政权不断膨胀，国家行政机关的自由裁量权也越来越大，这令人担忧。因此，在行政主体和相对人之间，控权论以监督和控制政府权力为中心，强调政府的行政职责和义务，并切实保护相对人的正当权利和自由不受侵犯。

控权论所体现的消极行政理念，是同西方政治法律传统中对政府的认知紧密相连的。政府被认为是恶的象征，被认为"即使是在它最好的情况下，也是一件免不了的祸害"（潘恩，2002）。因此，控权论作为西方传统行政法学的基础理论，是其政治哲学理念和文化传统的必然产物。当今西方新公共管理、新公共服务等行政管理改革浪潮，都可看作是控权论思想在新时期、新情况下所作出的必然回应。顾客至上、放松政府管制、强化政府服务意识、引进和扩大市场竞争机制、加强与社会组织和非营利组织的合作等要求，在这种以"控权"为核心的行政法律语境下可谓顺理成章。反映在教育领域里，便是对学校办学自主权和家长自由选择权的保障与扩展，是对学生的个性、特点和个体自由的尊重与发扬，以及对各类学校间、学校和非政府组织间的竞争与合作的激励。教育券、宪章学校、磁石学校、全纳教育等诸多教育改革方案皆是由此而生。但这一切，却都是与重视命令与服从关系的管理论背道而驰的，因此很难在我国进行成功的制度移植，为我所用。

平衡论由我国的罗豪才教授于 20 世纪 90 年代提出，并迅速得到了许多行政法学者的支持。该理论认为，既应赋予行政机关必要的行政权，又必须维护相对人的合法权益与权利，加强行政监督。二者应同时兼顾，保持平衡，不可偏废任何一方。"行政法的发展过程就是行政机关与相对一方的权利义务从不平衡到平衡的过程。"（罗豪才，1997）在公共利益和个人利益冲突严重的当下，该理论强调把平衡作为"公共利益和个人利益之间关系的内核"（沈岿，1994），并认为这种公共利益和个人利益间的冲突与平衡是行政法的永恒主题。

平衡论的出现是和国家政治、政治哲学、人们对政府权力的认知成熟度紧密相连的。管理论的弊端在我国长期的行政实践中已暴露得非常明显，而源于英美法系的控权论在我国甚至不具备基本的生存土壤。相比之下，平衡论吸收了管理论和控权论各自的合理因素，同时也力图消除二者的弊病和过于极端的倾向。通过与我国特有的政治文化传统和时代特征相结合，平衡论试图在实体和程序、权利和义务、行政主体和相对人之间都达到一种和谐、均衡的境界，从而更好地体现我国行政法的本质，契合建设和谐社会的要求。因此，平衡论应成为我国现代行政法的理论基础和指导思想。

国家教育行政的角色和职能都取决于教育行政法律关系的性质，在后者保持不变的情况下，试图转变行政职能是不现实的。因此，只有推进教育行政法的变革，转变管理论的主导地位，按照平衡论的要求将教育行政机关和中小学间的教育行政法律关系从单向的"隶属型"变为双向的"平衡型"，才能从根本上扭转教育行政的执行理念和行为依据，赋予学校应有的办学自主权，并为深入推进包括教育行政体制改革在内的各项基础教育改革奠定良好的法律基础。

二、平衡论下政校间基础教育行政法律关系之重构

依照平衡论的要求，重构政府与中小学之间的教育行政法律关系，关键在于重构其权利义务关系。"行政主体与相对人之间的平衡，首先体现在立法上要对双方的权利（力）、义务（职责）进行科学合理的配置，以为双方能展开博弈提供一个平台。"（石佑启，2003）而其中，尤以平衡二者间的权利（力）为重。"根据'平衡论'的观点：行政权与行政相对方权利之关系，是行政法所要调整的一对核心、基本矛盾。"（罗豪才 等，1998）归根

结底，社会权利是社会利益的外在表现形式。"行政法领域内公共利益与个体利益因各自扩张倾向而致的矛盾外化为行政权与相对方权利之冲突。"（郭润生 等，1997）而平衡论的核心诉求，就是要通过权利平衡来实现利益平衡，在行政主体和相对人之间就公共利益和个体利益达成一种和谐而互动的状态。

要在教育行政机关和中小学间实现权利平衡，首先必须对二者所享有的权利，特别是中小学所享有的权利，进行准确的定性和区分，从而为它们各自的行为划出法律边界。在我国，公立中小学是否具有法人资格以及具有怎样的法人资格，在学界还是颇有争议的问题。但大多数学者均认可：作为一种事业单位或公益性组织，公立中小学至少具有一定的民事权利能力和行为能力，可以成为民事主体。我国《教育法》第 31 条第 2 款也规定："学校及其他教育机构在民事活动中依法享有民事权利，承担民事责任。"因此，公立中小学享有两种不同性质的权利：一种是在教育行政法律关系中作为行政相对人所享有的、由教育法律法规明确授予的行政权利；另一种则是民事权利，尤其是其自主经营管理权即办学自主权。保障中小学的合法权利需要将这两者加以严格的区别对待。

（一）完善中小学的行政权利

长期以来，在管理论思想的主导下，中小学只是被动地服从命令和指示，其行政权利遭到漠视，同教育行政机关的地位严重不对等。因此，构建平衡的教育行政法律关系首先要充分完善和保障中小学的行政权利，其中尤以程序性权利为主，这是行政相对人介入和影响行政权行使的最有效途径。概括地说，中小学享有的行政权利主要包括参与教育行政管理权，听证权，申请权，了解权，监督、批评、建议权，受益权，行政救济和司法救济权，获得行政赔偿、补偿权等。这些权利可以提高学校作为行政相对人的地位，使其充分、有效地参与教育行政和决策过程，在学校和教育行政机关之间搭建起平等对话和博弈的平台，形成民主协商和互动的局面，进而推进教育行政的民主化、效率化。我国当前的教育法律法规中对上述权利虽然都有所涉及，但相应的司法解释和具体的实施操作细则的缺失使之常常沦为一纸空文。为此，需要进一步加强教育行政立法，将中小学的各项行政权利成文化、明细化、具体化，并对这些权利的行使、监督和救济方式都予以详细规定，以确保有法可依、令出必行。

无救济即无权利。尽管我国教育法中规定了学校在合法权益受到政府侵害时可通过教育申诉制度、教育行政复议和行政诉讼等三种途径进行救济，但其在现实中的实施效果却都不尽如人意。首先，根据我国的教育申诉制度，教师和学生可就政府的侵权行为向相应的国家机关提出申诉。该制度虽具有程序简便、成本低廉等优点，但却只有原则性的规定，缺少足够的可操作性。其次，作为教育行政系统内部的监督和纠错机制，教育行政复议制度授权中小学向作出侵权行为的行政机关或其上一级机关申请复议，请求补救或变更。但长期以来在管理论思想下所形成的思维定式和路径依赖，使得学校很少有能力和意识去质疑政府行为，各级行政机关也并未真正将中小学视作具有平等地位的行政相对人，这就极大限制了教育行政复议的应用。而同上述两种行政救济方式相比，中小学通过教育行政诉讼寻求司法救济的案例更是罕见。因此，充分保障中小学的行政和司法救济权，完善其各种救济途径，尤其是便捷、经济的教育申诉制度，是实现其各项行政权利的一项核心要求。

（二）确保中小学的民事权利不受政府干涉

在民法领域里，中小学的民事权利与义务由其自己享有和承担，不受教育行政机关和其他任何组织、个人的侵犯。中小学的民事权利可分为两类：首先，作为一种事业单位或公益性组织，它们享有许多一般性的民事权利，如人格权、身份权、专利权、著作权以及各项救济性权利等；其次，作为办学主体，中小学还享有一些与办学有关的特殊民事权利。按照《教育法》第28条的规定，这包括了按照章程自主管理权，教育教学权，招生权，对学生进行学籍管理、奖励和处分权，颁发学业证书权，对教职员工的管理权，设施和经费管理权，排除非法干涉权等。这些权利"是学校为了实现其办学宗旨，独立自主地进行教育教学管理，实施教育教学活动的资格和能力。即通常所说的办学自主权。办学自主权是学校不同于其他社会组织而特有的、基本的权利"（褚宏启，2003）。以往在管理论思想下，公立中小学常被视为国家设施和政府的下级部门，它们与教育行政机关之间的行政关系被视为内部行政，对教师、学生的管理也被视作教育行政行为，这显然都是对办学自主权的误读。民事权利是不受行政法律关系调节和控制的，因此教育行政机关必须予以充分尊重和切实保障，不得干涉和施加影响，对学校、教师和学生随意发布指令，以防止行政权力不当介入民事领域，构成对中小学的侵权。

（三）转变教育行政机关的执政理念和权力行使方式

传统的管理论思想围绕着国家权力自上而下的行使而展开，学校作为行政相对人对教育行政机关的指令只能接受和服从，没有协商、质疑或反对的余地。而依照平衡论的要求，双方地位趋于平等，从上下级的权力隶属关系向平等的伙伴关系转变，其权利义务关系的核心理念也应随之变为服务与合作。对于教育行政机关而言，这首先就要求其转变行政理念，树立服务意识，提高服务质量，面向学校展开持续不断的协商和沟通，各项行政行为都要以符合中小学校的办学规律和需求为主旨。这种新型的行政理念淡化了强制手段和权力色彩，强调与公立中小学的互动和交流，期待与学校通过真诚合作实现公共利益。

同学校权利的彰显相对应，教育行政机关也需明确行政权的边界和限度，依法界定行政权力行使的条件、方式、程序和应承担的责任，并据此有效收缩行政权力，转变权力运作方式，变微观管理为宏观管理，变直接控制为以立法、规划、拨款、监督等指导和服务功能为主，将办学自主权真正还给学校，从一切具体的教育事务中撤出。

收缩行政权力的重点和难点，在于如何有效控制教育行政的自由裁量权。自由裁量权是"行政机关在法律明示授权或消极默许的范围内，基于行政目的，自由斟酌，自主选择而做出一定行政行为的权力"（王英津，2001）。适度的自由裁量权是政府顺利开展工作、执行各项法定职责的必要条件。但这种裁量权就像一把双刃剑，用得好，能够实现个案正义，维护社会公平，反之则会促生腐败和任意行政，极大侵害行政相对人的权益。因此，甚至可以说，"自由裁量权是行政权的核心"（方世荣 等，2005）。现代社会中，随着政府事务的不断增加和扩展，自由裁量的适用领域也越来越广泛，其被滥用的潜在危害与日俱增。中央和地方关系的日益复杂也增加了地方政府以自由裁量为名抵制中央教育政策方针的可能，造成"上有政策，下有对策"的局面。为此，有效控制教育行政机关的自由裁量权，是当前防止任意行政和不当行政、构建平衡型教育行政法律关系的最重要保证。

一般情况下，自由裁量权并不会涉及违法与否的问题，只会涉及适当与否的问题，只有超出裁量权的界限才会构成违法行为。研究自由裁量权就是要明确一个"度"，把公权力限制在合理、适当的范围内。对此，除了要依靠行政审查和司法审查等事后救济方式之外，更应依靠教育行政机关本身的法规建设，依靠学校等教育行政相对人和各利益群体对教育行政进行全面监督。

1. 应完善教育行政立法

自由裁量权是受到法律限制之后才产生并存在的。它"恰如面包圈中间的那个洞，如果没有周围一圈的限制，它只是一片空白，本身就不会存在"（德沃金，1998）。任意的、不恰当的自由裁量权的行使往往源自授权性法律法规的模糊性和不确定性，这在我国当前法律缺位现象严重的教育领域中体现得尤为明显。因此，制定更多明细而具体的、具有可操作性的教育行政法规，是去除这种模糊性和不确定性、划定自由裁量的边界、规范教育行政行为的首要举措。

2. 应强调正当程序的重要性

仅仅依靠由政府自己制定的行政法规是无法对行政权形成有效控制的，因此必须强调正当程序的重要性，用程序来约束和规范实体，将之作为一种有效的事前防范措施，而不是仅仅寄希望于事后的行政或司法救济。"用程序控权来取代实体控权，或者说以正当程序模式的行政法来弥补严格规则模式行政法之不足，已成为当代行政法发展的主流。"（孙笑侠，2001）

3. 政务公开是将行政自由裁量权限制在合法、合理范围内的重要保证

限制自由裁量权的主要途径是民主体制下的广泛社会监督，而这种监督必须建立在政务公开的基础之上。政务公开，也就是要求教育行政机关的一切行政活动和决策除了涉及国家秘密、商业秘密、个人隐私等内容或有法律规定不得公开的之外，全都要向学校和社会公开，包括其执行依据、执行过程、实施结果等，接受包括学校、师生、家长在内的广泛监督和批评，以增加教育行政的透明度，改善教育行政机关与中小学间信息不对称的局面。

4. 应重视教育行政行为的合理性原则

同合法性原则相辅相成，合理性原则要求教育行政机关在行使自由裁量权时，必须考虑到教育法律法规的原初目的，遵循公平、公正的法治原则，以利于中小学校发展、提高学校绩效、培养学生综合素质、实现国家教育理想为首要目标，并采取必要、适当的措施和手段。"随着当代行政越来越表现出自由裁量权的扩张和膨胀的趋势，以行政合理性为基础对自由裁量权进

行合理性控制，已成为控制行政权中最高层次和最重要的形式。"（周世中，2004）

5. 要在"法律参照"和"政策参照"间准确把握权重

行政自由裁量权都是在没有明确法律规定的时候实施的，因此在行使时就有一个选择参照依据的问题。"法律参照"是指在行使自由裁量权时必须充分考虑法律规定的正当目的，以法律原则、精神为最高乃至唯一的依照；"政策参照"则是以国家政策为导向和指引，其中既包括政党的政策，也包括行政部门的政策，既包括中央的政策，也包括地方的政策。究其本质，这是一个法律大还是政策大的问题。特别是在当前，一方面，教育法律法规的建设尚不健全，许多教育实践中的争议尚缺少明确的法律规定，另一方面，随着教育日益成为社会高度关注的热点领域，各种应时的教育政策层出不穷，引起了巨大的社会反响，其中亦不乏急功近利或营私舞弊之举。这种法律缺位、政策强化的现状使得"法律参照"和"政策参照"之间的权衡更难以把握。但毫无疑问的是，当二者产生冲突时，法律原则和精神必须高于政策，成为指导教育行政的最高基准。当前甚至可以说，能否有效抵制政策的影响和控制，摆脱对政策的依赖，正是衡量我国教育行政合法性、适当性和成熟度的一项基本依据。

参考文献

褚宏启.2003.中小学法律问题分析(理论篇)[M].北京:红旗出版社:45.

德沃金. 1998.认真对待权利 [M].信春鹰,等,译.北京:中国大百科全书出版社:51-52.

方世荣,石佑启. 2005.行政法与行政诉讼法[M].北京:北京大学出版社:54.

郭润生,宋功德.1997.控权——平衡论——兼论现代行政法历史使命 [J].中国法学 (6).

罗豪才. 1997. 现代行政法的平衡理论[M].北京:北京大学出版社:14.

罗豪才,崔卓兰. 1998.论行政权、行政相对方权利及相互关系[J].中国法学 (3).

潘恩. 2004.常识[M].何实,译.北京:华夏出版社:2.

沈岿. 1994.试析现代行政法的精义——平衡[J].行政法学研究 (3).

石佑启.2003.论公共行政与行政法学范式转换[M].北京:北京大学出版社:158-159.

孙笑侠. 2001.法的现象与观念[M].济南:山东人民出版社:183.

王英津.2001.论我国的行政自由裁量权及其滥用防范[J].国家行政学院学报(3).

韦德. 1997.行政法[M].楚建,译.北京:中国大百科全书出版社:5.

周世中. 2004.法的合理性研究[M].济南:山东人民出版社:377.

On the Reconstruction of the Legal Relationship of Elementary Education Administration between Government and Schools: The Perspective of Theory of Balance

Fu Tian

Abstract: From the perspective of administrative law, the legal relationship of education administration between education administrative agencies and public schools in China is based on the theory of management, which has become a serious obstacle to education administrative system reform and the development of elementary education. Therefore, it is necessary to reconsider and reconstruct this legal relationship of elementary education administration on the basis of the theory of balance. Correspondingly, it is required to improve public schools' administrative rights and protect their civil rights sufficiently, especially its autonomy in running schools. Education administrative agencies are also required to switch their idea of administration and the ways in which they exercise the public power, enhance the law-based administration, and control its discretionary power efficiently.

Key words: legal relationship of education administration, theory of management, theory of confined power, theory of balance, autonomy in running schools

作者简介

傅添（1981—　），男，山东兖州人，美国宾夕法尼亚州立大学教育学院博士研究生。研究方向：教育法、教育政策分析。

□管　华

大学要求学生晨读的合法性分析①

【摘　要】大学的校规制定权是权利而不是权力，它来源于大学自治权，是学术自由基本权利的制度保障。在我国现行教育法的规定中无法导出大学生的学习自由权，它也来源于宪法规定的学术自由基本权利。因此，大学生的学习自由必须服从于学术自由。

【关键词】大学生晨读，大学自我管理权，学术自由基本权利，学习自由

2012 年 6 月 13 日，《法制日报》刊发了文章《强制晨读与指纹签到》，认为强制晨读缺乏法律依据，不能达到目的，构成了对公民基本权利的侵犯（褚宸舸，2012a）。2012 年 12 月《中国教育法制评论（第 10 辑）》又发表了同一作者的《普通高校用指纹考勤强制晨读事件的合法性研究》，文章认为：强制晨读侵犯了学生的学习自由权，构成了对学生生活的干涉和人身自由的强制。指纹考勤则侵犯了公民的隐私权（褚宸舸，2012b）。

笔者粗略检索发现，国内普通高校实行强制晨读的所在多有，如果真的违法，在依法治校的背景下，自应大加挞伐，呼吁废止。但思考之后，却又发现相关论述并不周

① 本文是笔者承担的中国博士后科学基金第 52 批面上资助项目（2012M521734）和第六批特别资助项目（2013T60871）的阶段性成果，获"中央高校基本科研业务费专项资金资助"（13SZYB05），也是陕西省教育厅 2013 年科学研究计划（人文社科专项）项目（2013JK0076）的阶段性成果。文章在资料方面得到了西北政法大学行政法学院党委副书记李芳副研究员的支持，特致谢意！

延，因此笔者将对此问题的学习思考予以阐明，以就教于各位方家。由于本人对指纹与隐私权的关系所知甚少，所以本文只涉及强制晨读的合法性问题。

一、大学要求晨读行为的性质与权利来源

以西北政法大学为例。2011 年 4 月 8 日西北政法大学校党委学工部制定了《西北政法大学学生晨读管理办法》；2011 年 5 月 18 日，西北政法大学举行"开展学生晨读启动仪式"，要求大一、大二学生必须参加晨读。

大学制定校规要求学生晨读这一行为的性质是什么？是不是行政行为？这一行为是不是属于行使了国家行政权力的行为？如果不是，那又是什么？

根据我国行政法的基本理论，行政主体包括职权行政主体和授权行政主体两种，前者一般指国家机关，后者包括法律、法规、规章授权的组织。一般认为，大学在颁发学位证书、毕业证书及学籍异动等方面属于授权行政主体，所作出的行为属于行政行为，学生不服的可以提起行政诉讼。

那么，大学制定校规要求学生晨读这一权力/权利有没有得到法律的授权？学校在晨读问题上制定校规、要求晨读属不属于授权行政行为？

从法律上看，大学组织教育教学活动这一权力/权利直接来源于《教育法》第 28 条。该条规定：学校及其他教育机构行使下列权利：（1）按照章程自主管理；（2）组织实施教育教学活动；（3）招收学生或者其他受教育者；（4）对受教育者进行学籍管理，实施奖励或者处分；（5）对受教育者颁发相应的学业证书；（6）聘任教师及其他职工，实施奖励或者处分；（7）管理、使用本单位的设施和经费；（8）拒绝任何组织和个人对教育教学活动的非法干涉；（9）法律、法规规定的其他权利。

《教育法》第 28 条规定的授权属不属于授予高校行政权力呢？这个问题在理论和实务界存在一定争议（叶必丰，2007），但可从以下几个方面予以释明：（1）该法条明确规定是"权利"而不是"权力"，这说明立法者至少倾向于认为授予学校的是一种"权利"，而不是权力。（2）"权利"是可以放弃的；"权力"同时也是"职责"，是不能随意放弃的。从该条第 7 款的规定看，学校和其他教育机构有管理、使用本单位的设施和经费的权利，这一"权利"同时属于义务或职责吗？显然不是。《教育法》第 29 条规定了

学校和教育机构的义务，并无与上述权利对应的义务。（3）既然《教育法》第28条规定的授权不是"权力"，那么为什么对大学颁发毕业证不服可以提起行政诉讼呢？这是因为《教育法》第21条规定："国家实行学业证书制度。经国家批准设立或者认可的学校及其他教育机构按照国家有关规定，颁发学历证书或者其他学业证书。"也就是说，大学颁发学业证书的权力来源是《教育法》第21条而不是第28条。

因此，《教育法》第28条对大学的授权不属于权力，而是权利。大学基于《教育法》第28条的行为也不属于授权行政行为，而是行使自主管理权利的行为。

根据传统法治理论，对公民而言，"法无禁止即自由"，对政府而言，"法无授权即禁止"。既然学校制定校规要求晨读的行为不属于政府行政行为，也没有行使国家权力，只是行使类似于公民权利的法人自治权，因此也就不必然要求具备法律依据及获得法律的明确授权。

但是，明确规定大学具有自我管理权的法条却不少，除了《教育法》第28条以外，至少有《高等教育法》第11条和第34条。《高等教育法》第11条规定：高等学校应当面向社会，依法自主办学，实行民主管理。第34条规定：高等学校根据教学需要，自主制订教学计划、选编教材、组织实施教学活动。

那么，《教育法》、《高等教育法》如此规定的法律依据是什么？大学自我管理权在更高层次上来源于什么？上述两部法律都是根据《宪法》制定的，而大学不是国家机关，行使的权利也不是国家权力，其权利只能来源于《宪法》第47条关于公民科研自由的规定。①

我国宪法规定的公民科研自由在宪法学理论上也可称为"学术自由"。科研自由或学术自由作为宪法规定的基本权利，在理论上具备双重性质、三种功能。双重性质是指基本权利既是"主观权利"，也是"客观法"。"主观权利"是指基本权利的防御权功能和受益权功能都赋予个人请求权，即可以要求国家作为或不作为。"客观法"是指基本权利具备"客观价值秩序功能"，即要求国家权力尽一切可能去创造和维持有利于基本权利实现的条件（张翔，2008）[105]。

---

① 《宪法》第47条：中华人民共和国公民有进行科学研究、文学艺术创作和其他文化活动的自由。国家对于从事教育、科学、技术、文学、艺术和其他文化事业的公民的有益于人民的创造性工作，给以鼓励和帮助。

　　什么是"学术"？德国宪法法院对"学术"的概念作出了以下描述："凡就其内容与形式，可以被认为严谨且有计划的尝试对真理加以探究者。"（许育典，2007）[419]为什么学术自由要求大学必须自我管理（大学自治）？因为学术科研自由往往要依托大学这个组织，而这个组织的各种事务（比如课程设置、授课教材、学位授予等）如果都是由少数行政官员组成的管理层来决定，那么教师的学术自由也就无法实现了。大学自治是学术自由这一基本权利作为客观法，要求国家提供制度保障和组织保障（张翔，2012）[123]。

　　一般而言，只有自然人才能成为基本权利的主体。由于学术研究主要在大学内进行，因而大学成为学术自由保障的重要对象。德国公法学者基于基本权利的客观价值秩序功能认为大学的学术生活领域亦应受宪法保障，而承认学术自由为大学的基本权利。大学作为学术自由的权利人包含两层含义：一是凡参与学术研究、教学过程之大学成员（教授、副教授、研究助理），皆有要求国家不得干预的权力；二是大学本身享有"大学自治"权，即大学在运营上尤其是在研究与教学上享有自治管理权（董保城，1997）[127]。

　　在历史上，以保障学术自由为核心的大学自治制度是经过和教权、王权、议会权力不懈斗争后才获得的。以"欧洲大学之母"巴黎大学为例，从制度上，巴黎大学是巴黎圣母院主教座堂的直接衍生物，直接受教堂管辖。只是在1200年，市民和师生发生了激烈冲突，国王菲力奥古斯都颁发了第一个皇家特许状，惩罚了巴黎圣母院院长，承认了学生及其仆从不受世俗法庭审判的权利，为大学自治理下了伏笔。为了摆脱巴黎主教的控制，师生自己组织起来成立行会，1215年取名为"巴黎教师和学生行会"。1231年，巴黎大学作为一个自治团体得到教皇格里高利九世的承认（杨少琳，2010）[34-36]。

　　大学自治既不是在真空中产生的，也不是萌芽之后就一帆风顺。大学作为一种社会组织，作为整个社会权力结构的一部分，本身就深陷于整个社会的权力网络结构之中，教会和世俗统治者常常对大学进行多方面的干预。比如，1636年，英王查理一世和大主教劳德为控制大学内宗教意识分化及整肃学生纪律，制定了《劳德法典》，作为牛津大学的学校章程，即皇家章程。法案实施后，在是否因此法案而取消大学自行制定章程的权利问题上发生了分歧，牛津大学强烈声明："我们认为，未经学校成员接受、同意和确认，在最初的成立法案之后，国王的特权或其他权利并没有赋予国王强加给牛津大学任何法规或规章的权力。大学无权将其制定章程的权力委托给任何主体，甚至是国王，任何未经大学教职员全体会议同意或确认的章程均无效。"经过斗争，牛津大学获得自行修改、废除其章程的自主权（马陆亭 等，2010）[84-86]。

在美国，在"达特茅斯学院诉伍德沃德案"中，联邦最高法院确认：达特茅斯学院是私人团体，州议会不能干涉学院的绝对权利，特别是财产权和管理权。不允许各州损害州与学院之间最初契约的义务，只要法人的行为或特许状是州与私人团体之间的契约，它就免受立法机关的干涉（任东来 等，2004）[54-55]。由此确立了美国的契约自由和大学自治的原则。在德国，通过1973 年的"大学判决"，联邦宪法法院判决州议会立法规定的大学内部管理与组织形式部分违宪无效，明确了为保障学术自由所必需的大学内部的组织保障（张翔，2012）。

总之，大学自治权直接来源于宪法规定的学术自由这一基本权利，大学自治是实现学术自由的制度保障。为了保障学术自由，实现自我管理，大学有权制定以大学章程为核心的一系列大学内部管理规则（校规）。大学自治规章的效力如何？有学者认为，学术自由作为一种基本权利属于"宪法保留"的范围，不受立法机关的干涉。由此产生的大学自治规章效力直接来源于宪法基本权利，其效力应高于国家制定（国家组织）的法律效力。毕竟，国家组织是为了保障基本权利而存在的（许育典，2007）[445]。不过，在民主国家中，基于人民主权原理，一般认为，大学的自治规章效力来源于法律的授权，其效力低于国家法律。

在我国，2011 年 10 月，最高人民法院在"甘露不服暨南大学开除学籍决定案"中指出：人民法院审理案件时，应当以相关法律、法规为依据，参照相关规章，并可参考涉案高等院校正式公布的不违反上位法规定精神的校纪校规（佚名，2012）。此判决载于《最高人民法院公报》，对下级法院的审判具有指导作用，体现了对大学校规效力的尊重与认可。

综上，大学制定校内规章，要求学生在特定时间、指定地点、以读书的方式学习，是具备宪法和法律上的依据的，即便诉诸法院，在"不违反上位法规定精神"的条件下，也是能够得到支持的。那么，这样的校规是否违反了上位法精神呢？

二、大学生学习自由权利的性质与来源

一般认为，大学生有学习自由权，这一权利从哪里来？它的内容是什么？

从宪法的规定看，与大学生学习自由权有关的有两个方面：一是《宪法》第 46 条规定的受教育权，二是《宪法》第 47 条规定的学术自由。首先看宪法规定的受教育权与大学生学习自由之间的关系。

受教育权写入宪法，其性质经历了义务阶段、权利义务合一阶段和权利三个阶段。

1754 年普鲁士《义务教育法》把儿童接受初等教育看作是与服兵役一样的义务，1889 年日本《明治宪法》也把受教育与纳税、服兵役并列为公民的三大义务之一。

以 1919 年德国《魏玛宪法》的颁布为标志，受教育的权利义务进入一体化时期。该宪法专辟《教育与学校》一章，明确规定国家有义务通过免费教育和强制入学来保障受教育权，同时也明确规定"受国民小学教育为国民普遍义务"。

"二战"后，人们深切地感到法西斯德国之所以能够启动强大的国家战争机器，一个重要的原因就是德国有着根深蒂固的视教育为国家工具的理念。受教育的目标就是使受教育者成为效忠国家的人，最终为法西斯的扩张效力。因此，战后国际社会强烈要求把人的尊严和权利奉为国家法律追求的终极目标。在这一背景下，《世界人权宣言》和《国际人权公约》都确认了受教育权是受教育者不可剥夺的权利及各国不可推卸的义务和责任。受教育的权利说成为世界的主流。

从受教育权写入宪法的历程看，最初所针对的主要是接受义务教育的受教育权，包括强制入学和免费入学两项内容。至于非义务教育的受教育权主要通过入学机会平等体现出来，并不保证人人都有接受高等教育的机会（管华，2011）[95]。因此，后义务教育阶段——包括高等教育阶段——的受教育权是否属于宪法规定的受教育基本权利可以讨论。一般来说，各国宪法在规定受教育基本权利的同时还规定了学术自由，前者构成中小学教育法制的核心，后者构成大学教育法制的核心（许育典，2002）[16]。

我国《宪法》第 46 条规定"公民有受教育的权利和义务",这个条文作为一个整体显然是针对尚处于义务教育阶段儿童的,因为成人并无接受教育的义务,更不是每一位成年公民都有接受高等教育的权利。因此,《宪法》第 46 条不能成为大学生受教育权利的来源,大学生的受教育权也不是宪法所规定的基本权利。公民平等进入大学的权利不过是平等权在教育领域的投射而已,如 2001 年高考考生诉教育部一案中,原告就是以行政行为不能平等对待考生为理由起诉的(屠振宇,2005)。

既然大学生学习自由不属于宪法规定的受教育基本权利的范围,从受教育权角度看,大学生的受教育权只能来源于我国的《教育法》和《高等教育法》。《教育法》第 42 条规定了受教育者参加教学活动、使用教育设施的权利,获得奖学金、助学金的权利,取得学历学位证书的权利和申诉权。《教育法》第 43 条规定了受教育者遵守法律、法规的义务,遵守学生行为规范、养成良好行为习惯的义务,遵守学校的管理制度的义务。《高等教育法》第 53 条更是要求学生"遵守学生行为规范和学校的各项管理制度,尊敬师长,刻苦学习,增强体质"。这些条款都没有规定大学生有学习自由,相反有遵守学校规章制度、刻苦学习的义务。也就是说,大学制定校规要求学生晨读甚至晨练都是有上位法依据的。

那么,是否学习自由就毫无存在的余地了呢?从受教育的过程看,学生无论是知识的获得还是品德的养成,归根结底,都是个体的人的一种精神活动。这种精神活动,是无法也不应该受到强制的,无论义务阶段还是非义务阶段都是如此。受教育的这种自由属性内在地要求国家履行消极义务,允许受教育者自由选择,保障儿童家长的教育权和教师的教学自由等。

既然大学教育理应比义务教育更自由,而从我国宪法和相关法律的规定出发得不出学习自由权存在的结论,就应该考虑从宪法规定的学术自由这一基本权利出发来进行思考。

从作为主观权利的学术自由的防御权功能出发,学术自由权的内容包括大学教师的研究自由和讲学自由,这是没有疑义的,但是否也包含学生的学习自由呢?这个问题即使在德国公法学界也是有争议的。德国通说基于德国《基本法》第 12 条第 1 款所规定的选择教育场所的自由,认为学生享有学习自由的权利来源于《基本法》第 12 条第 1 款而不是来源于《基本法》第 5 条第 3 款关于学术自由的规定(董保城,1997)[186]。

在宪法中没有规定选择教育场所这一基本权利的国家,学习自由又能否发源于学术自由呢？一般认为，大学生的学习自由和教师的教学自由在事实上具有相关性，学习自由被视为教学自由的"倒影"或"反面"。宪法既然保障大学教师可以在课堂上自由讲授其研究成果，也必须保护大学生可以自由地决定去选择学习哪一位大学教师所提供的内容。

　　从我国《宪法》第47条关于公民科研自由的规定看，宪法并没有将学术自由权利的主体限定为大学教师，在理论上大学生也具有学术自由权。大学生基于学术自由基本权利的学习自由权在内容上包括：大学生为了学术上的自我实现，可依其个人需要及兴趣，自由选择所欲学习的科系、课程及讲师，在这些学习活动中可以自由发问并提出意见；大学生基于学术研究的目的，进行研读、分析资料或专题讨论等自我独立的活动（许育典，2007）[441]。总之，大学生只有在以学术研究为目的的条件下，才享有为学术自由基本权利所保障的法益之一——学习自由权。

　　如果说学术自由权的制度保障体现为大学自治的话，那么学习自由权在制度上也体现为学生自治。如果说大学自治最早诞生于巴黎大学这样的"教师型大学"的话，在历史上，同样出现过"学生型大学"，那就是意大利的博洛尼亚大学，它和巴黎大学一起构成中世纪大学的始祖。在这所大学里，学生可以不服从任何人的发号施令，并组成一个社团以保卫他们学习法律的权利。学生社团为教师制定规章，使教师不得不一切听命于学生（单中惠，2006）[247]。只不过，由于永久性大学校园的建立，教授成为城市公务人员，当地青年成为大学的主要生源，教授在大学中逐渐掌握了领导权，学生治校的历史就结束了。不过，"学生社团"的形式被保留下来。"二战"后，西方学术界和社会公众普遍认为："大学生是能够对个人行为和发展负责的成年人"。学生自治得到了一定的复兴，甚至出现了"学生是大学之主体说"，该说认为，学生与大学教授一样，是大学的主体存在（谢瑞智，1992）[325]。

　　从宪法角度看，学生自治一方面来源于大学生的学习自由权，另一方面大学生作为大学的成员，其自治也来源于大学自治。不过，无论是学习自由权还是大学自治，其宪法根源都是学术自由。因此，当大学生的学习自由权与学术自由发生冲突时，学习自由权只能退让。

三、学校制定校规要求晨读的合法性思考

　　如前所述，大学自治是学术自由这一基本权利的客观价值秩序功能的体

现，大学生的学习自由是学术自由这一基本权利在大学生从事研究性学习活动时的要求，属于基本权利的防御权功能的范畴。两者都不属于宪法所直接规定的基本权利，都属于学术自由基本权利保护的法益，因此，在权利位阶上，也不存在谁天然高于谁的问题。

既然如此，为什么大学生天然要服从校规呢？这是因为，大学生在学习过程中，研究性学习、以探究学术为目的的学习只占整个学习活动的一小部分，绝大部分学习活动并不是以学术研究为目的的。这些以获取知识为主要目的的活动自然要受大学自治的约束，也就是要受大学制定的校规的约束。

不过，更重要的原因却不在于此。如前所述，学校制定校规的行为从性质上看并不是国家行政行为，而是一种大学的自我管理行为。在法律、法规、规章没有授予大学国家行政职权的场合里，大学因自我管理行为而与大学生发生的关系应属于民事法律范畴。

在民事领域或私人领域中，无论是工厂、企业还是其他团体组织，为了形成秩序，都需要进行自我管理，制定自我管理的规则。假如企业基于自身需要，规定特定岗位员工工作时间为朝七晚三，能否因此认为企业侵犯了宪法规定的公民人身自由这一基本权利呢？显然不能。这是因为：其一，这是劳资双方合意的结果，其二，宪法规定的基本权利在民事领域一般并不直接适用。

传统宪法学理论认为，宪法规定的基本权利所针对的对象是国家权力，因此宪法基本权利规范对私法领域无效力。进入现代宪法时期以后，上述无效力说逐渐式微，大多数西方学者开始认同宪法基本权利在私人领域应具有效力，但这种效力是直接的还是间接的，却存在争议。其中，间接效力说占主流地位，即宪法权利规范只能通过私法规范中的那些一般性条款或具有概括性的规定或法言法语才能发挥其效力（林来梵，2001）[100-102]。这种间接效力也就是基本权利的客观价值秩序功能的体现。

以人身自由权为例，是否所有限制公民人身自由的契约，都因违背宪法基本权利规范而无效呢？显然不是，必须在一定程度上承认私人间存在限制人权的情况，只有当出现明显的侵犯人权的现象时，国家才积极干预（胡锦光 等，2007）[197]。

以西北政法大学为例，《西北政法大学学生晨读管理办法》第 2 条规定："全校本专科一、二年级学生必须参加晨读。"第 3 条规定："学生以班级为单位，在教室或指定地点集中进行读书活动。"2012 年 9 月 19 日发布的《关于开展学生晨读工作的通知》第 2 条规定："晨读时间：2012 年 9 月 20 日（星期四）起，每周一至周五早 6：40—7：50。"

如果说要求大学生在特定时间走进特定教室上课并不侵犯学生的人身自由权的话，那么要求学生在指定时间到指定地点进行读书活动，就构成了对学生（公民）人身自由权利的明显侵犯，以至于不得不启动宪法的基本权利条款，必须由有关国家机关介入，对制定校规的西北政法大学进行处罚，这多少显得有些荒诞。

从基本权利的间接效力看，人身自由这一基本权利要进入教育领域的话，必须在《高等教育法》中找到可以援用的一般性条款，但是遍寻《高等教育法》，这样的条款并不存在。即使假设基本权利具有直接效力，要求晨读对大学生人身自由权的限制与德国《单身条款案》中劳动合同禁止女性护士结婚否则解除聘用对婚姻自由的限制相比，在权利受限制的程度上，显然也不能等量齐观（张红，2012）[38]。

总之，从人身自由这一基本权利出发，并不能推导出作为自治团体的大学要求学生晨读侵犯了学生人身自由基本权利的结论，还得从学术自由这一基本权利出发来判断大学要求学生晨读是否侵犯大学生学习自由。

首先，大学生的学习自由权是否包含了不学习的自由？学习自由权来源于学术自由，而学术自由是指严谨且有计划地尝试对真理加以探究的自由。对真理进行探究的前提是具备一定的知识基础，在尚不具备这样的知识基础之前就奢谈学术自由进而拒绝学习，显然违背了学术自由权的本意。从基本权利的角度讲，尚未达到研究性学习水平也不是在学术研究活动中的大学生的学习行为，不受宪法基本权利意义上的学习自由权的保障。

其次，大学是否有权要求学生在特定的时间到一定的地点补充学习？大学制定校规要求学生晨读并没有取消大学生的学习自由：它对习惯晨读的学生并未造成太大不便，只是要求没有晨读习惯的学生在特定时间补充学习，是在其自主学习之外课以义务，虽然对学生的学习自由构成了一定限制，却属于大学自治权的范围。为了维持一定的学术质量，大学有权制定学习规则，督促学生学习。

最后，大学制定校规要求学生晨读是否超过了大学自治权应有的界限？任何权利的行使都不应当是恣意的，尤其是在大学与大学生这样力量对比明显失衡的双方之间，大学自治权具备"准公共权力"的特征，其行使应符合比例原则，包括合目的性原则、必要性原则和狭义比例原则。从合目的性原则看，大一、大二学生一般不具备学术研究所必需的知识基础，脱离高考的"牢笼"骤然获得学习自由，容易陷入完全不学习的"过度自由"状态，大学制定校规敦促其学习，符合提高学术质量、保障学术自由的目的。从必要性原则看，敦促学习应采取对大学生学习自由损害最小的方法；从狭义比例原则看，对大学生权利的限制不应大于目标利益。必要性原则要求在敦促学生学习时应尽量避免对学习自由的过度损害，狭义比例原则要求晨读这样一种敦促学生学习的手段本身不能成为否定学生学习成果、学术水平进而剥夺其学术自由的依据。

从《西北政法大学学生晨读管理办法》的规定看，除了要求学生"必须"晨读外，对于不按照规定方式晨读但确实刻苦学习的学生并没有提供可替代的方案，显然是过度限制了学生的学习自由，违背了必要性原则。不过，笔者发现，《西北政法大学学生晨读管理办法》在执行过程中并没有如文件规定的那样刻板。例如，西北政法大学哲学与社会发展学院在敦促学生晨读的过程中发现，分别有两个学生不在规定时间地点晨读：一位是比要求的晨读时间早，习惯早上 6：30—7：00 在心仪的地方晨读；一位是习惯在下午 18：30—19：00"晨读"，因为下午记忆力好，且下午跑完步正好读书。哲学与社会发展学院调查确认后，予以特别允许，并在其《2011 年晨读工作总结》中写道："晨读应在遵循普遍规律的基础上，尊重特殊性，我们要的不是千篇一律而是百花齐放"。该工作总结被载入西北政法大学校党委学工部（学生处）编印的《2011 年度晨读工作总结材料汇编》，作为其中第六部分《2011 年晨读工作先进学院总结材料》的第一篇，这说明该学院的做法得到了校方的认可。

《西北政法大学学生晨读管理办法》第 8 条规定：晨读考勤与课堂考核相同。无故一次不参加者，按旷课一课时计算。累计旷课达 15 学时以上者，按照《西北政法大学学生违纪处分规定》相应条款处理。而《西北政法大学学生违纪处分规定》第 9 条规定，一学期内无故旷课累计达到下列学时的（以实际旷课学时数计算），视其情节给予以下处分：（1）10—20 学时的，给予警告处分；（2）21—35 学时的，给予严重警告处分；（3）36—49 学时的，给予记过处分；（4）50 学时以上的，给予留校察看处分；（5）因旷课屡次受到纪律处分，经教育不改的，给予开除学籍处分。显而易见，如果有学生坚持不晨读，和晨读制度对抗的话，根据上述规定，最严重的可以给予留校察看处分；屡次受处分，经教育不改的，甚至可能被开除学籍。开除学籍意味着学生失去学术自由，在此种情况下，以敦促学习为目的的晨读制度演变成了否定学生学习水平、学术能力的工具，显然违背了狭义比例原则。

不过，笔者调研发现，西北政法大学因不参加晨读而被给予校内处分的案例并不存在，各学院的通常做法是晨读出勤率低（比如低于60%）的取消评优资格。《高等教育法》第42条规定大学生具有获得公正评价的权利，大学依据校规对某些学生不予正面评价或者作出负面评价甚至处分，属于行使大学自治权范围，与大学生获得公正评价的权利并不冲突。因此，大学有权基于学生违反晨读规定作出不予评优的决定或者进行一定程度的处分，但是这类处分不能严重到剥夺学生学术自由——开除学籍——的程度。

综上所述，制定校规要求学生晨读属于大学自治范围内的事项，大学有权采取类似的措施敦促学生学习。只是在敦促学生学习的方式上不应千篇一律，应允许学生在达到同样学习效果的前提下采取替代性措施，并不能仅仅由于学生不服从敦促学习的制度而对其处以开除学籍的处分。

需要补充的是，虽然制定校规敦促学生学习属于大学自治权范围，是否西北政法大学制定晨读管理办法的行为就无可指摘了呢？其实也不是，这里需要对校规进行说明。大学校规是一套以大学章程为核心的规范体系，大学生作为大学的组成人员，具有参与校规制定的权利和学生自治权。即便大学生不具备和教授同样的地位去参与大学的行政管理工作，但在涉及学生自身的问题上，学生也应具有参与决定权。以柏林洪堡大学为例，根据《柏林洪堡大学章程》第5条，校学术评议委员会在"教学、学习和考试的基本原则"等事项上享有决定权。第6条规定，在学术委员会下常设教学和学习委员会辅助学术评议委员会作出决议，而在教学和学习委员会中，学生代表应占一半委员的名额（彭斌，2010）[657-658]。这样的规定充分保障了大学生在教学和学习事项上的参与决定权。

根据教育部于2012年11月22日发布的《全面推进依法治校实施纲要》的要求，学校要"切实落实师生主体地位"，依法保障师生的"参与权"，要"规范内部治理结构和权力运行规则，充分反映广大教职员工、学生的意愿"，"制定涉及学生利益的管理规定，要充分征求学生及其家长意见"。如果大学在制定要求学生晨读这样直接涉及学生利益的管理规定时，能够充分征求学生的意见并允许学生代表参与决定的话，其合法性和可接受性就能得到进一步的保证。当然，如果不是由校方制定规则而是由学生团体或准学生团体制定规则，在我国当前高校普遍存在大学章程不健全、治理结构不完善的条件下，也不失为一个可行的办法。①

────────────

参考文献

褚宸舸.2012a.强制晨读与指纹签到[N].法制日报.06-13(B3).

褚宸舸.2012b.普通高校用指纹考勤强制晨读事件的合法性研究.[M]//劳凯声.中国教育法制评论
　（第10辑）.北京：教育科学出版社.

董保城.1997.教育法与学术自由[M].台北：月旦出版社.

管华.2011.儿童权利研究——义务教育阶段儿童的权利与保障[M].北京：法律出版社.

胡锦光，韩大元.2007.中国宪法[M].北京：法律出版社.

林来梵.2001.从宪法规范到规范宪法——规范宪法学的一种前言[M].北京：法律出版社.

马陆亭，范文曜.2010.大学章程要素的国际比较[M].北京：教育科学出版社.

彭斌.2010.柏林洪堡大学章程[M]//湛中乐.大学章程精选.北京：中国法制出版社.

任东来，陈伟，白雪峰.2004.美国宪政历程：影响美国的25个司法大案[M].北京：中国法制出
　版社.

单中惠.2006外国大学教育问题史[M].济南：山东教育出版社.

屠振宇.2005.宪法案例19：青岛考生诉教育部案分析[M]//韩大元.中国宪法实例研究（一）.北
　京：法律出版社：170.

西北政法大学学工在线.2012.关于开展学生晨读工作的通知[EB/OL].（10-10）[2013-05-05].
　http：//www. zfxg. com/news/News_ View. asp? NewsID=3104.

谢瑞智.1992.教育法学[M].台北：文笙书局.

许育典.2002.法治国与教育行政[M].台北：高等教育文化事业有限公司.

许育典.2007.教育法[M].台北：五南图书出版股份有限公司.

杨少琳.2010.古老而常新的法国学位制度[M].重庆：重庆大学出版社.

叶必丰.2007.行政法与行政诉讼法[M].北京：高等教育出版社：115.

佚名.2012.甘露不服暨南大学开除学籍决定案[J].最高人民法院公报(7)：35-38.

张翔.2008.基本权利的规范建构[M].北京：高等教育出版社.

张翔.2012.大学判决[M]//张翔.德国宪法案例选释：第1辑：基本权利总论.北京：法律出
　版社.

张红.2012.吕特案[M]//张翔.德国宪法案例选释：第1辑：基本权利总论.北京：法律出版社.

────────────

　　① 比如沈阳农业大学晨读活动的实施方案和具体细则就是由该校大学生自律委员会制定的，
可参见：沈阳农业大学大学生自律委员会. 沈阳农业大学晨读晨练精品活动实施方案[EB/OL].
（2009-05-20）[2013-05-05]. http：//xsc. syau. edu. cn/zlw/DeptInfo. asp? DeptID=05&Articleid=
200905200016&ChannelID=11.

The Analysis about Legitimacy of Compulsory Morning Reading in University

Guan Hua

Abstract：The established right of university rules is a kind of right, rather than a kind of power, which root in university autonomy and is a system guarantee about basic academic freedom. We cannot derivate college students study freedom from China's current education law. Study freedom also stems from academic freedom which is a basic right in the constitution. So, college students study freedom must obey the academic freedom.

Key words：college students' morning reading, self-management right in university, basic right about academic freedom, study freedom

作者简介

管华，男，1977 年生，河南光山人，法学博士，陕西师范大学教育学院博士后，西北政法大学行政法学院副教授，教育法制研究中心执行主任。主要研究方向：宪法学、行政法学、教育法学。

□ 蔡海龙

第三部门理论视野下的高等学校公共性及其法律保障机制①

【摘 要】从第三部门理论的视角出发，可以将现代市场经济体制下高等学校的公共性理解为非政府性、非市场性和自治性的有机结合。这种公共性的实现必须对原有的教育法律制度进行根本变革从而建立新型的法律保障机制。高等学校公共性的法律保障机制不仅应当包括高等学校与政府关系的法律调控机制，而且应当包括高等学校市场化行为的法律规制机制，以及高等学校办学自主权的法律监督机制。

【关键词】公共性，市场化，政府与学校关系，办学自主权

一般而言，第三部门有两种含义：一是作为一类组织的第三部门，它强调第三部门组织与政府机构和企业组织相区别；二是作为一种理论的第三部门，它强调作为市民社会组成部门的第三部门组织与政治国家和市场经济所构成的复杂关系。在此意义上而言，第三部门理论不仅是对某些组织的归纳，而且是一种认识社会的新思维和解决社

① 本文系教育部人文社会科学研究青年基金项目"中国公立高等学校公共性的实现机制研究"（10YJC880008）成果之一。

会发展问题的新工具。现代市场经济体制下，以第三部门理论的视角来透视高等学校的公共性，可以为社会转型期高等学校公共性的重构提供一种可能的选择。从规范性价值的层面来说，这种选择不仅要求能够有效地实现高等教育的充分供给，扩大和发展公民接受高等教育的机会和权利，而且必须尊重高等教育的特殊性及其自身规律，从制度上实现学术自由与社会干预的有机整合，从而在高等学校与政府和市场之间构建起一种更为协调的关系。

一、高等学校公共性的内涵

（一）高等学校的非政府性

高等学校的非政府性强调的是高等学校区别于政府的属性，它要求高等学校不作为政府性或政府的分支机构而存在，而并不表示与政府完全无关。实质上，无论是公立还是私立的高等学校，其发展都与政府在宏观监督、政策指导、经济资助等方面息息相关。由于现在政府职能的扩张和高等学校对资源的依赖性，可以说，在世界各国，高等学校都经历着一个日益科层化、政治化的过程。

然而，教育毕竟不同于政治，高等学校也不同于政府机构，政府对于高等教育和高等学校的控制在某些情况下虽然有利于确保其公共性，但却不可避免地与高等教育所要求的学术自由和大学自治构成冲突。为了确保高等学校相对于政治和政府的独立性，世界各国纷纷通过法律在政府与高等学校之间建立起了明确的权力划分。在法国，高等学校被定位为公务法人，公立高等学校以公务法人身份脱离国家行政组织，不必如一般的国家行政机关一样听从于政府的命令，而是享有自治权利，即公务自治。在德国，公立高等学校同时拥有作为国家设施和公法团体的双重法律地位。其中，高等学校以法人身份处理学校事务，以国家机构身份履行政府事务。作为间接行政的承担者，公立大学与普通政府机构不同，它的权力不是从行政组织法中获得，而是从教育法或大学章程中获得。在美国，学术自由是美国现代大学与政府分权的理论基础，此理论将学术自由引申为一种团体性自治权利，即大学自治。据此，美国的很多州宪法都明确赋予州立大学自治地位，即所谓宪法意义上的自治。

就我国而言，自新中国成立以后，经由高等教育领域的收归国有和院系调整运动，所有的高等学校都被改造成为公立高等学校，由政府教育行政部门集中控制、统一领导，其作为政府部门的附属物，不具备独立法人地位。1985 年以来的教育体制改革赋予了高等学校独立法人地位，使其在形式摆脱了作为政府机构附属物的法律地位。但是由于这一改革的不彻底性，特别是由于所有权逻辑的存在，政府与高等学校之间的权利分配并没有得到清晰的划分，政府对高等学校的直接行政控制仍然存在，在某些时候、某些领域甚至占据主导地位，造成了对高等学校办学自主权的严重侵害。在此背景下，高等学校的非政府性要求高等学校不作为政府性的或政府的分支机构存在，就对于重构政府与学校关系具有特别重要的意义。首先，非政府性意味着高等学校的举办者、办学者和管理者的分离，有利于形成高等学校与政府之间较为明确的权力划分。在传统意义上，人们一般认为，公立高等学校政府性的根源在于政府财政的支持，因此适用所有权的逻辑，即拿政府的钱必须归政府管，这就导致了政府集举办权、办学权和管理权于一身的局面。从形式上看，高等学校的非政府性似乎只是要求高等学校不作为政府性或政府分支机构存在，但其实质上却是要求对既有的政府与学校关系进行分化和改组，区分高等学校的举办者、办学者和管理者三个主体之间的权利义务关系。其次，非政府性还意味着政府对于高等学校调控方式的转变。在传统的计划经济体制下，高等学校作为政府部门的附属物，不具备独立法人地位和办学自主权，政府基于不对等的行政隶属关系对高等学校进行以直接行政命令为特征的管理。而按照非政府性的要求，高等学校作为第三部门组织具有脱离政府行政体制的独立法人地位，这就切断了政府对高等学校进行直接行政调控的可能性。另外，由于社会转型和市场经济体制的建立，对高等学校的政府干预又必须符合市场经济基本规律和法治国家的原则要求。非政府性并不意味着高等学校完全独立于政府控制之外重返与世隔绝的象牙塔状态，政府应更多地采取以经济和法律调控为主的管理方式，引导高等学校积极服务于公共目标。非政府性也并不意味着政府教育职能的退却和公共责任的丧失，相反，政府应积极转变职能，在政策立法、财政拨款、质量评估、信息公开等方面发挥更加重要的作用。

（二）高等学校的非营利性

高等学校的非营利性是指高等学校区别于市场经济领域中营利性社会组

织的性质和特征，它强调公立高等学校是由国家和政府举办的以提供公共高等教育服务为目标的公益性组织，不以营利为目标。按照新制度经济学的说法，非营利性组织的非营利性是指组织的利润和剩余不能进行分配，各生产要素所有者（包括投资者）只能获得固定的合同收入，没有人拥有该组织的剩余索取权。也就是说，非营利组织是没有所有者的，组织的剩余利润只能留在组织内部。因此，对于高等学校来说，这种非营利性不是指高等学校不可以通过参与市场竞争获得收入，而是指不得以营利为目的。这正如学者盖拉特所说："在营利机构，创造财务上的利润，是一种目的，而在非营利组织，它则是一种手段。"（盖拉特，2003）

一般而言，作为国家和政府所举办的以提供公共高等教育服务为目标的公益性机构，高等学校的这种非营利性起初并非是自我选择的结果，而是根源于国家与政府的政策和制度设计。为了保障高等学校的非营利性和公益性，世界各国普遍通过制定和实施一系列的政策、制度和法律来调整与规范高等学校的设置和运作行为。然而，这种通过政府机制来控制和管理高等学校的做法，虽然在某种程度上有助于实现高等学校的非营利性，但却不可避免地带来了政府对于高等学校的过度干预和控制，极易使高等学校沦为政府部门的附庸，不利于高等教育和高等学校按其自身规律运转。

更重要的是，由于市场经济体制的建立及高等教育的准公共物品性质，公立高等学校又不可能完全与市场相分离。在现代市场经济体制下，公立高等学校对于市场机制的依赖是多方面的：首先，由于高等教育的外部性，其对于个人及家庭所产生的直接效益以及对于国家和社会所产生的间接效应亦具有不可忽略的重要意义，因而，从高等教育的有效供给来说，为了有效地减少高等教育领域的"搭便车"现象以实现社会公平，也需要有限地利用市场机制，使得受教育者个人和家庭以成本分担的形式承担一部分教育费用。其次，在市场经济体制下，市场在资源配置中居于基础性的主导位置，一切社会资源的调节与分配主要依靠市场而不是国家计划。随着社会的发展和高等教育大众化的进程，高等学校的扩大和发展需要越来越多的经费，以至于完全超出国家财政所能负担的界限，因而缺乏独立的经济来源的高等学校不得不从市场获取经费。

然而，这种市场的资源依赖性并不意味着高等学校本身要市场化和企业化。高等学校的公共性决定了高等学校本身对于市场机制的利用应当是有限度的。从理性经济人假说出发，任一社会组织的市场化运作，都必然伴随某种自利的性质和特征。同样，进入市场领域的高等学校也不再作为公益性的机构，而是转变成为具有自身利益的组织。由于市场经济的基本特征是以追求利润为直接目的，在这种情况下，生产者和经营者往往会自发地倾向于以自身经济利益作为出发点和归宿。特别是在社会转型时期，如果政策、制度和法律出现滞后，高等学校的自利性就会急剧膨胀起来。当各种利益发生冲突时，它们往往倾向于从自身的利益出发去考虑自己的行为，其所追求的就不是公共利益而是私人利益了。由于上述原因的存在，高等学校的市场化行为必须受到严格的约束和规制。具体来说，这些限度在于：（1）在制度安排上，高等学校不能等同于企业，政府对于高校的作用不能因为市场介入而退出；（2）教育市场化机制的利用必须具有明确的价值目标，必须服务于教育的多元化需要，实现社会公益；（3）对政府与市场的相互关系及其各自的作用领域应有明确的界定（劳凯声，2003a）。

（三）高等学校的自治性

高等学校的自治性是指高等学校作为具有独立法人地位的社会组织，能够不受政府、教会或其他任何机构的控制或干预，独立地决定自身的发展目标和计划。高等学校的自治性是高等学校独立于政府和企业的基本前提，它要求高等学校必须具有自己的组织机制和管理机制，有独立的经济来源，在管理和财政上都相当程度地独立于政府，不受政府支配，也不受企业和其他社会组织的影响，更不受外国民间或官方机构的控制，能够独立地确定自己的方向，独立地实施自己的计划，独立地完成自己的使命。

然而，在实际情况之中，由于政府和市场的强大控制力以及高等学校本身的资源依赖性，高等学校的自治又是有限度的。从各国情况看，高等学校自治并不意味着完全摆脱政府的干预或控制，而是存在边界限制。事实上，绝对的大学自主与自治不仅现在没有，过去也不曾有过。不仅中世纪大学的自治是有限的，现代西方国家高等学校的自治同样也要受到政府的干预。美国比较教育学家阿尔特巴赫甚至认为："大学真正自主可以不受外界权力机构的干预而处理自己事务的黄金时代已经过去。"（李帆，1996）

在现代市场经济体制下，国家与高等学校之间的相互依赖性正在日益增强。一方面，高等教育作为国家头等重要的事业，其活动原则必须符合国家需要和广泛接受的社会标准；另一方面，由于职能的扩大和对资源的依赖，大学也不能完全无视国家和社会需求，而应当积极承担社会责任。但由于世界各国在政治制度、法律体系和教育体制上的不同，高等学校与政府和市场之间所构成的相互依赖关系也有所不同，因此高等学校的自治在形式上又是有差别的。实际上，不但国与国之间，而且一国之内的不同高校之间、同一高校的不同方面之间，在享有的自治权上也是存在差别的。一般情形为：西方国家偏重于大学自治，东方文化传统的国家强调国家干预；性质不同的大学享有的自治存在差别，如美国、日本私立大学的自治权明显高于公立大学；大学的层次、类型高低与自治权的大小成正比，声誉、地位高的名牌大学拥有的自主权大，职业性学院的自主权相对较小；校内行政事务与学术事务的自治存在差别，如传统的德国大学在内部管理、课程设置上均有相当自治权，但政治、人事方面的自治权不多。

在我国，由于公立高等学校所产生的社会背景与西方国家的高校存有较大差异，在其发展的历史过程中并没有形成自治的文化传统和制度保障，因而高等学校的这种自治性在实践过程中不是通过大学自治，而是通过高等学校自主办学的形式表现出来的。从历史渊源来看，我国高等学校的办学自主权来源于社会变革大背景下，政府在自身职能的转变过程中对于高等学校的主动放权，因此高等学校的办学自主权是以政府的积极主动变革为基础的，究其来源而言是一种外部赋予的权利，实际上是一种有限自主，政府调控的范围、力度及影响直接决定了高等学校办学自主权的大小及其能否得到有效保障。但与此同时，由于大学自治与高等学校自主办学都植根于大学的内在逻辑，从根本上来说都是为了使得高等学校能够更好地探求真理、发展学术，因此二者又具有一定的内在一致性。无论是大学自治还是高等学校自主办学，两者在实践中的充分展开都需要借助于一定的政策和法律制度，以制度来保障高等学校的自治性。在我国教育体制改革的大背景下，在国家政策、制度和法律框架内赋予高等学校一定程度的自治性，不仅有利于加强高等学校与社会之间的紧密联系，迅速准确地反映社会需求，实现社会公共利益，而且还有利于在高等学校之间创造平等竞争的社会环境，从而在高等学校内部形成一种自主自发的激励机制，推动其加快发展速度，优化学科结构，提高质量效益，真正形成国家宏观调控下学校面向社会自主办学的新机制。

二、高等学校公共性的法律保障机制

在历史上，大学的命运经常受到两种利益的左右，即政治与经济（或政府与企业）。其结果是，大学改革的逻辑经常被打上政府改革或企业改革的烙印。在福利国家制度下，政府通过财政手段，几乎完全控制了大学；而在新管理主义思潮的影响下，大学改革则几乎完全被企业的逻辑所俘获。但在本质上，大学与政府、企业之间差异很大。在运作过程中，理应遵循不同的制度逻辑与治理系统。即便在最终目的上，政府、企业、大学都要服务于国家利益，但服务的方式和途径是不同的。由于高等学校社会公共性所具有的非政府性、非营利性和自治性的特征，因此，这种公共性是不可能在旧的制度框架中得以维系的，它必须要有新的调控机制作为保障。为了保障高等学校的社会公共性，我国的教育法制应该是一个以行政法为主体，民法相配合，辅之以必要的刑法手段，并以其他法律为适当保障手段的完整的法律调控机制。这样一个机制，应当准确反映变化了的社会关系，应该包括规范、条件和手段三个方面，应能反映我国社会转型时期的教育本质特征和内在要求，克服以往教育活动中过多渗入行政因素的弊端，避免主观意志确定某种现成法律模式去干预和规范教育活动过程的规则和行为（劳凯声，2003b）。从内容上说，这一法律机制不仅应当包括高等学校与政府关系的法律调控机制，而且应当包括高等学校市场化行为的法律规制机制，还应当包括高等学校办学自主权的法律监督机制。

（一）建立高等学校与政府关系的法律调控机制

法治原则的基本要求就是法律成为社会的最高准则，没有任何人或机构可以凌驾于法律之上。现代法治国家还要求国家权力特别是行政权力必须依法行使，严格遵循法律。政府与学校关系作为现代教育法律关系的重要内容，必须纳入法律调整的范畴，政府应在严格遵守法律的前提下运用法律手段来实现对高等学校的有效管理。只有建立新的高等学校与政府关系的法律调控机制，才能切实保障高等学校公共性的实现。

1. 政府对高等学校进行干预的内容和范围必须由法律来规定

为防止政府对高等学校自治事务的入侵和政府越权现象的出现，必须由法律来限定政府应当在哪些方面对高等学校进行干预。根据有限政府的理念，政府对高等学校的管理职能主要应为宏观规划、协调和监督，具体可从如下几个方面来对其实施调控。

第一，加强教育立法。立法是高等学校的公共性价值目标具体化为法律规范的过程。必须将这一价值全面地具体化为规范法律关系主体权利义务的行为准则，才有可能形成完善的责任机制的规范基础，高等学校的公共性目标才有可能达成。为了确保公共性的实现，作为教育法律制度主要供给者的政府应当首先转变和更新立法观念，将高等学校的社会公共性作为立法的价值目标，将其有效地转化为各主体的权利和义务。其次，加强和完善配套法律制度的制定，增强法律的可操作性，同时进一步明确相关主体的权利义务特别是法律责任，保证高等学校能够真正地有法可依。最后，树立"程序与实体并重"、"程序公正"的观念，强化程序性立法，将高等学校的各项活动纳入程序法治的轨道中来，并逐步完善相关主体的权利救济机制。

第二，提供经费支持。通过公共财政税收提供充足的教育经费是现代国家和政府的一项基本职能。针对我国高等教育财政拨款机制中存在的政府财政支出能力有限、高等教育拨款方式依据不够科学合理、缺乏有效的高等教育资金筹措政策等问题，政府应从以下几个方面加以解决。首先，切实提高教育经费在 GDP（国内生产总值）中的比例，将教育经费预算单列，把教育事业费和教育基本建设投资合并为一项，并授权教育部门编制教育经费预算草案，由教育部门提出预算要求。其次，建立科学合理的财政拨款模式，改变仅以学生数为单一政策参数的做法，建立多项政策参数的拨款公式，并将绩效评估与拨款有机结合起来，综合运用增量拨款法、公式拨款法、合同拨款法、绩效拨款法等多种拨款方式。最后，开辟多元化筹措教育经费的渠道，出台鼓励对高等学校进行捐赠和民间投资的财政税收政策。

第三，保障教育质量。教育质量是高等教育的生命。特别是在现代市场经济体制下，市场导向的教育改革过程中可能出现高等学校利用信息不对称和自身优势地位采取降低教育质量谋求自身利益的做法，因而政府对高等教育质量进行监督和规制就显得尤为重要。为了保障高等教育质量，首先，政府应当加强高等教育质量保障的宏观调控和管理，制定国家基本教育质量标准，通过立法规范高等教育质量保障行为。其次，政府应通过经济和法律等手段，推动和督促高等学校内部的自我评估机制和高等学校之间的行业自律机制的建立，不断调适高等学校内部的自我发展、自我约束机制，大力培养高等教育质量评估的社会中介组织，建立健全高等教育质量的多元评价体系。最后，政府应当加强对高等教育质量尤其是对高等学校招生、毕业文凭与证书发放的监督，逐步完善政府监督的制度体系。

2. 政府对高等学校进行干预的方式必须由法律来规定

根据行政法治的要求，政府不能对高等学校的事务进行随意干预，而是必须遵守法律的规定，具体而言其应当主要遵循以下两个行政法的基本原则。

第一，依法行政原则。依法行政原则，是指政府的一切行政行为应依法而为，受法之拘束。该原则具体又可分为三项原则：一是法律创制原则，即法律对行政权的运作、产生具有绝对有效的拘束力，行政权不可逾越法律而行为；二是法律优越原则，即法律位阶高于行政法规、行政规章和行政命令，一切行政法规、行政规章和行政命令皆不得与法律相抵触；三是法律保留原则，即宪法关于人民基本权利限制等专属立法事项，必须由立法机关通过法律规定，行政机关不得代为规定，行政机关实施任何行政行为必须有法律授权，否则，其合法性将受到质疑（姜明安，1999）[40]。根据此原则，政府在对高等学校事务进行管理时，必须严格以法律为准绳，不得随意干预，一切无法律根据的干预都无效，并应当承担相应的法律责任。同时，政府在制定有关高等学校管理的行政法规、规章和命令时，必须依照《宪法》、《教育法》、《高等教育法》等法律的规定，不得与之相抵触，否则无效。此外，政府对于高等学校事务中属于专属立法的事项，除非经法律授权，不得擅自进行规定。

第二，正当程序原则。正当程序原则的基本含义，是指行政机关作出影响行政相对人权益的行政行为，必须遵循正当法律程序，包括事先告知相对人，向相对人说明行为的依据、理由，听取相对人的陈述、申辩，事后为相对人提供相应的救济途径等（姜明安，1999）[42]。根据该原则的要求，政府在管理高等学校的过程中，必须严格遵循一定的步骤，建立健全行政听证制度、行政回避制度、审裁分离制度、说明理由制度、信息获取制度和案卷制度，保证高等学校的知情权、陈述权和申辩权，不得在事先未通知和听取其申辩意见的情况下作出对其不利的决定，并应当允许高等学校通过行政复议、行政诉讼等方式获得权利救济。尤其是在政府作出会对高等学校的利益产生重大影响的行政行为时，应当举行公开的听证会，在由双方进行陈述辩论的基础上制作听证笔录，并以该笔录作为作出行政决定的唯一依据。

（二）建立高等学校市场化行为的法律规制机制

从理论上说，社会公共性主要不是通过国家强制而是依靠公民自愿和半自愿的合作关系得以实现的。在现代市场经济体制下，作为非政府、非市场组织的高等学校既可以接受个人和社会捐助，又可以接受政府拨款，还可以有限地利用市场机制获得收入以扩大和提升高等教育服务的供给，但不可以以营利为目标。教育改革 30 年的经验表明，市场机制对于高等教育的介入是有条件的，为了保障高等学校的公共性，国家和政府有责任对高等学校的市场化运作行为进行规制。根据社会公共性的要求，这一规制应当区别于传统国家公共性理念下的政府全面控制，它不是要求政府将高等学校视为自身附属机构实施以直接行政命令为主的全面控制，而是需要采取一种以经济和法律调控方式为主，行政命令为辅的规制机制，制定和完善高等教育市场竞争规则，维护高等教育市场的竞争秩序，其主要内容应当包括市场准入规制、学费水平规制和信息公开规制等内容。

1. 市场准入规制

市场准入规制，是政府有关部门根据有关政策和法律的规定，对市场主体，包括公共部门和私人部门的企业组织、事业单位及个人的市场进入所采取的规制行为。市场准入规制的设立，不仅有利于防止资源配置低效或过度竞争，而且还能够确保规模经济效益、范围经济效益并从整体上提高经济运行的效率。特别是对于公共事业领域，通过设立统一的市场准入条件，运用筛选机制确保只有具备规定条件的组织和机构才会被允许从事公共服务供给活动，这就有利于保障公共服务的质量和供给的连续性、稳定性。在实际情况中，各国政府通常会采取执照、许可证、专利和认证以及推进各类产业政策等不同方法来调节公共事业市场的进入行为。对于高等教育事业而言，市场准入制度的建立，一方面有助于打破政府垄断教育的局面，吸引民间资本进入教育领域，以扩大和实现公民受教育权利，另一方面还有利于高等学校积极实现自身变革以改进和提升教育质量，服务于社会公共利益。高等教育的市场准入规制要求政府必须首先制定各类高等学校的设置标准，审核高等学校的办学条件，审批高等学校的办学权限，对高等学校的市场主体资格进行审查。其次，由于高等学校不完全等同于企业，高等学校的市场化运作只能服务于社会公共利益，因此政府还应对高等学校市场化运作的内容和范围进行审查，防止高等学校与企业的趋同。

2. 学费水平规制

由于高等教育属于社会公共事业，高等学校属于非政府和非营利的第三部门组织，因此，从根本上说，高等教育学费作为受教育者个人及家庭对高等教育成本的分担，是对高等教育成本的补偿。然而，一旦高等教育通过市场化机制运作被视为高等学校向受教育者所提供的教育服务时，就具有了价格的属性。在现代市场经济体制下，物品定价的方式主要有两种：一是通过企业自行定价，这主要是指在没有政府干预的条件下，企业根据利润最大化原则，会按照边际成本等于边际收益来确定价格水平；二是根据经济学原理，为实现提升社会分配效率的目标，应当根据边际成本曲线与平均收益曲线的交点来决定价格水平，这从理论上讲能保证分配效率。然而，对于具有自然垄断性质的社会公共事业而言，一方面，采取自行定价的方式会导致过高的垄断价格，另一方面，由边际成本与平均收益决定的价格又过低。因此，为了兼顾公平与效率，政府对公共物品价格水平的规制就显得尤为重要。

对于高等教育而言，为了保障其公共性，学费水平的确定必须考虑两个方面的因素：一方面，为了实现高等教育有效供给，有必要通过市场化的价格机制获取教育经费；另一方面，出于对受教育者个人及家庭支付能力的考虑，学费水平的确定又必须考虑到教育公平。因此，为了保证高等教育公平，达到社会资源的有效配置，我国高等教育应当形成政府定价为主导与市场调节相结合的学费定价机制。首先，对于公立普通高等学校的学费定价，应由政府依据学校的类型、所在地区、层次制定学费上限和下限，学校依据市场规律在学费区间内自由调节。其次，针对我国现在国民收入差距过大的局面，政府应该加大学生资助的力度和广度，提高学生和家庭的支付能力。此外，政府还应建立高等学校收费听证制度和学费公示制度，监管高等学校学费的收取和使用。

3. 信息公开规制

在公用事业市场化行为的规制中，市场准入和价格的规制是最为重要的。但是从市场化的趋势看，市场准入的限制会越来越小直至完全消除，而价格的规制不足以保证获得垄断地位的公共服务提供者不会滥用合法的优势地位阻碍竞争的进入和侵害消费者利益。这时就需要一种动态的可以持续监督的规制制度来对公共服务提供者的经营活动进行规制。实践证明，规制机构不可能对公共服务提供者的经营进行实地的跟踪监督，这也与市场化的基本精神相违背。较理想的选择就是建立信息披露制度，要求公共服务的提供者在经营过程中进行必要的经营信息披露，让规制者和消费者以及市场获得充分的公用事业运营信息，以实现有效的外部监督，约束其可能的限制竞争和侵害社会利益的冲动。针对高等教育市场所普遍存在的信息不对称现象，政府应当制定相关法律法规，要求高等学校定期公布学校的师资状况、毕业生升学就业情况、学校招生规模和培养方向、收费项目和收费标准。政府通过定期评估检查了解学校的办学水平和办学质量，并负责向社会公布学校的相关信息，克服信息不对称导致的高等学校市场化运作时可能产生的偏差。

（三）建立高等学校自主权的法律监督机制

高等学校的自主权是高等学校依法决定和处理其内部事务的基本权利。作为一种法律上的权利，高等学校自主权的存在必须具有法律上的依据，其行使必须在法律法规所规定的范围内。高等学校在争取和扩大办学自主权的同时，必须严格履行教育法律法规所规定的社会责任和义务。如果高等学校的自主权不是被用来服务于社会公共利益的实现，那就必然会导致滥用而危及高等学校的合法性。因此，为了确保高等学校的自主权能够切实服务于公共教育目标的实现，除了政府的外部性调控之外，还必须在高等学校内部建立相应的约束机制。

1. 制定和完善高等学校章程

高等学校章程是高等学校法人成立的基本条件，是高等学校运行的基本依据，它明确规定了高等学校的法律地位，并从根本上确立了高等学校的管理体制，对于维护和保障高等学校的公共性具有至关重要的作用。完善的高等学校章程不仅可以作为高等学校排除政府及其他社会机构的随意干预，自主实现公共性的法律基础，还是政府对高等学校进行监督与管理的依据和手段，是保障高等学校公共性的重要途径。因此，在我国高等学校章程制定的过程中，必须坚持以公共性作为基本的价值目标。由于教育——特别是高等教育——对于政治、经济和社会发展所具有的重要作用，优先发展教育、促进教育公平、提供教育公共服务是我国教育政策的基本目标。为了更好地贯彻和落实我国《宪法》第 19 条和第 40 条的规定，履行国家教育职责和义务，实现公民受教育机会均等，公立高等学校应该以公共性为其根本性质，并将这一性质在章程中充分体现出来。首先，高等学校章程的制定应当反映公共性的要求，确保高等学校的公共性价值目标的实现。其次，高等学校章程的各项基本制度和重大事项，如组织制度、人事制度、财务制度、举办者与高等学校之间的权利义务、校长的权利义务、高等学校重大事项的决策程序、章程修改程序等重大事项也必须体现公共性。

2. 完善高等学校内部管理体制

高等学校内部管理体制是指高等学校内部机构设置和权限划分的制度，它涉及高等学校内部在具体管理和运行过程中的权力分配问题，如学校工作领导主体和领导方式，学校内部各种组织的地位、作用和相互关系等（萧宗六，2005）。在现代市场经济体制下，完善的高等学校内部管理体制不仅有利于建立科学的决策机制和运行机制，还能够促成在高等学校内部形成相互制约、相互监督的权利体系，使得高等学校能够真正服务于社会公共利益，从而有力地确保高等学校公共性的实现。为了确保高等学校公共性的实现，首先，应当正确区分政治权力与行政权力，在现有法律框架下通过议事规则、会议制度、职责范围规定等制度建设明确划分高校党委和校长的职责和权利。其次，应当积极审慎地进行校内行政管理机构的改革，通过简政放权和权力重心下移，赋予院系以下的学术机构更多自主权力并规范其行政管理行为。把一些本应由学术决策机构行使的决策权和本应由基层单位享有的支配权从现行校级管理机构中分离出来，把一些可以由社会化后勤承担的职能剥离开来，从而建立起一个精干、灵活、高效的行政管理系统。最后，应大力加强学术管理机构建设，扩大学术管理的覆盖面，赋予学术管理机构决策权，强化学术管理在高校内部管理体制中的地位，让学术管理真正担当起管理的职责，改变目前学术管理机构只有审议权而没有决定权的局面（李金奇，2002）。

3. 完善教师参与学校管理和民主监督机制

教师参与学校管理和民主监督是高等学校管理民主化的重要表现形式，教师对学校决策和各级管理活动的参与，不仅有利于提高学校决策的科学化程度和管理质量，还能够对高等学校管理者的行政权力和各项管理活动构成制约和监督，从而有力地保障高等学校的公共性。在当前我国的教育管理实践中，由于受诸多因素的影响和制约，这一制度还不完善，教师参与管理和民主监督的权利并没有得以有效实现。特别是在市场经济体制下，高等学校获得独立法人地位和相应自主权之后，基于重塑高等学校自主权的法律监督，教师民主参与和民主监督就变得更为重要。为了保障高等学校的依法办学和公共性的实现，在教育管理过程中应当首先从参与管理的事项和范围方面完善教师参与管理的制度。需要建立和完善与我国法律和法规相配套的制度，将教师参与管理权利的实施范围具体化、可操作化。高等学校要根据自身的具体情况，制定比较详细的制度，明确规定哪些是必须吸收教师参与管理的重要事项。其次，还应从参与管理的途径、程序方面完善教师参与管理的制度。需要建立和完善与我国的法律和法规相配套的制度，具体地规定教师参与管理的实施途径和程序。不仅需要完善教职工代表大会制度，保障教师在法律规定的范围内参与高等学校各项事务的管理活动，并就相关问题发表意见，对高等学校及其管理人员所组织的各项活动提出批评、建议、控告和检举，还应当吸收部分教师在不影响教学的前提下直接参与学校管理。

参考文献

姜明安.1999.行政法与行政诉讼法[M].北京：北京大学出版社,高等教育出版社:40,42.

劳凯声.2003a.面临挑战的教育公益性[M].教育研究(2):7-8.

劳凯声.2003b.变革社会中的教育与受教育权：教育法学基本问题研究[M].北京：教育科学出版社:41.

李帆.1996.英国政府在高等教育中的作用[J].外国高等教育资料(4):34.

李金奇.2002.从失衡到调适：我国高等学校内部管理体制改革的基本途径[J].湖北社会科学(12):90-92.

萧宗六,余白.2005.学校管理学新编[M].武汉：华中师范大学出版社.

盖拉特.2003.21世纪非营利组织管理[M].北京：中国人民大学出版社:4.

On Publicity and Its Legal Guarantee Mechanism of Higher Education Institution from the Perspective of Third-Sector Theory

Cai Hailong

Abstract：The publicity of higher education institution in modern market economy system can be acknowledged as the organic combination of non-government, non-market and autonomy. Only fundamental changes carried out to existing education legal system and the establishment of new legal guarantee mechanism can make this kind of publicity be realized. Legal control mechanism between government and higher education institutions, legal regulatory mechanism on market behavior of higher education institution, and legal supervision mechanism to autonomy of higher education institution will be the most important contents of this mechanism.

Keywords: publicity, market-oriented reforms, relationship between government and university, autonomy

作者简介

蔡海龙（1981—   ），男，湖南常德人，教育学博士，首都师范大学教育学院讲师。主要研究方向：教育学原理、教育政策与法律。

□李晓燕

美国学生纪律惩戒制度研究①

【摘　要】 美国学生纪律惩戒制度是以一系列的法律原则为依据来构建的。美国中小学生的纪律惩戒形式有体罚、剥夺参加各种教育相关活动机会、强制学籍异动等，其中最严重的是体罚、停学和开除。美国法院认为学生和成年公民一样享有宪法赋予公民的权利，因此，会适当参照保护公民正当程序权利的法律处理有关学生纪律惩戒纠纷。实体性正当程序对纪律惩戒的实施提出了合法性、公正性、教育性以及符合实现教育目的的需要等要求；程序性正当程序要求至少提供通知、听证和申诉等基本正当程序。这对我国构建学生纪律惩戒制度具有一定的借鉴意义。

【关键词】 美国，学生，纪律惩戒

对学生要不要进行惩戒，在我国曾一度成为问题。起初是有些教师一味惩罚学生，对学生缺乏适当的正面鼓励，尤其是体罚、语言侮辱性惩罚大行其道，伤害了学生学习的积极性。尔后在批判传统师生观的基础上，又过于强调"愉快学习"、"快乐学习"，一味表扬、鼓励，缺乏适当的批评教育。可谓矫枉过正。

① 本文系全国教育科学"十一五"规划 2009 年度教育部重点课题"中美教育法规比较研究"（课题批准号：DDA090358；课题主持人：李晓燕）阶段性成果。

目前，通过反思，教育界多数人已经开始认识到，一味批评、惩罚或者一味表扬的两种极端做法对学生的成长都会产生不利影响，因此，提出不能废弃批评惩罚教育，也开始对适度惩戒进行了一些研究。但是，许多研究局限于为什么需要惩戒、惩戒的具体形式（包括允许的和不允许的）等，而对如何实施惩戒（如操作程序）则较少涉及。笔者以为，问题的核心似乎不应是要不要惩戒，因为惩戒的教育意义已经不言而喻了，因此应该着重探讨如何惩戒。后者又涉及两个方面的问题：一是以什么方式进行惩戒，二是惩戒实施的过程应遵循什么步骤。故此，本文拟对美国学校中惩戒学生的一些做法进行探讨，期望对我国学校今后实施学生惩戒有所启示。

一、美国学校学生惩戒制度的法律根据

美国通过多年的积累，逐步采用成文法与判例法相结合的做法，确立了一系列指导学校构建相对完善的学生纪律惩戒制度的法律原则。对此，可以从联邦宪法、普通法、教育法和判例法中找到相关的法律根据。

（一）宪法

美国存在联邦和州两级宪法。对学生在受到纪律惩戒时的权利起到保障作用的主要是联邦宪法的有关规定。

《联邦宪法第四修正案》的规定确立了公民不受任何无理搜查的权利，是证据排除规则——非法获取的证据无效原则的基础。这个原则虽然在单纯的学校纪律惩戒诉讼中未受到法院的认可，但是，当对学生的指控有可能转化为司法指控时，则需要遵守。

《联邦宪法第五修正案》的规定阐释了公民具有以下几项权利。（1）审判上正当程序权利：不经正当审判法律程序，不得被剥夺生命、自由或财产。（2）不得因同一犯罪行为两次遭受生命或身体的危害，即不得遭受两次审判或者责任追究。（3）保持沉默的权利：不得在任何刑事案件中被迫自证其罪。由于现实中有人可能会因为不知道自己具有沉默权而自证其罪，因此通过"米兰达判例"（又称"米兰达警告"），给予公民被告知可保持沉默的权利，即无警告不能逮捕。

《联邦宪法第六修正案》的规定阐释了公民的以下几项权利：（1）受到合法、公正审判的权利；（2）对指控性质与理由的知情权；（3）与原告证人对质的权利；（4）获得对自己有利的证人的权利；（5）得到律师帮助辩护的权利。

《联邦宪法第八修正案》规定了公民具有不受身体虐待的权利。这一规定原本是针对监狱囚犯而制定的。受到体罚的学生通常也会引用这一条款起诉教育者实施的严重体罚（Hyman，1993）[3]。

《联邦宪法第十修正案》的相关规定使教育成为由各州自行决定的公共事业之一，各州据此制定了本州的公共教育政策和法律，确立了本州的教育制度。

《联邦宪法第十四修正案》第一款规定了公民具有以下两项权利：（1）正当法律程序的权利；（2）受到法律平等保护的权利。

以上这些条款常常成为学生起诉学校实施纪律惩戒程序不当的法律依据。

（二）普通法（民事法律）

1964年《民权法案》第7章规定了平等保护原则，禁止基于种族、肤色、宗教、性别或国籍实施歧视。

1871年《民权法案》"1983条款"是有关民事赔偿的责任条款，涉及对侵权行为的金钱赔偿。"学生开除中围绕正当程序和《联邦宪法第十四修正案》的争议可以根据1871年《民权法案》'1983条款'提出诉讼"（Rossow，1989）[33]，要求赔偿。

（三）教育法

1972年《教育修正案》第9章对性别平等保护作出了规定，要求在教育项目中不受性别歧视，同时也禁止以结婚和怀孕为理由的歧视，即不得以结婚、怀孕等为理由剥夺学生参加适当的教育活动、接受教育的机会。

（四）判例法

美国法院的职能主要是根据法律并通过解释法律来审判案件，有时涉及对法律的合宪性审查，甚至对宪法的合理性、公正性进行审查。由联邦最高法院或者各州的最高法院对相关争议案件作出的判决，成为判决"先例"，其中所论证的原理或原则分别在联邦或者本州之内具有普遍法律效力，为以后类似案件的判决所遵循，故称判例法。美国各级法院通过确立判例，规定了一系列法律原则，对学校管理权力与学生个人权利之间的冲突起到了平衡与协调的作用。

虽然联邦宪法为判定学生纪律惩戒实施过程中的程序合法问题作出了规定，但在惩罚内容方面由于没有全国性的统一规定，法院只能按照各州的要求来判定惩罚的合理性问题。因此，各地法院对各种纪律惩戒的态度不一，判决结果往往也大相径庭，形成主要在本州甚至只是在本学区有效的相关判例。

二、美国学生惩戒的主要形式

根据相关案例，美国中小学教师惩罚学生的形式有体罚、剥夺参加各种教育相关活动机会、强制学籍异动等。

体罚可区分为攻击性体罚和非攻击性体罚两种。攻击性体罚，最典型的是用特定的木板"打屁股"，即由学校管理者或者教师使用一根特制的长木板拍打学生的臀部。有时也会使用"扇耳光"等手段。非攻击性体罚则包括用肥皂水洗嘴，筋疲力尽地锻炼（跑步），被孤立在教室的角落里，关黑房子，待在隔离间（time-out box，设置在教室角落里的一种用纸板隔开的小隔间，小学较常用）以及禁言等。据称这是美国中小学教师惩罚学生最花样百出的方面。①

剥夺参加教育相关活动机会包括禁止参加体育活动、课外活动、毕业典礼、学校组织的校外活动以及禁止乘校车等形式。由于体育活动、课外活动、毕业典礼和学校组织的校外活动是学校教育的组成部分，对学生的发展有着独特的作用，对于某些学生来说，这会是一种非常严重的惩罚。

强制学籍异动包括惩戒性转学、停学、开除等。

惩戒性转学即将转入其他学校作为一种惩罚手段。学校管理者有时会将问题学生转出学校以取代对他们的停学并以此作为一种处理问题学生的方

---

① 限于篇幅，关于体罚的具体问题将另行讨论。

式。学生通常都不大愿意转学，对他们来说，非自愿转学与停学具有同样的意义。正如一个法院所指出的，转学，尤其是在常规学年中进行的，是比停学严重的惩罚："在学年期间，将学生从熟悉的学校转到陌生并且距离更远的学校，对于许多知觉正常的儿童来说是可怕的经历"（Rossow，1989）[44]。虽然转学过程强调"自愿"，即非强制性，但是，有时可能会附加一些条件迫使学生最终必须考虑转学。

停学分为短期停学、长期停学。两者之间的量化指标在各州不尽一致。不过，在大多数州，短期停学通常指 10 天以下的停学，超过 10 天以上则为长期停学，有时也会因为导致停学的问题解决前景无法预料，进行无限期停学。由于停学剥夺了学生的受教育权，损毁了学校教育制度"育人"的目的，法院认为停学作为一种极端的措施，只能作为"最后的措施"来采用。

与停学相关的一个法律争议是在停学期间是否提供补课或者选择性教育，即提供其他补偿教育，以免学生因停学落下功课而不能正常升级或者毕业。在实践中，学校管理者通常不提供补课或者选择性教育。不同的法院对此态度不一。如在"杰克逊案"中，虽然少年法庭的法官判决学校为被开除的学生提供选择性教育，但在随后的学区上诉中，上诉法院认为："公立学校肯定没有责任为被停学的学生在法律规定的缺席期间提供选择性教育课程"（Rossow，1989）[45]，因为停学这种惩罚的本意就是剥夺其受教育权。

开除即将学生从学校中除名的惩罚。美国虽然使用开除作为惩罚手段，但是开除并不意味着受罚学生永远丧失了受教育机会，开除只是在一个时间段内，通常指学期或者学年剩余时间的开除，并非永久开除。不过，由于开除期间可能使学生未能参加学年考试而不能升级，对学生是否应该留级或者在停学期间是否应该提供其他可供选择的教育等问题也存在争议。

有些州有法律来限制开除学生确定的时间期限，如康涅狄格州就将其限定在 180 个学日。一般说来，各州会限制开除的特别理由。例如，在得克萨斯州，唯一可以作为受到开除处罚理由的行为是攻击。并且只有当学生被发现是"难以矫正"的，经过转学以后仍然不能矫正，才可以将其开除。在加利福尼亚州，一个学生可以因为对他人身体造成严重伤害而被开除，非法倒卖控制品（如小量的大麻）、抢劫（盗窃）、勒索也可以成为开除的理由。

在各种学生惩戒形式中，停学和开除被视为最为严重的学校惩罚，因为受教育权通常被看作财产和自由权利，在性质上为民事权利，其保障虽然主要是行政责任，但是《联邦宪法第十四修正案》、《民权法案》"1983 条款"

也是诉讼的重要法律依据。

三、美国惩戒学生的程序要求

正当程序是美国法院审查政府及其相关部门立法和执法的合宪性以保护公民权利的重要原则，是"政府机构对生命、自由或财产的剥夺无论如何必须采用程序恰当的限制的原则"（Rossow，1989）[51-52]，其精髓在于保护公民免受武断的和不合理的政府行为的侵犯。美国法院认为，学生在教育中有自由和财产两方面的利益。他们的财产利益是由州自己的宪法以及州制定的义务教育法律决定提供的教育所创造的，当学生受到类似停学这样的处罚时，"其自由利益就处于风险之中"，可能"严重损害学生们在同伴学生和他们的教师中的地位，并且也会影响他们以后接受高等教育和雇用的机会"（Rossow，1989）[34]。总之，停学就是剥夺了一个学生的自由（或名誉）和财产权利。因而，正当程序原则同样适用于被看作公共部门的公立学校对学生的纪律惩戒，尤其是那些涉及剥夺受教育机会的纪律惩戒。

美国联邦最高法院通过相关判例指出，美国的学生和成年公民一样享有宪法赋予公民的权利。因此，会适用保护公民正当程序权利的法律处理有关学生纪律惩戒纠纷。在美国学生纪律惩戒形式中，引起争议比较多的是体罚、停学和开除。其中，体罚纠纷主要发生在小学阶段，停学和开除纠纷则主要发生在中学及以上阶段。对这几种惩戒形式的采用，虽然不像刑事司法那样有极为严格的程序要求，但也借鉴了其中一些做法。

正当程序包含实体性正当程序和程序性正当程序两个方面。

（一）实体性正当程序（substantive due process）

实体性正当程序虽然与程序性正当程序相比，不是一种可具体操作的步骤，而是法院在公平对待所有人（包括学生）的精神指导下的一种高度的自由决断权。实体性正当程序是否恰当，对其的判定必须与随法院如何看待案件的条件而定的许多因素相关（Rossow，1989）[51]。一般而言，美国法院认为，实体性正当程序对美国学校实施学生纪律惩戒提出了以下几方面要求。

1. 学生纪律惩戒的理由必须具有法定性

实体性正当程序要求，学生纪律惩戒的理由必须具有法定性。如从学生的停学处罚来看，学生能够被停学的理由通常要求在法规里设定，且各州之间的规定有很大不同。如亚利桑那州简单地规定允许学生因"合理的理由"被停学，而路易斯安那州的法规则描述了 17 种不同的停学理由，包括制造反对教师的无事实根据的控告、违反交通规则和安全规定等。违法携带武器、药品、酒精和攻击性行为是典型的停学理由。

如果法律中并未规定停学理由，学生就不能因为不包括在法律内的违法理由而受到停学惩罚。有些州要求学校在给予学生停学处理前先采取其他惩罚措施，只有在其他措施无效的情况下，才可以对学生采取停学惩戒，也就是说，停学应当作为最后一种措施来使用。不过，如果学生的行为是危险的或严重扰乱当前教育教学秩序的，或在当前对学生或学校其他人员具有明显的身体伤害危险，需要作出紧急处置，也可以作出紧急停学的处理，但是，当这种"危险"或者"扰乱"的行为过去了，停学也应该随之结束。如学生突然爆发的愤怒所导致的停学通常只是几分钟或几小时，在这种情况下，停学没有理由持续超过一天。法院认为，学校管理者只有为实现教育目的才能具有惩戒的权力，而停学持续时间超出了紧急状态期间，就失去了服务于教育目的的作用。像"违抗"教师，或说"下流语言"，由于不涉及扰乱教学秩序或具有实际危险，因此也不是停学的理由（李晓燕，2008）[276-277]。

2. 学生应该事先知道什么错误行为会受到纪律惩戒

实体性正当程序要求，被施以纪律惩戒的学生应该事先知道什么错误行为会受到什么纪律惩戒。即学生有被告知或者提醒注意的权利（类似于我国的"不知者不为过"）。为了将惩罚规则事先告知学生，通常要求学校编制相应的学生手册，制定公开而严明的纪律规则，告知学生哪些行为是允许的，哪些行为是不允许的，一旦违反，可能产生什么后果。当然，如果学校规定过于明细、确定，缺少灵活性，也可能会失去人情味，使学校与学生的关系变得冷冰冰。因此，尽管美国法院不要求学校的规定像刑法那样精确，还是会要求学校"应该给予学生一个合理的机会去了解哪些行为是被允许的，哪些行为是被禁止的。"（Imber，2004）[162] 从某种意义上说，这也体现了纪律惩戒的教育性。

与此相关的一个问题是学校规范学生在校行为的权限范围及其公正性。对此各州在规定是否成文的要求上有些不一致。如在要求成文的密歇根州，其教育委员会建议学区应遵循以下原则管理学校规章：

（1）学校规定必须提醒学生注意什么行为是禁止的或允许的；

（2）学校规定必须能为一般学生所合理地理解；

（3）学校规定必须合理地与明确的教育目标有关；

（4）学校规定必须明确不禁止宪法保护的活动；

（5）学校规定必须提醒学生注意，如果学生违反了特定规则可能产生什么结果；

（6）学校规定中惩罚类型的分类必须在学区采用的所表达或所包含的先例之内；

（7）惩罚的严厉程度与错误行为的严重性或犯错误行为的次数的关系必须是合理的；

（8）学校规定的复印件或宣传册必须发给所有学生（Price et al, 1988）。

只有达到上述要求的学校规定才可用作判断学生行为的标准和是否作出纪律惩戒的依据。当学校的规定超出了学校委员会或者州法律的授权范围时，也会被法院判定为违法而不予支持。

有些州可能不要求学校有成文的规定，但是，这些不成文的规定也必须通过一定途径使学生预先知晓，如在被停学的学生曾参加过的学校集会上声明过（李晓燕，2008）[278]，这样也可以看作已经告知学生。

3. 纪律惩戒措施必须与学生违法行为的性质、程度相匹配

实体性正当程序要求，学校所实施的纪律惩戒措施必须与学生违法行为的性质、程度相匹配，即要求学校做到"基本公正"。有法院指出："法院当然应该避免过度严厉的惩罚的提出。很明显，例如，学校委员会永远不能合法地开除没有违规而仅仅只是有一次迟到5分钟的学生。"（Rossow, 1989）[54]法院也认为，对实体性正当程序的适当限制必须考虑社会价值观教育的需要（Rossow, 1989）[52]。

在纪律惩戒的公正性上，还有一个值得强调的问题是，对所有学生作出纪律惩戒的标准应该是统一的，不能受到其他因素的影响。一个学生不能因为自己过去一贯"表现良好"就享有从轻处罚的特权，即同样的违规行为都应该受到同样的处罚（Rossow, 1989）[27]。学生也不能因为种族、残疾等原因受到歧视性的惩罚。如果能够"证明学校管理者以有目的地歧视的做法实施他们的纪律惩戒政策，或者以一种极端的情况，使纪律惩戒政策明显地对一

个学生群体比对另一个学生群体有利"（Hyman et al，1993）[11]，受到惩戒的学生就有可能在相关诉讼中获得胜诉。

4. 纪律惩戒必须符合保证达到合法教育目标的合理性需要

实体性正当程序要求，实施学生纪律惩戒必须符合保证达到合法教育目标的合理性需要。一般而言，美国法院承认学校管理者和教师作为专业人员，具有教育上的自由决断权，并认为这是必要的。但是，这种自由决断权也绝非没有限度。一方面，学校总是受到其规则或者规章的制定必须合理的限制；另一方面，学校管理者的权力和自由决断权也必须做到合理行使（Rossow，1989）[54]。例如，当体罚是武断的、任意的或者完全与达到合理的教育目的无关时，就会被认为是对实体性正当程序的剥夺（Hyman et al，1993）[5-6]。

在有些地方，如佛罗里达州和纽约市，因旷课而停学是被禁止的。因为惩戒的实施必须对实现教育目的具有合理性，如果因为学生旷课而对他停学，实际上是使他的旷课"变成一种正式批准的学校假期"，反而不利于达到合理的教育目的。所以，对于因"紧急情况"必须予以停学的学生，有些学校已经转向将"校内"停学作为一种选择（Rossow，1989）[38]，这时，学生只是被从教室内弄走，放到一个单独的房间里，进行个人学习，而并没有离开学校。

另外，对于学生的校外行为，也只有在其会在校内产生教育上的不良影响的情况下，出于对学生的健康、安全和道德负责，才可以实施纪律惩戒（Rossow，1989）[47]。也就是说，如果学生在校外的行为只是一种纯粹的个人行为，与学校没有任何关系，那么是不可以作为学校纪律惩戒理由的。学生在校外的违法行为应该交由警察部门去处理。

（二）程序性正当程序（procedural due process）

程序性正当程序是法律实施过程的方式及其执行机制，其具体内容通过一系列步骤来展现，主要包括通知、听证（证据与证人）、"米兰达警告"、申诉（上诉）等方面。

1. 通知（Notice）

通知可以分为两种：一是为满足前述实体性正当程序的要求，学校规则必须明确规定并告知学生哪些行为会受到什么纪律惩戒，尤其是那些会导致长期停学、开除或者体罚的行为；二是学校在对学生处以相应纪律惩戒之前，必须给予学生及其父母一个具体指控及其理由的说明，指出这个指控如果被证实，将会导致何种纪律惩戒。这是程序性正当程序的第一步。

通知的形式和内容也有特定的要求，对此各州的规定有所不同，有的州"给父母打一个电话，告知他们的孩子即将被停学就算是足够的通知"，而大多数州法规则"要求父母接到书面通知"。为此，学校管理者必须向父母寄送挂号信或有回执证明的书面通知，再以常规形式邮寄一封开除通知的复印件，以防挂号信或者有回执证明的书面通知被拒收或没有收到。如果父母离婚了，通知应当送达与学校建立了联系、具有监护权的一方家长。如果父母双方都参与了孩子的教育，存在联合监护，那么学校必须接触父母双方（Rossow，1989）[4]。如果实施的是开除惩戒，还要求对学生和父母都要给予通知，尤其是当学生已经达到 18 周岁成年时（Rossow，1989）[7]。

通知的内容一般要陈述以下事项：（1）打算开除这名学生；（2）针对该生的具体指控；（3）违犯了什么规则；（4）支持指控的证据的性质；（5）对开除进行听证的日期、时间和地点；（6）听证时将遵循的程序表；（7）提醒学生和父母可适用的权利，其中包括请辩护律师的权利，要求获得听证记录副本（复印件）的权利，也包括证人出庭和交叉询问对方证人的权利等（Rossow，1989）[4-5]。

其中，指控和证据的陈述必须具体，以便使学生及其父母有机会知道如何准备辩护。同时，对听证需要作出具体的时间安排。无论学生及其家长对待听证态度如何，学校及其管理方都必须履行必要程序，而不能"假定"学生及其家长放弃这一权利（Rossow，1989）[12]。可见，学校必须从自己这方面考虑如何完善相关的程序，尤其要做到充分告知学生及其家长所具有的权利。

2. 听证（Hearing）

学生不一定在每次受到教师和校长的纪律惩戒时都有权要求听证，但是，对于开除、剥夺参加课外活动机会等较为严重的纪律惩戒，听证已经成为其正当程序的基本构成部分，且必须在正式执行处罚之前举行。

在为学生纪律惩戒所举行的听证中，许多法院承认其不必达到法庭初审的标准，如"赛克斯诉斯威尼案"的审理法院指出："法院坚持治理法院初审的强制的正式程序和证据规则在学生纪律惩戒程序中可以简化"（Rossow，1989）[30]。但是，大多数州法院规定学生及其父母具有如下权利：请证人陈述，学生在他/她自己的辩护中能够作证，由律师代表，交叉诘问对方证人，以及获得听证过程记录的副本（Hyman et al，1993）[8]。

举行听证的时间期限一般不是固定的，要根据具体纪律惩戒理由和方式确定。对于像长期停学和开除这类比较严重的惩戒，在提供时间期限上有两个基本要求：一是必须给予学生足够的时间准备辩护，因为准备时间不足会置学生于不利地位。有些州法规允许至少一星期，实践中只要能证明所给予的时间足以进行辩护准备，学区或者学校管理者就会受到法院的支持。二是学校不能允许太多的时间而影响到学生的教育，因为学生在等待听证时是离开学校的。所以，太长的时间也会成为问题（Rossow，1989）[6]。而对于短期停学这类算是比较轻的纪律惩戒，联邦最高法院制定了正当程序的最低要求，即在被停学之前必须向学生提供：（1）指控的口头或者书面通知；（2）如果学生否认指控，解释证据；（3）某种听证使学生有机会陈述他/她的理由。当"紧急"（emergency）例外情况发生时，即当"这些学生的在场会继续导致人身或财产危险或者正在对教学过程造成扰乱和威胁时，可以立即将他们移出校园"（Rossow，1989）[34-35]。因为其他学生的公共安全利益重于某个学生个人的受教育利益。此时的处理可以算作达到通知和听证的要求。

在听证过程中，受到指控的学生是否具有"米兰达警告"与保持沉默的权利，则要根据具体情况来定。由于"米兰达警告"主要是为保护个人在刑事拘押中的权利而提出的，法院的长期立场是"米兰达警告"不适用于学校的错误行为。法院主张，"'米兰达警告''只在对个人自由存在好像要判决其拘留'时才适用"。从性质上说，学校纪律惩戒听证是行政程序（administration proceedings）而非刑事程序，当学生被学校管理者质问时，这并不是拘留性质的（Rossow，1989）[13-14]。与"米兰达警告"相关的是保持沉默的权利。在"米兰达警告"缺失的情况下，在纪律惩戒中进行质问和作证时学生一般没有保持沉默的权利；但如果对学生的指控有可能朝着刑事指控转变，或者在纪律惩戒的听证中学生的证词可能用于对其进行刑事指控，学校管理者就应该允许学生享有《联邦宪法第五修正案》赋予的保持沉默的权利，以免学生在纪律惩戒程序中的证词日后成为该生在刑事指控中"自证其罪"的证词。

学生在纪律惩戒听证中是否具有请律师辩护的权利，要根据纪律惩戒所剥夺的教育利益范围而定。如果剥夺的程度高，则法院可能会支持学生请辩护律师代表自己；而如果是诸如 10 天以下的短期停学，一般不会支持学生

请辩护律师。不过，在任何类型的纪律惩戒听证中，如果学校委员会律师是
出席听证的，那么就不能否定学生请律师出席的权利，否则，对学生来说听
证可能就是不公正的（Rossow，1989）[19]。至于律师费用，法院要求为残疾儿
童提供免费的法律咨询，对在诉讼中胜诉的学生及其家长提供适当的律师费
用补偿。

对于听证是公开进行还是秘密进行，各州的规定有所不同。法院的判决
往往以各州的法律为依据。有些州要求公开，如佛罗里达州的"阳光法律"
（Sunshine Law）要求管理部门主持的所有听证都要公开进行。这个法律也适
用于学校的纪律惩戒听证。因此，佛罗里达州最高法院曾判决关门举行听证
的学区重新进行公开听证。而有些州则要求，当学校委员会讨论任何如果公
开可能对个人名誉产生副作用的议题时，应当举行"内部会议"（即一种不
公开的会议）进行讨论（Rossow，1989）[18]。不过，有研究者认为，最好能
将两者结合起来。一方面，开除听证过程宣读指控和证人作证的环节应该是
私密的，以保护学生，避免公众知道所有细节；另一方面，学校委员会作出
决定的环节可以对公众开放，以维护公众所具有的出席作出实际决定会议的
特权（Rossow，1989）[18]。

在学校纪律惩戒听证中学生具有出示证据、质问及交叉询问对方证人的
权利。从学校方面来说，如果没有足够的证据证明指控成立是不能开除学生
的。当学校使用"传闻"作为证据时，其要具有确定的可信度才可以。有法
院指出，传闻能够作为证据而具有采纳的价值，需要具备以下几个条件：
"（1）没有可适用的直接证据；（2）传闻证据是无异议的；（3）虽然传闻是
外面的人作出的，但是他们没有偏见，并且在听证的结果方面没有利益。"
（Rossow，1989）[25]如果学校使用证人作证，最好让教师作证；如果需要学生
作证，一是要避免根据单个学生的证词作出决定；二是不可让年龄过小或者
"信誉不良"的学生作证；三是学生的证言最好只是作为教师证言的补充
（Rossow，1989）[31]。此外，由于"米兰达警告"不适用于学校纪律惩戒程
序，证据排除规则也将不适用。因为证据排除规则本身是对没有提供"米兰
达警告"的一种救济（Rossow，1989）[24]。因此，如果学生对自己错误行为
的"自愿承认"（即"自证其错"）只是被学校作为纪律惩戒的理由，也会
受到法院支持。

《联邦宪法第五修正案》规定的同一罪名而受两次审理的双重受审原则，
在停学和开除惩戒中不适用。因为停学是校长权限范围内对违规学生的一种

紧急处理，而是否开除须由学区主管通盘考虑后决定，具有一定的滞后性。因此，学校管理者可以对违规的学生惩罚两次。俄亥俄州一个上诉法院认为，一个学生被校长停学 10 天之后，又被学区主管开除是成立的（Rossow，1989）[17]。

此外，有些州的法律规定必须对听证过程进行较为完整和精确的记录，表明纪律惩戒决定是如何作出的，并要向学生及其家长提供副本或者复印件。如果没能做到，纪律惩戒决定可能会在学生提出的相关诉讼中被法院推翻（Rossow，1989）[31-32]。

3. 上诉（Appeal）

学生如何对听证后作出的开除或者停学等纪律惩戒决定进行上诉由各州法律作出具体规定，这在各州有所区别。一般要求向举行听证作出纪律惩戒决定的学校管理者的行政管理上级提出上诉，类似于我国的行政申诉或者行政复议，可以一级一级地向上上诉。如对于由主管或学区委员会委员发起听证的案件，可以向学区全委会上诉，而后向州教育委员会或者其听证官员代表上诉。如果是全委会作出的初始决定，要向州教育委员会上诉。

在行政上诉穷尽之后，学生是否可以选择进一步到州法院上诉，对此各州法律规定也有所区别。如在佛蒙特州的"梅森诉塞特福特学校委员会案"中，有个学生想要对地方教育委员会有关上学的决定提出上诉，但被州教育委员会否决了。该生在州最高法院对否决上诉的决定提起诉讼。法院审理后认为否决没有错误，因为立法没有规定对州教育委员会作出的决定进行上诉的权利。由于完全不存在审查行政决定的上诉权利，州教育委员会的决定被法规授权为"最终决定"（shall be final）。

有些州法规允许上诉到州法院，但是，只有在所有行政上诉穷尽之后。如在佐治亚州的"波士顿诉格威内特县教育委员会案"中，审理该案的州法院否决了学生对开除决定的上诉，因为该生没有先到州教育委员会上诉。不过，后来学生开除中围绕正当程序和《联邦宪法第十四修正案》的争议，可以根据 1871 年《民权法案》"1983 条款"提出诉讼，这使得州法规允许上诉到州法院的意义已经不大了（Rossow，1989）[32-33]。

当对学生实施纪律惩戒不当，对学生造成利益损害时，如体罚过度，使学生身体受到伤害，可以提起民事或者刑事诉讼，追究相关责任人的法律责任，并获得相应的金钱赔偿。如果学生被错误地停学或者开除，甚至学校委员会的政策被指控违法，那么学生也可以根据 1871 年《民权法案》"1983

条款"起诉要求赔偿。

　　一般而言，可以豁免学区的惩罚性赔偿，但是，当教育雇员个人故意或者有意侵犯学生的个人权利时，则不予豁免。

四、美国学生纪律惩戒制度的启示

　　在我国中小学校中，对学生实施惩戒较为随意。2008 年 3 月至 2009 年 8 月，笔者对新华网、人民网教育频道、人民法院网、《光明日报》、《楚天都市报》等网站和报刊进行了随机搜索，共搜集到中小学办学纠纷案例 247 例，其中涉及体罚学生的就有 38 例（一般体罚与变相体罚 23 例，体罚学生致伤残或死亡 12 例，体罚引起学生殴打教师 3 例）（李晓燕，2011）。而在笔者进行的随机访谈中，学生及家长也反映，一些教师动辄将学生赶出教室，以此作为惩罚学生的手段。这种状况反映了我国一些学校在惩戒学生方面的无序和失范，我们有必要借鉴美国在学生纪律惩戒方面所取得的一些法制经验，以加强我国学校对学生的依法管理。

（一）美国学生纪律惩戒制度体现了尊重教育规律、依法实施惩戒的精神

　　在美国，为了实现教育的既定目标，维护教育教学秩序，学校及其管理者和教师具有教育和管理学生的职业权力，其中也包括对学生的惩戒权。一般而言，学生必须服从教师的管教。

　　中小学生处于人生的成长发展阶段，其成长发展是一个由不成熟向成熟渐进转化的过程，这个过程中犯错误在所难免。而犯了错误就应该受到一定惩戒，为自己的错误承担责任，这不仅是学生成长发展本身应有的内容，也是培养学生责任感的基本途径之一。但是，只有公正合理的纪律惩戒才能达到这一目的。

　　基于此，美国法院在对学生纪律惩戒实施干预时一方面充分尊重教育规律，明确维护学校和教师对学生的管教权威，只要能够证明学校实施的纪律惩戒在教育上的正当性、合理性以及对实现教育目的具有必要性，就予以维护和支持，另一方面通过司法审查规范学校的纪律惩戒行为，以避免学生的

权利受到侵害。为此，要求学校对学生实施纪律惩戒必须慎重，必须以学生受到教育为核心。不仅要考虑实施纪律惩戒是否与达到合法的教育目的有关，还要考虑实施纪律惩戒的严厉程度也要与达到合法的教育目的有关。如对学生处以停学处罚，必须是当时具有扰乱教学秩序的危险，当这种扰乱教学秩序的因素被消除时，则应立即让学生复课。这在一定程度上使学校和教师的教育权与学生的受教育权之间的冲突得到了平衡或者化解。

美国学生纪律惩戒的实施强调惩罚的公平性，不受对学生"好"还是"坏"等其他主观因素的影响，同样的行为受到同样的惩戒，这一点很值得我国学校借鉴。在我国，学校中常常出现这样一种现象，当学生学习成绩优秀，被判定为"好学生"时，学校和教师往往会放松对他们的行为教育，而有时这些所谓的"好学生"身上也会暗藏许多不易觉察的问题，这种放松将不利于他们的健康成长。

（二）充分利用宪法等法律的可诉性保障儿童的受教育权利

美国宪法的一大特点就是具有可诉性，可直接作为公民维护权利的依据，对于学生也不例外。这使学生的受教育权利获得最大限度的保障，防止校方因为各种原因滥用管教学生的权限，侵犯学生的权利。

虽然美国《联邦宪法》不涉及教育，但是，美国联邦最高法院承认各州《宪法》赋予和保障的公民受教育权，并将受教育权认定为一种财产和自由的权利。这赋予了抽象的受教育权具体的可衡量的形态，为法院援用其他《联邦宪法》条款或者《民权法案》等法律的相关规定提供了依据，使之具体可行。

我国的法律制度虽然不同于美国，但是，我国依据国家《宪法》中有关教育的原则性规定制定了较为系统的《教育法》，对各种教育制度、各类教育主体及其法律关系都作了较为全面的规定。实际上，《教育法》应该被理解为保障《宪法》所规定的公民受教育权利实现的一个基本框架。因此，在学生受教育权的保护上，可以加强《教育法》的可诉性，将"司法"这一权利的最后保卫屏障引入教育纠纷解决。

此外，在对待诉讼的态度上，我国相关人员还应转变观念。在法治社会，产生利益纠纷，提起法律诉讼是实现利益诉求的合法渠道，只有这一渠道畅通了，维护社会稳定才有可能。

（三）美国学生纪律惩戒制度中完善的惩戒程序彰显了学生主体地位和精神

美国实施学生纪律惩戒的一个重要特点是引入了法律上的正当程序规范处理过程。美国法院虽然承认学校不同于社会，但是强调学生是未来社会的公民，因此，将保护公民权利的法律引入教育领域，并通过依法、程序严明地进行纪律惩戒，维护学生健康成长的权利，培养学生守法的意识和能力。可见，正当程序对于发挥惩戒的教育功能具有重要意义。美国学生纪律惩戒过程中对正当程序的适用，几乎完全模仿正式的司法程序中的正当程序，在此过程中，学生较为充分地感受到作为公民所享有的权利，并受到法治的熏陶，这对于他们形成法制观念具有其他形式所不可替代的作用。

同时，学生受到惩戒的理由必须是事先设定的，并要充分告知学生。这一方面便于学生遵守和约束自己的行为，另一方面也让学生了解到对自己的行为如何承担责任。这一做法遵循了学生由他律向自律发展的行为规范内化规律，不仅会使学生心服口服地接受惩戒，也非常有利于培养学生对自己的行为后果敢于担当责任的意识，有利于培养学生自律的行为能力。

反观我国学校教育，有些教师不分轻重、不论青红皂白地随意处罚学生，引起学生不服，产生逆反心态，有些甚至造成学生伤害，不仅起不到应有的教育作用，反而还损毁了教育者的声望。诚然，美国学术纪律惩戒制度的法制化，也是在纪律惩戒纠纷的司法解决过程中逐步推进的。在这个过程中，教师和学生都受到法制的洗礼，从而为社会的法制建设奠定了公民素质基础。而这也正是值得我国学校教育借鉴的。

参考文献

李晓燕. 2008.学生权利和义务问题研究[M].武汉：华中师范大学出版社：276-277，278.

李晓燕. 2011.学校办学失范现象透析[M]//劳凯声. 中国教育法制评论（第 8 辑）. 北京：教育科学出版社.

Price J R, Levine A H. 1988. The right of students: the basic ACLU guide to a student's right [M]. 3rd ed. Souther Illinois University Press: 46.

Imber M, Van Geel T. 2004. Education law [M]. Lawrence Erlbaum Associates, Inc.

Rossow L F. 1989. The law of student expulsions and suspensions [M]. NOLPE Monograph.

Rossow L F. 1987. Search and seizure in the public schools [M]. NOLPE Monograph.

Hyman R T, Rathbone C. 1993. Corporal punishment in schools: reading the law [M]. NOLPE Series.

A Study on Students' Disciplinary in the U. S. A.

Li Xiaoyan

Abstract: The system of students' disciplinary in the U. S. A. is made under a set of legal principles. The forms to discipline students in the U. S. A. are corporal punishment, depriving some kind of opportunities and compelling to change students' status, etc. Among those the most serious are corporal punishment, expulsions and suspensions. The courts of the U. S. A. thought that student enjoyed the rights conferred by the federal or states' Constitutions as the same as adult citizen, so when the courts hear the issues of students' disciplinary they would refer to the law to protect due process rights of citizen. Substantive due process provides the demands of legality, impartiality, educationality and to be in keeping with the educational purpose for the students' disciplinary; and procedural due process demands to offer some basic due process at least including notice, hearing and appeal. We can draw lessons from those experiences to construct the system of students' disciplinary in our country.

Key Words: students' disciplinary, U. S. A. , corporal punishment, expulsion and suspension

作者简介

李晓燕，华中师范大学教育学院教授，博士生导师，郑州华信学院兼职教授，全国教育学会教育政策与法律分会常务理事，湖北省教育法律与政策研究会理事长。主要研究方向：教育法学。

□谭晓玉

学位法律制度的国际比较

【摘　要】本文采用法制传统与传承的分析进路，遵循法制变革的逻辑思路，重点比较、梳理并分析了法、德、美、英、日、俄等西方国家学位法律制度与学位政策的历史沿革、现状及发展趋势，以期为健全我国学位法律制度提供域外参考与借鉴。

【关键词】学位制度，法律视角，国际比较

学位立法是各国教育立法的重要内容，学位法律则是一国教育法律体系的重要组成部分。本文重点比较分析了法、德、美、英、日、俄等西方主要国家的学位立法、学位制度以及学位层次、门类、标准、授予机构、学位纠纷处理程序等的历史、现状与发展趋势。选择上述国家进行比较，主要是基于以下考虑：在法制传统上，法、德两国是大陆法系的代表，美、英两国是海洋法系的代表，日本虽属亚洲国家，但其法系兼具大陆法系和海洋法系的双重特点，俄罗斯则是社会转型国家的参照。

一、法国、德国学位立法与学位制度

法、德同属于大陆法系国家，注重制定法和法律体系的完备。两国不仅有国家层次的学位立法，也有学校层次的学位立法，是国家立法与学校立法的相互结合。

法国的国家学位立法内容详尽，覆盖范围涉及学位制度的各个方面。大学可以制定自己的学位规则，但由于必须在国家立法框架下进行，内容必须符合上位法的规定，其自主空间不大。如果教育行政部门认为学校的学位规则违法，可向行政法院申请撤销。

法国大学与多学科技术学院的学位制度涉及 30 多个法令、政令和通知，它们共同构成了国家学位框架（见表1）。

德国的国家学位立法分为联邦和州两个层次。联邦立法内容不多，只规定考试和高校学位的原则性和根本性问题。州的学位立法内容广泛而具体。对学位制度中的考试问题、学校考试条例的制定问题、博士学位的攻读与获得问题等作出规定。总体上，德国国家学位立法是比较原则的，很多内容都留给高校自行制定。高校有法定的权利依照联邦及所在州的相关立法制定考试条例及博士学位条例，对学生申请及获得学位的资格、条件、程序、考试内容及形式等各方面内容进行详细的规定，立法空间大（申素平，2005）。

德国对学校立法行为有严格的控制。有些州立大学明确规定学校考试条例及博士学位条例必须包含的内容，这些内容必须反映在学校立法中。学位法规定学校考试条例必须经过州主管部门同意，如果内容上不符合上位法，州主管部门可要求其修改，如果符合学位法规定的可宣布其无效的先决条件，可被主管部门宣布无效。

德国国家学位立法内容较少，以学校立法为重点。学校立法又有两种模式：一是分散模式，一所学校根据不同学科及学位种类分别制定多个学位条例；另一种是统一模式，一所学校只制定一个综合的学位条例。前者如《慕尼黑大学物理学系博士学位条例》，后者如《柏林技术大学博士学位条例》，但内容基本上都包括学生的录取或注册标准、课程修业年限与完成条件、考虑规则与程序、学位论文的基本要求、学位论文的答辩、评审程序及结果、论文评审委员会的组成、博士学位论文的发表与赠阅以及学位授予或撤销等内容。

德国学位体系处于转型期，新型学制及学位与传统学制及学位并存。传统上，德国大学的学位分两级，第一级为硕士学位，第二级为博士学位。在"博洛尼亚进程"影响下，德国加快了学制与学位制度改革的步伐。纳入"博洛尼亚进程"后，德国开始对高校的传统学位制度逐步进行改革，引进国际通用的学士和硕士课程并实行欧洲学分转换制（胡世君，2010）。

表 1　法国学位立法的基本结构与内容

章节名称	条目名称		主要内容
一般性规定	大学个人手册		手册的作用与内容
	学位文凭的管理		学位文凭的标准格式、颁发与证明、登记管理
	对外国高等教育机构颁发文凭的认可		条件、申请认可的程序
大学第一阶段及学士、硕士学位的相关规定	录取与注册		一般录取条件与特殊录取条件
			注册程序：时间、次数、材料及其他要求
			注册地点及转学程序
			关于外国学生的特殊规定
	教学安排		课程组织形式、教学方式；学习阶段的划分及要求的学分
	接待、咨询、方向指导		通过上述活动便利学生的学习与生活
	考试及学位授予		考试及成绩评定规则
			考试评委会的设立和成员名单公布程序
			学生的权利：调阅试卷或要求谈话
			每一学科及学位具体授予标准
大学第二阶段的学位与国家博士	总则		第三阶段学习的类型与注册条件
	专业培训：高等专业学习文凭		该文凭的注册、学制、教学内容、考试方法及获得标准
	博士学习	共同规定	博士研究生院的设立和组成
		第一阶段：深入学习文凭	学制与教学安排，文凭授予标准，导师的确定
		第二阶段：攻读博士学位	注册条件，指导教师资格，学制及研究要求，论文答辩与评审程序，评审委员会组成和资格要求
	国家博士		注册条件，导师资格，研究及论文要求，论文答辩与评审程序，评审委员会组成要求，国家博士学位种类

资料来源：申素平，2005

1998 年之前，综合性大学及与其同等级的高等院校所颁发的学位仅有两个等级：第一个等级是硕士学位及与其同等级的毕业证书；第二个等级是博士学位。1998 年《高等学校总纲法》修订，设立、颁发学士和硕士学位的专业被视为一种试验和对传统学制与学位的补充。2002 年 8 月，德国在高校框架法里，以增补条款的形式从法律上制定了推行"学士、硕士"两阶段高等教育培养体制的规定。2003 年，学士学位已经被视为德国高等教育的常规学位。随着"博洛尼亚进程"的不断推进，德国逐步形成了学士、硕士、博士三级学位制度。

二、美国、英国学位立法与学位制度

英美等国是海洋法系国家，以判例法为主，法官的判例具有法律效力，判例法在法律体系中居于主导地位，制定法则居于次要或补充地位。这些国家不太重视制定法和法典编纂，也没有严格的法律部门划分，反映在学位立法上，就是没有统一的学位立法，各校根据各自情况制定学位规则。

英美国家学位法也可分为实体和程序两个部分。实体性内容基本上由学校规定，程序性内容则由判例法和学校规定共同加以规范。尽管各学校学位条例结构不尽相同，但大多数学校都根据不同的学位和学科门类分别制定学位条例。如哲学硕士与博士学位条例、文科部高级学位与文凭条例、社会科学学部高等学位条例等，构成一组学位条例。这些学位条例结构大都包括通则和分则。通则规定适用范围、最低录取标准、录取及注册程序、考试要求、论文要求及提交时限等共同性内容；分则规定该学位涉及的不同学科或不同类型研究生的特殊性要求。

英美国家尽管不制定统一的学位法，不对学位授予标准等实体内容加以规定，但其判例法却影响着学位制度中的程序性规定。各所学校在制定学位规则时，一般都会遵循或参考正当程序原则，以保证学位制度程序公正及对学生提供必需的程序保障。

（一）美国学位法律制度

美国是世界高等教育十分发达的国家。美国学位制度经过一百多年的发展，逐步走向成熟与完善，并为美国高等教育稳居世界领先地位作出了巨大贡献。美国学位制度经历了由仿效欧洲学位制度到自主发展与完善两个发展阶段，并呈现出学位设置多层次化、与企业密切联系以及国际化的发展趋势。美国的学位基本上分为副学士学位、学士学位、硕士学位、博士学位四个层次。学位授予权由州政府授权给各大学。在美国三权分立政治体制背景下，构建美国学位质量保障体系的力量来自三个方面：以联邦政府和州政府下属的教育管理部门为代表的政府力量，以各种民间组织与机构为代表的社会力量，以高等学校为代表的教育自身力量。

美国学位制度主要有三大特点：学位设置多样性与学位标准明确性，学位授予自主性与学位质量保障体系严密性，官方教育部门的间接调控与民间机构显著作用（程萱，2008）[1]。

美国没有全国统一的学位授权管理机构，研究生学位主要由大学授予，而大学的学位授予权主要是向所在州的立法机关申请。美国学位授予权管理属于学术管理范畴，大学自治、学术自由和教授治校是学术管理的三项基本原则，而且美国高校管理体制又是地方分权制，限制了州政府全面干预学术事务。大学在获得办学许可与学位授予权后，只要不违背法律，便可自主管理。大学拥有具体学科的学位授予权，授予的学位质量由非官方的第三方认证机构评价（杨朝晖，2006）[1]。没有通过评价的学科，学位授予权就会被取消。另外，学校会根据市场需求调整学科设置。美国有其独特的教育制度，虽然大学高度自治，政府不直接管理，但美国形成了一套严格的评价制度，尤其是第三方评价使美国研究生学位授予权处于动态管理中（程萱，2008）[1]。

（二）美国学位的民间认证

在美国高等教育管理制度中，经"政府教育部门批准，具有授予学位权利"只是说明学校已经在主管审批事务部门正式"注册"，没有得到大学同行成立的民间性六大地区院校认证机构或其他权威专业认证机构认证，任何大学颁发的学位证书无异于一张废纸。美国学历学位文凭认证委员会经过美国联邦政府、州政府批准登记，通过由该委员会专门执行，高等教育机构自愿参与的方式，为副学士、学士、硕士、博士学位课程进行学术鉴定，是全球管理教育专业认证的最具权威和高水平的认证机构（胡钦晓，2010）。

凡是申请美国学历学位文凭认证委员会学历学位资格认证的高等院校必须取得其会员资格。专业认证机构和全国性认证机构的结果都会被区域认证委员会承认。经过区域认证委员会认证过的院校的学位，会得到其他经过区域认证委员会认证过的院校的承认；只经过全国性认证机构认证的院校的学位，不一定得到经过区域认证机构认证的院校的承认。①

（三）美国学位授予权的法律基础

美国是世界上研究生教育最发达的国家，但并没有全国统一的学位授权管理机构，学位主要由大学授予，而大学的学位授予权主要是向所在州的立法机关申请。美国研究生学位授予权管理属于学术管理范畴，大学自治、学术自由和教授治校是学术管理的三项基本原则，而且美国高校管理体制又是地方分权制，这样便限制了州政府全面干预学术事务。大学在获得办学许可与学位授予权后，只要不违背法律，可自主管理（易浩，2010）。大学拥有具体学科的学位授予权，授予的学位质量由非官方认证组织进行评价。没有通过评价的学科，学位授予权会被取消。

（四）美国学位纠纷解决机制

自20世纪90年代以来，我国高校因授予学生学位而引发的争议成为热点。学生对该行为不服引发争议，进入司法审查后，高校学术自治权与司法审查权的冲突凸显。司法如何既尊重学校办学自主权又合法介入成为学位制度改革的难点（谭晓玉，2000）。英国和美国在这方面的做法值得借鉴。

美国高校学位纠纷大体可分为大学拒绝颁发学位证书和大学撤销学位证书两种情形（陈智峰，2004）。司法节制原则是美国法院处理大学拒绝向学生授予学位时适用的基本原则。对于拒绝授予学位的决定，法院认为是教师的专业判断，一般不会作出要求大学授予学位的判决。但这种尊重是有限

---

① 美国高等院校的认证有两种：院校认证和专业认证。院校认证由两类认证机构执行：区域认证（地区认证）委员会（regional accreditation）和全国认证委员会（national accreditation），认证的是整个院校。专业认证由两类认证机构执行：全国认证委员会（national accreditation）和专业认证委员会（specialized accreditation），认证的是某种专业院校或院校中某个专业或学科。参见：孙建荣. 美国高等院校认证体系中的教育质量评估 [Z]. 首届教育部本科教学工作水平评估专家研修班发言，2005.

的，当学生有证据表明大学滥用了裁量权时，司法会介入，放弃司法节制原则立场，要求大学授予学位（吴文灵，2010）[66]。同时司法对于公立大学和私立大学在程序上的要求有所区别。公立大学遵循《宪法第十四修正案》的正当法律程序，私立大学则要求遵循基本公平原则。司法审查强度也因拒绝授予学位的原因而有所不同。当拒绝授予学位的原因是学术原因时，法院介入强度较低，一般对教师学术判断给予尊重，适用不太严格的程序；而如果是因为非学术的原因，法院审查的强度往往较高，并要求适用正当程序。

法院在大学是否有权拒绝授予学位问题上所持的基本立场是：当学位因纯学术原因被拒绝授予时，法院对于学术机构的决定给予充分尊重；当以非学术原因拒绝授予时，则要求学术机构为学生提供充分的程序保护。

法院介入学位纠纷的情况主要包括：学术问题，没有修满学分或学术不诚实；非学术问题，没有交纳学费或其他费用；社会问题，有反社会的不当行为等。

法院处理大学拒绝授予学位诉讼案时，主要考虑三方面因素：一是法院审查大学是否有权根据学校规章拒绝授予学位。如果大学没有规定或规定太模糊，法院会深入审查大学作出这种行为的理由。二是拒绝授予学生学位的影响大小。拒绝授予学生学位的决定应当认真权衡其对学生未来的影响。三是大学的做法必须是善意的（吴文灵，2010）[70]。

（五）英国学位授予权审批制度

英国的学位授予权通过政府批准并由大学独立行使。政府主要授予"授课式"和"研究式"两种类型的学位授予权。高等教育机构获得学位授予权的依据是皇家宪章、国会法案或教育与技能部的特别命令。未经政府正式批准授权而私自授予学位或相应证书属于违法行为（见表2）

1992 年以前，大部分大学由皇家宪章承认并授予学位授予权。1992 年颁布的《继续教育和高等教育法案》和《继续教育和高等教育（英格兰）法案》规定：枢密院可根据有关法律批准任何符合授予称号、名誉条件的高等教育申请者拥有学位授予权。但枢密院不具体负责学位授权审核工作。在收到高等教育机构申请后，枢密院会将其转交给主管高等教育的大臣（枢密院一般将申请转交到教育和技术部、苏格兰事业和终身教育部、威尔士国民大会，或者北爱尔兰就业和教育部等），由这些部门再将申请交由高等教育

表2　英国学位授权审核的主体及职责

主　体	职　责
枢密院	代表国家向符合条件的申请机构授予学位授予权，是学位授予权的最终批准机构
英国高等教育质量保障署（QAA）	制定被教育与技能部和英国政府认可的学位授予权授予基准（资格框架），审查ACDAP提交的报告，向枢密院提供关于学位授予权申请者的建议
英国学位授予权顾问委员会（ACDAP）	按照既定的标准和要求并在考虑申请者各自特点的基础上，全面评估申请组织提供的定量和定性证明材料，将审查结果上报QAA

资料来源：申素平，2010

质量保障署（QAA）审查。QAA负责向枢密院提供关于学位授予权申请者的建议，建议来源于下设的学位授予权顾问委员会（ACDAP）进行的初步和详细审查。根据ACDAP提交的审查报告，先向政府就有关学校在学位授予方面的能力和水平提出意见，随后政府再向枢密院提出建议，最后由枢密院根据皇家宪章或议会法案进行审批或由教育与劳工部特批，最终授予学位授予权。

从学位授权审核主体看，英国学位授予权和审核的主体相分离，枢密院作为行政机关，代表国家批准并授予学位授予权，发挥行政审批的力量，而不涉及学术性事务；具体负责学位授权审核的是具有非政府组织性质的QAA，运用评估人员的学术权威，按照既定标准，相对独立地进行审核。学位授予权是国家法定权力，具有行政性，应由行政部门批准授予，但学位授予权作为能够授予国家承认学位的权力，是以学术性为基础的。

从学位授权审核内容看，英国的高校是具有独立法人地位和公共性质的自治机构。英国学位授权只对高等教育机构是否具有学位授予权进行审核，至于不同学科、专业的学位授权点则由取得学位授予权的高等院校自行决定，不需要经过政府的批准，高校有很大的自主权。

从授权审核过程看，QAA的评估人员主要来自QAA成员、各高校推选的教师和管理人员、教育评估方面的专家、与高等教育利益相关的工商界人士。这些评估人员相对独立，并在专业知识、学科背景、评估经验等方面达到很好的平衡，从而避免暗箱操作、人为因素干扰，使学位授权审核透明、公开。

三、日本学位立法与学位制度

日本深受德国法传统理论影响，具有大陆法系的特征，同时又将判例作为法律溯源之一。日本学位立法分为国家立法和学校立法两个层次。在国家立法层次，主要有《学校教育法》及其实施细则的相关规定，文部省根据《学校教育法》制定的《学位规则》、《研究生院设置基准》，规定学位制度的基本问题，内容较为具体；其下是各大学或学位授予机构根据《学位规则》授权制定本校学位规程。学校制定的学位规程必须向文部大臣报告，学位授予机构制定的学位规程，还须在公报上公告。除学位规程外，大学还制定研究生院学则，作为规范研究生培养过程的重要依据（申素平，2005）[43]。

日本学位立法结构居于德国与法国之间。国家立法与学校立法的比重相当。其中，国家立法又分两个层次：第一层次是《学校教育法》第 5 章"大学"中的相关规定；第二层次是文部省制定的《学位规程》、《学校教育法施行细则》、《大学设置基准》、《研究生院设置基准》中的相关内容（见表 3）。

（一）日本学位立法的发展演变

日本学位制度的形成与发展大致经过了学位制度的萌芽、学位制度的形成、学位制度的成熟、学位制度的完善及学位制度的深入发展等几个历史阶段（万小娟，2006）。

1. 学位制度的萌芽阶段——19 世纪后半期

1872 年日本颁布了《学制》，是日本历史上第一个全国统一的近代教育法令。作为《学制》的补充文件，1873 年，日本颁布《学制追加》，第一次涉及学位问题，只有学士学位一种。同年，发布《关于有关官级、教师等级、学位称号的规定》，将学位分为"博士、学士、得业士"三种。由于文部省内部意见分歧以及日本尚未建立真正意义上的大学，这些学位制度没有可实施的载体，《学制》于 1879 年被废除。

1877 年，日本创办了第一所近代化的大学——东京大学，次年制定"学士"学位制，授予本校各学部的毕业生。1879 年制定学位授予规则。

表3   日本学位法的基本结构与内容

主要项目		基本内容
主要内容	大学	高中毕业，受过12年普通教育者，同等以上学力者
	研究生院	大学或硕士毕业者，同等以上学力者
教育课程	大学	修业年限，课程编制方针和方法，学分确定，授课时间，教师资格
	研究生院	目的，修业年限，教师资格，教学方法
毕业或修完课程的必要条件	大学毕业的必要条件	获得的学分数，在学学年数
	修完硕士或博士课程的必要条件	获得的学分数，在学的学年数，学位论文审查和考试合格
学位授予标准	学士	大学毕业者，其他满足条件者
	硕士或博士	修完硕士或博士课程者，同等以上学力者
博士学位论文的公布	论文要点和审查结果的公布	授予学位三个月内公布论文内容的要点和审查结果的要点
	论文印刷和公布	授予学位一年内印刷并公布论文，例外性规定

资料来源：申素平，2005

1886年，日本政府颁布《帝国大学令》，将东京大学改为东京帝国大学，1887年正式颁布日本第一个《学位令》（敕令第13号），规定学位分为博士和大博士两种。这一制度一直沿用至1897年。1898年，日本对第一个《学位令》进行修改，颁布第二个《学位令》。规定只设博士学位，授予权仍归文部大臣，但决定性的表决则转移到了各分科大学教授会；推荐制度进一步加强，包括博士会推荐和帝国大学校长推荐两种形式。

2. 学位制度的形成阶段——20 世纪初至"二战"结束

"一战"结束后，日本经济进入快速发展期，日本由农业国向工业国迈进，产业界急需大量的技术人才和管理人才。为适应新形势的需要，日本对学位制度加以改革，颁布了第三个《学位令》。1918 年日本修改《帝国大学令》，同年公布《大学令》，其中规定：为提高和保证大学教育质量，允许大学设预科，修业年限为两年或三年；大学修业年限在三年以上，经过考试合格者授予学士学位。《学位令》的修改简化了学位授予程序，扩大了大学学位授予自主权，一直沿用到"二战"结束，随着 1947 年《学位教育法》的颁布而被废除。

3. 学位制度的成熟阶段——"二战"结束后至 20 世纪 70 年代

"二战"结束后，由于日本军国主义势力的失败，日本在近代建立和发展起来的军国主义高等教育体制彻底崩溃，开始踏上建立民主教育体制的道路。

1947 年 3 月，日本政府颁布《学校教育法》，同时废除《大学令》、《学位令》。《学校教育法》对研究生院和学位作了初步规定。1952 年颁布《设置研究生院的审查准则要点》和《有关学位的要点》，1953 年制定《学位规则》。将学位种类由"博士"一种改为"博士"和"硕士"（在日本又称修士）两种，并将学位授予权下放到设有研究生院的大学。

4. 学位制度的完善阶段——20 世纪 70 年代至 90 年代初

20 世纪 70 年代，日本在经历了 50 年代到 60 年代的"经济增长期"之后，产业结构有了很大变化。但由于受到第七次世界经济危机的影响，日本经济发展速度放缓。日本寄希望于通过教育振兴经济，迫切要求培养大量推动和掌握先进技术、从事高级研究和教学、具有渊博基础理论知识的人才。1974 年，由大学设置审议会制定《研究生院设置标准》和部分修改《学位规则》，同年 3 月大学设置审议会颁布《关于改革研究生院及学位制度的报告》，后经 1977 年、1978 年、1981 年的修改和补充，日本的学位制度日臻完善。

5. 学位制度的深入发展期——20 世纪 90 年代至今

进入 20 世纪后，随着日本"泡沫经济"的破灭，其经济发展跌入低谷。90 年代产业结构中信息科学、生命科学、空间科学等高新技术产业的崛起对日本的高等教育提出了新的挑战。同时，日本在这一时期的人口结构也发生了新的变化——老龄化人口增长。为了应付挑战，日本高等教育和学位制度进入深化改革阶段。在学位授予制度上，1991 年对《学校教育法》加以修改，短期大学毕业生修业年限为二年以上，修满规定学分并经过毕业考试合格者都可被授予"准学士"（Associate Degree）称号。修改后的博士学位授予制度取消了对博士学位授予过高的要求，只将获得高深研究能力和作为其基础的丰富学识作为判定是否授予学位的标准。1991 年修改的《国立学校设置法》规定，对于未在正规研究生院注册者，还可以通过新设的学位授予机构申请学位，可授予学士、硕士或博士学位。

（二）日本学位授予机制

日本学位授予机构根据日本《国立学校设置法》的有关规定创建于 1997 年，是国家机关。学位授予机构的经费预算，在国立学校特别财政中列支。学位授予机构的工作，由机构长负责领导，下设评议会、运营委员会、审查研究部和经管部等部门（李军，1998）。

学位授予工作主要由审查会负责。审查会的主要职责是审查学位授予工作、非大学教育机构课题设置、短期大学和中等专业学校学科设置。成员由学位授予机构的教授和大学教员等具有较高学术水平的人士组成。

学位授予机构的任务是：根据日本《学校教育法》的规定，向高等专科学校毕业者中满足一定条件的人员授予学士学位，向在大学以外的高等教育机构接受过有组织或系统教育的人员授予学士、硕士或博士学位；为开展学位授予工作，进行必要的有关评价学习成果的调查研究工作；收集整理并提供大学中各种学习机会的有关信息。

四、俄罗斯学位立法与学位制度

俄罗斯现行学位制度经历了俄国、苏联、俄罗斯三个不同历史时期近二百年的发展，目前存在着两种学位体系，即专家、副博士、博士，以及学士、硕士、副博士、博士。

苏联学位制度秉承了俄国的学位体系，实行"专家、副博士、博士"体系，其中学位制度体系只包括副博士和博士两级。本科教育大部分专业修业年限为五年或六年，大学本科毕业生不授予学士学位，而授予"工程师"或

"专家"称号，同时在研究生教育中不设硕士学位，而设副博士和博士两级学位。

从 1992 年开始，俄罗斯高等教育实行两轨并行的学位体制。一轨是苏联时期保留下来的学位体系，即专家—副博士—博士；另一轨是从 20 世纪 90 年代后半期开始，俄罗斯为外国留学生设置的学位制度，即学士、硕士、博士（单春艳，2008）。

苏联解体后，俄罗斯加强了与世界各国的交往，尤其重视尽快融入欧洲一体化进程，高等教育则被看作融入欧洲的重要手段和通道。借助欧洲一体化进程的推动进行高等教育领域改革，学位制度变革给俄罗斯高等教育带来牵一发而动全身的变化。

如前所述，俄罗斯学位体系基本继承了苏联时期的衣钵，实行专家、副博士、博士学位结构。大学教育，即本科教育是一个培养"专家"的完整阶段，学制为 5—6 年，学生毕业后只授予与其专业相应的职称，并不授予学位。大学后教育即研究生教育始于 20 世纪 20 年代，包括相当于欧洲哲学博士的副博士培养阶段。博士学位只能由个人申请，根据科研工作实绩由专门机构授予，不通过集中的研究生教育获得。

俄罗斯学位改革始于 1992 年公布的《俄罗斯联邦关于建立高等教育多级结构的暂行决议》，并在 1996 年的《俄罗斯联邦高等教育职业和大学后职业教育法》中以法的形式明确。2002 年俄罗斯开始起草加入"博洛尼亚进程"的各种法律文件，并于 2003 年 9 月在柏林签署了《博洛尼亚宣言》，正式成为"博洛尼亚进程"的成员国。根据"博洛尼亚进程"规定，2004 年俄罗斯政府召开教育工作会议，确立了继续改革学位制度，在实行双学位制度的基础上推广学士和硕士两阶段制度。2005 年俄罗斯颁布了《关于成员国学术专业的统一证书和科学教育工作者的培养和鉴定程序细则示范法令草案》和《关于控制独联体成员国教育质量的标准和监控技术协议的建议》。2007 年，俄罗斯国家杜马通过《关于引入两级高等教育体制的法律草案》，明确规定，自 2007 年起全面实行新体制，把原来 5—6 年的文凭专家体制拆解为"学士+硕士"的两级体制（徐贞，2011）。

目前，俄罗斯高等教育层次结构既保留了苏联时期高等教育的典型层次（文凭专家、副博士），又增添了学士、硕士、博士三级学位制度，从苏联时期的单轨制向俄罗斯高等教育层次结构的双轨制转变，呈现出多样性、可选择性，同时也反映了俄罗斯既想融入欧洲高等教育，又想保持其传统的相对独立性的意图（刘肖芹，2010）。

目前，俄罗斯新旧学位制度并存，很多学校部分专业属于旧学位体系，而另一部分专业实行新学位体系。随着学士、硕士学位制度在俄罗斯被广泛接受，学士、硕士体系已成为俄罗斯未来学位制度改革的重要目标。目前，转入两级高等教育的法律方案已经完成，拟实行下列两级高等教育：第一级是学士，第二级是硕士和专家。一方面支持学士和硕士两级高等教育的发展；另一方面保持俄罗斯培养专家的传统，由点及面、循序渐进、逐步推广。

五、世界主要国家学位授权制度

学位授权实质上是指政府授予培养单位和学科点从事研究生教育并颁发学位的权利或资格的活动。相应地，学位授权制度则指导围绕这些活动而形成的一系列制度（韩映雄，2009）[79]。

学位授权审核制度是大学自治组织形成的一种学术自律的控制制度。它本来是学术自治共同体为了控制学位质量与社会信誉而实施的一种学术自律的控制制度，随着高等教育学位对社会的影响越来越大，一些国家加强了对学位的控制，建立了国家的学位制度，学位授权审核就成为一个国家或政府对高等教育质量进行监控的手段，通过严格的审定并授权学位授予单位这一运行机制来保证和提高大学学术水平与学位质量。

学位起源于中世纪的大学，学位授予权是由国王或教会授予大学的特权之一，是大学自治的重要内容。近代，各国政府在投资高等教育事业的同时，也相应地不断加强对高等院校的管理，学位授予权就是其中一项内容。

以上对法、德、美、英、日、俄等国学位授予权的权力来源、权限与功能、审核与监督机制等的分析比较显示，这些国家学位授予权均来自政府，且都有相关法律法规作为保障。高等院校获得授权后，便成为学位管理的主体，其颁发的学位是学校而非国家学位（俄罗斯除外）。在授权管理审核与监督环节，大部分国家都引进了中介机构参与相关工作（韩映雄，2009）[79]。

法、德、美、英、日、俄等国高等院校从事研究生教育及颁发学位的权力均来自政府授权。没有政府的许可或批准，院校不能擅自开展研究生教育及颁发学位。以美国为例，审批高等院校创办和所授学位以及颁发办学许可是州高等教育管理机构的一项重要职能。所有州都通过议会或州有关法律，制定本州开办高等院校的法律法规。无论是公立院校还是私立院校，授予学位都必须得到其所在州的授权或批准。政府代言人既可以是委员会，也可以是行政负责人。投资办学者同时也是学位授权者。

政府行使学位授予权的主要依据是相关法律法规。英国 1992 年《继续教育和高等教育法》第 76 条规定，负责英国皇家事务的枢密院有权根据一定的标准决定是否授予学院独立的学位授予权。日本主要通过政府颁布的《短期大学设置标准》、《研究生院设置标准》、《专门职业研究生院设置标准》等法规以及相关配套政策来行使学位授予权。

政府通过某种程序可将学位授予权让渡给院校，也即授权。学位授予权限主要有两种：一种是在颁发办学许可证的同时让渡学位授予权；另一种是两者相分离，院校须单独向政府申请学位授予权。前一种情况也包含政府对院校名称使用的授权（韩映雄，2009）[80]。在美国、德国等国家，只有政府允许使用"大学"或"学院"名称的机构才有资格授予学士及以上学位。大学名称在某种程度上就是一个是否获得学位授予权资格的标志。俄罗斯属于后一种情况，大学办学资格和学位授予资格相分离。

院校获得学位授予权又可分为两种情况：一种是获得涵盖所有学术领域的学位授予权，另一种是获得某特定领域的学位授予权。英国属于前者，俄罗斯、日本和德国属于后者。

英美等多数西方国家的学位审核都是交由居于政府与院校之间的中介机构来组织和开展。按照学位管理的完整程序，学位审核只是学位授权的第一步。院校获得学位授予权后，在后继办学过程中，还需要持续参加相关评估活动，包括对培养过程及毕业生论文质量等方面的评估。这些评估大都由中介机构开展，政府并没有放弃监控责任，政府发挥监控作用的手段更加隐蔽或高明。

以美国、德国为代表的中介机构主导模式的保障主体是中介机构，中介机构与州政府、联邦政府三者在质量保证体系中是合作与相互补充的关系。以英国为代表的多元共治模式的保障主体既有政府本身，也有政府委托或认可的机构。多元共治模式使各方利益相关者都在权力分配与运作上相互制衡。以俄罗斯为代表的政府主导模式的保障主体是政府，所有评价和管理均在政府控制之中（韩映雄，2009）[82]。

参考文献

陈智峰,等.2004.美国学位纠纷的解决及其对我国的启示[J].中国高教研究(8).

程萱.2008.美国学位制度研究[D].武汉:武汉理工大学.

韩映雄.2009.世界主要发达国家学位授权制度分析[J].高等教育研究(8).

胡钦晓. 2010.文化视野中的美国学位制度变迁[J].高等教育研究(2).

胡世君,等. 2010.德国学位制度改革的新进展[J].煤炭高等教育(1).

李军.1998.日本开辟获得学位的新途径[J].学位与研究生教育(1).

刘肖芹.2010.博洛尼亚进程中俄罗斯学位制度改革的两难境地[J].教育与考试(9).

单春艳.2008.俄罗斯高等教育层次结构及学位制度的改革与现状评述[J].比较教育研究(9).

申素平.2005.学位立法的国际比较与借鉴[J].学位与研究生教育(11).

申素平.2010.英国高校如何解决内部纠纷[N].中国教育报,02-23(3).

谭晓玉.2000.我国首例学位教育行政诉讼案的若干分析与思考[J].高等教育研究(2).

万小娟,等. 2006.日本学位制度的沿革及其特点[J].高教探索(7).

吴文灵.2010.美国"司法节制"原则在拒绝授予学位领域的适用[J].学位与研究生教育(2).

徐贞.2011.博洛尼亚进程中俄罗斯高等教育学位制度改革探究[J].文教资料(1).

杨朝晖. 2006.论美国研究生学位授予权管理[D].保定:河北大学.

易浩.2010.美国学位授予权的法律基础[J].科教文汇(上旬刊)(12).

A Comparative Study of the Academic Degrees System of the Main Western Countries

Tan Xiaoyu

Abstract：Using the approach of legal analysis to follow the logic of the legal system reform, in terms of legal traditions, focuses on comparing, combing and analyzing the British, American, French, German, Japanese, Russian and other Western legal systems and national academic degrees policy, history, current situation and trends, and put forward countermeasures recommendations so as to establish a sound legal system of academic degree in China.

Key words：academic degrees system, perspective of law, international comparison

作者简介

谭晓玉，男，博士，上海市教育科学研究院研究员，中国教育学会教育政策与法律研究专业委员会常务理事。主要研究方向：教育法学与教育政策。

□ 王智超

从美国的校园枪击反观学生的权利保护①

【摘　要】美国桑迪胡克小学枪击案的发生让人们再次将视线聚焦到美国校园安全问题上。20世纪以来，美国校园枪击事件频频发生，深深震撼了美国社会。美国校园枪击案有复杂的社会背景，也折射出学生权利保护措施的缺失。梳理美国校园枪击案的历史，探寻其背后隐藏的社会问题，有助于我们更好地理解美国校园安全管理，并对促进我国校园安全管理、完善学生权利保护提供有益启示。

【关键词】校园枪击案，校园安全管理，学生权利，学校管理

2012年，美国桑迪胡克小学（Sandy Hook Elementary School）发生枪击事件，造成包括凶手在内共28人死亡的悲剧，这是美国历史上最严重的中小学校园枪击事件。20世纪以来，美国校园枪击案频频发生，已成为美国校园安全管理面临的一个重大问题。回顾美国校园枪击案的历史，有助于我们更深入地反思美国校园枪击案发生的原因，进而考量我国校园安全管理过程中存在的问题，探索

① 【基金项目】吉林省社会科学基金一般自选项目（2012B61）；中央高校基本科研业务费专项资金资助项目（12SSXM006）。

学生权利保护得以实现的途径。

一、美国校园枪击案回顾

美国是一个公民可以合法拥有枪支的国家，枪支泛滥使美国社会一直笼罩在枪击事件的阴云之下。美国疾病控制和预防中心（Centers for Disease Control and Prevention）发布的数据显示，2009 年美国共有 31347 人死于枪击（Kochanek et al，2011）。同样处于枪击事件阴云笼罩下的还有美国的校园安全，据不完全统计，20 世纪以来美国共发生校园枪击案 159 起。在 20 世纪 60 年代以前，很少有两人（不包括凶手）及两人以上在同一次校园枪击案中死亡，但 60 年代以后，这种情况越来越多，伤亡也越来越严重。本文对 60 年代以来美国校园枪击案的相关资料进行了梳理，主要整理了校园枪击案凶手的相关情况，重点分析了凶手的家庭背景、成长经历和作案动机。① 在已统计的 52 起校园枪击案中，共有凶手 59 人。从凶手身份来看，校内人员共有 41 人，占总数的 68%。其中 39 人为在校学生，2 人为校内教职人员。18 人为校外人员，其中 6 人为毕业生，1 人为退学生，11 人为未知职业者或其他社会人员。从凶手年龄结构来看，18 岁以下的凶手共 31 人，其中年龄最小者 6 岁（2000 年，密歇根州比尔小学枪击案），且这 31 人全部为在校生。从凶手性别结构看，男性凶手 56 人，女性凶手 3 人。从凶手国籍结构看，美国籍凶手 56 人，非美国籍（包括其他国籍的美国永久公民）3 人。总体来看，美国校园枪击案的凶手以校内人员为主，特别是以在校学生为主，凶手年龄呈现低龄化特点。此外，多数校园枪击案的发生并非突发事件，凶手在案发前多有预谋。

二、对美国校园枪击案的反思

在资料整理过程中，一起起血淋淋的案件让笔者掩卷之余不免沉思，在美国这样一个高度现代化、法制建设较为完善的国家，校园安全事件为什么

---

① 本文在统计数据时，将校园枪击案的范围界定为因校园枪击造成人员死亡的案件，没有造成死亡的案件并不包括在内。

会频频发生？为什么如此多的学生会成为校园枪击案的凶手？哪些因素诱发了这些事件？通过对资料的详细分析，有几个关键词呈现在我们面前，可以使我们尝试对这些问题作出回答。

第一，　校园欺凌导致学生报复社会。

通过对美国校园枪击案凶手成长经历的分析发现，一些凶手在校学习期间长期受到其他同学的歧视、侮辱或欺凌，是校园欺凌（Bullying）的受害者，遭受校园欺凌后所产生的报复心理成为诱发其作案的重要原因。

一直以来，校园欺凌都是美国校园文化（特别是中小学校园文化）中久攻不克的顽疾。校园欺凌是指发生在学龄儿童间的不必要的攻击性行为，这种行为可能是肉体上的，也可能是精神上的，主要受害者为学生中的弱势群体（Bullying Definition）。[①] 校园欺凌的形式不仅包括身体上的殴打与侮辱，还包括日常交往中的冷漠与歧视。在校园生活中，学生中的弱势群体会由于校园欺凌而脱离与正常学生群体的沟通与交流，造成或强化其自卑心理。一些少数族裔学生、同性恋学生、单亲家庭学生和成绩较差的学生都是校园欺凌的主要受害者（校园枪击案的凶手多为校园中的弱势群体）。而在一些学校中，学校管理者和教师对于校园欺凌现象的漠视或管理失当更是加剧了校园欺凌行为的蔓延。资料显示，部分校园枪击案凶手的日记、遗书等记录曾经显示其自身是校园欺凌的受害者，并表达了对于校园欺凌的痛恨，同时表明制造校园枪击案的目的就是报复曾经对其实施过校园欺凌的人。凶手在校期间曾经受到校园欺凌的校园枪击案包括：1997 年 2 月 19 日发生的阿拉斯加州伯特利高中枪击案、1997 年 10 月 1 日发生的密西西比州珍珠高中枪击案、1997 年 12 月 1 日发生的肯塔基州希斯高中枪击案、1999 年 4 月 20 日发生的科罗拉多州科伦拜恩高中枪击案、2001 年 3 月 5 日发生的加利福尼亚州圣塔纳高中枪击案、2003 年 9 月 24 日发生的明尼苏达州洛克里中学枪击案、2005 年 3 月 21 日发生的明尼苏达州红湖初中枪击案、2006 年 9 月 29 日发生的威斯康星州韦斯顿高中枪击案、2007 年 10 月 10 日发生的俄亥俄州成功科技学院枪击案等。

特别值得一提的是 1999 年 4 月 20 日发生在科罗拉多州科伦拜恩高中的校园枪击案，这起校园枪击案的两名凶手分别为 17 岁的迪伦·克莱伯德（Dylan Klebold）和 18 岁的埃里克·哈里斯（Eric Harris），两人均是科伦拜恩高中的在校学生，枪击造成 15 人死亡、21 人受伤的严重后果。由于作案

---

① 参见：http://www. stopbullying. gov/what-is-bullying/definition/index. html.

后两人同时自杀，这两人的作案动机没有得到确切的证实，但考察他们的成长历程可以发现，他们一直都是校园欺凌的受害者。一些资料表明，由于长期受到其他同学的孤立和欺辱，两人产生了强烈的无助感、不安全感和沮丧感，这些也使他们强烈渴望做出引人注目的事情（Cullen et al, 2010）。埃里克·哈里斯在日记中写道："每个人都总是取笑我……事实上，我几乎没有自尊……我没有得到尊重，因此我很生气……我会报复你们！"①

一些美国研究者在分析了多数校园枪击案后也认为，校园欺凌是导致校园枪击案的重要因素之一（Boodman, 2006）。校园欺凌是一种不容忽视的校园现象，也是一个非常严峻的社会问题，是社会生活中对弱势群体歧视现象在校园中的反射。美国社会虽然倡导多元和开放，但长期以来存在的对于弱势群体的不公正对待并未得到彻底消除，且有愈演愈烈的趋势，这也是为什么校园欺凌现象往往被学校管理者与教师纵容的重要原因之一（Greene, 2005）。

科伦拜恩高中校园枪击案发生后，美国社会开始反思社会环境对于青少年的影响以及由于法制漏洞而诱发的对于学生权利保护的不足，提出要进一步加强反校园欺凌政策（Anti-bullying Policies），保护学生的应有权利。特别是近年来，对于校园欺凌的关注已经从社会、教育和健康方面转移到相关立法与政策制定上来，校园欺凌被认为是对于青少年发展的一项严重威胁（Swearer et al, 2009）。美国联邦政府由教育部（Department of Education）牵头，联合司法部（Department of Justice）、卫生与公众福利部（Department of Health and Human Services）共同组成了一个部际协调委员会——联邦预防欺凌委员会（Bullying Prevention Steering Committee），督促各学校依法履行职责，维护学生权利，预防校园欺凌的发生，并指导各州制定本地的反对校园欺凌的法律或政策。由于反校园欺凌的相关内容已经包含在联邦有关民事权利的法律（Federal Civil Rights Laws）之中，因此美国并没有制定全国性的反校园欺凌的法律或政策，如果学校未能对学生相关权利履行保护职责，则由司法部或教育部的相关部门来依法保护学生相关权利的实现。在此背景下，各州都在试图努力构建一个安全的学校环境，并希望通过环境的构建来减少校园欺凌的发生。2011 年，全美共有 46 个州制定了与反欺凌有关的法律，36 个州通过教育令的方式要求禁止网络欺凌，41 个州制定了相关政策。这种政策层面的努力虽然取得了一定效果，为反校园欺凌提供了法律依据，

① 参见：http://www.acolumbinesite.com/eric/writing/journal.html.

但由于相关法律和政策对于各学校并不具备更为具体化的操作指引，收效甚微。

第二，　学校漠视导致学生心理健康问题爆发。

梳理美国校园枪击案的历史，与校园欺凌相伴随的另一个关键词是心理健康问题。根据已公布的资料，在本文统计的校园枪击案中，存在精神疾病史或心理健康问题的凶手超过了10名，这里面还不包括一些没有得到最后确认的凶手。研究这些凶手的成长历程可以发现，他们或是生活在单亲家庭中，或是父母一方具有犯罪、暴力记录，或是由于性格原因曾受到校园欺凌（包括同学和教师的欺凌），但共同点是他们都具有抑郁、偏执或厌世的心理，或者曾接受过精神疾病的治疗，这些原因导致他们长期处于非正常的状态之中，进而导致他们对于学校和同学存在心理上和行为上的抵触。遗憾的是，很多学校对于学生中存在的心理健康问题缺少足够重视，忽略了学生心理健康问题可能对学校安全带来的潜在危害，没有采取适当措施来保护、预防和帮助这些学生，使这些学生继续处于原有的学习、生活环境之中，在一定程度上加剧了他们的心理健康问题，并最终酿成了悲剧。

2007年4月16日发生在弗吉尼亚州弗吉尼亚理工大学的校园枪击案造成了33人死亡、15人受伤的惨剧，此次枪击案是迄今为止美国历史上最为严重的校园枪击案。枪击案的凶手是弗吉尼亚理工大学四年级学生赵承熙（韩国公民，美国永久居民）。研究者对于赵承熙的个人成长作了较多研究，令人惊讶的是，赵承熙在大学期间就已经有多种行为被认为是显现病态的，早在2005年即被发现患有精神疾病应住院治疗，同时他在课堂学习及与同学交往过程中表现出多种让人觉得异常的行为（Court Found Cho，2007），但这些并没有引起学校的足够注意，学校也没有采取任何防范或预防措施，最终造成了悲剧的发生。赵承熙的悲剧既是学校安全防范过程中对于特殊群体重视不足的后果，也是弱势族裔群体受到欺压而形成的畸形心理的爆发，赵承熙曾在日记中写道，"是你们逼我这样做"。同时，科伦拜恩高中枪击案对他也产生了较为强烈的影响（Schoetz et al，2007）。

此外，1974年纽约奥利安高中枪击案凶手、1992年马萨诸塞州西蒙洛克学院枪击案凶手、1993年肯塔基州东卡特高中枪击案凶手①、1996年华盛

---

① 参见：Pennington sentenced to life term［N］. Lexington Herald-Leader，1995-04-08.

顿州边疆中学枪击案凶手①、1998年俄勒冈州瑟斯顿高中枪击案凶手②、2008年伊利诺伊州北伊利诺伊大学枪击案凶手（Boudreau et al，2008）都被证实患有（或曾患有）精神疾病或具有严重的心理健康问题，科罗拉多州科伦拜恩高中的两名凶手也被证实患有一定程度的精神疾病。③ 这些学校均没有对这些学生采取过任何心理辅导，学校也没有相应的预案。

事实上，很多学校对于学生心理健康问题所可能诱发的严重后果估计不足，在不过分干涉学生权利的名义下，放任学生心理问题的发展。这些问题反映了学校对于学生基本权利的漠视、学校与学生权利界限的模糊和学校安全管理的漏洞，成为美国校园安全事件频发的另一重要原因。

第三，　复杂的社会环境导致学生价值偏离。

美国是一个自由、开放的现代化国家，多元文化的存在是这个国家发展的基础。但是，多元文化的存在也使美国的社会环境较为复杂，这也成为美国校园枪击案频发的一个不可忽视的重要因素。

一方面，泛滥的枪支拥有与薄弱的枪支管理成为校园安全的重要隐患。《美国宪法第二修正案》中有"人民持有和携带武器的权利不受侵犯"的条款，根据这一条款，美国公民可以合法拥有枪支。美国是世界上民间拥有枪支最多的国家，而枪支管理方面的不足已成为众多批评者对于美国校园枪击案频发进行批评的主要原因。虽然美国政府在每次枪击案发生后都提出要加强对枪支的管控，但往往由于民众的反对而没有实效，科伦拜恩高中枪击案发生后，美国开始对携带武器和具有威胁行为的学生采取"零容忍政策"。④但事实证明，这些措施并没有起到切实的作用，一些公众甚至开始质疑"零容忍政策"是否侵犯了公民的自由。⑤

另一方面，多元文化背景下的美国青少年更易受到各种文化的冲击，不利于其正确价值观的形成。这一时期的青少年正处于人生观、世界观、价值

---

① 参见：Moses Lake boy tells of killing three at school [EB/OL]. (1996-04-18). http：//Community. seattletimes. nwsource. com.

② 参见：Doctors：kinkel hid schizophrenia [EB/OL]. (2007-06-19). http：//www. katu. com/news/8082147. html.

③ 参见：The depressive and the psychopath：at last we know why the Columbine killers did it [EB/OL]. (2004-04-20). http：//www. slate. com/articles/news_ and_ politics/assessment/2004/04/the_ depressive_ and_ the_ psychopath. html.

④ 参见：Students tell of bullying at Columbine High Rocky [N]. Mountain News, 2000-10-03.

⑤ 参见：More schools rethinking zero-tolerance discipline stand [N]. The Washington Post, 2011-06-02.

观形成时期，还缺乏对于自我行为的有效控制和社会价值的正确判断，较易受外界环境影响，进而对社会、生活作出极端判断，产生一些极端行为。美国主流文化背景下存在的一些非主流文化，特别是一些极端主义和宗教思潮对于处于生理、心理生长发育期的青少年来说具有较为严重的消极影响。如哥特文化、新纳粹主义等极端思想强化了青少年学生心理中的阴暗面，影响了其心理健康。

此外，不良文化的泛滥对于学生行为也产生了较大的负面影响。一些校园枪击案发生后，媒体对于案件进行了大量报道，甚至对细节也进行了较为详细的描述，一些厂商也以校园枪击案为背景制作了类似的游戏和电影等，这些都对青少年产生了非常负面的消极影响。一些枪击案凶手事后被证明就是受到了暴力电影和暴力游戏的影响。

这些多元文化与复杂社会背景的存在，对于学校管理制度和教育方式提出了更高的要求。如何处理学校与学生之间的关系，如何保证学校权利与学生权利之间的和谐共处是美国学校面临的一个重要困惑。为了避免对学生权利造成侵害，很多学校有意回避对于学生行为的干涉，一种"无政府主义"的思想在学校管理中蔓延，而对于很多学生来说，这样的管理方式或许是一种灾难。

其实，从来没有人能真正说清楚美国校园枪击案频发的真正原因是什么，但是可以知道的是，校园欺凌、心理健康问题、枪支泛滥、多元文化这些因素或多或少都曾出现在每一起校园枪击案凶手的生活之中，这又似乎为我们提供了问题的答案，引起我们对于校园安全和学生权利保护的反思与关注。

三、美国校园枪击案对我国学生权利保护的启示

虽然我国在政治制度、社会环境和文化背景方面都与美国迥异，特别是我国对于枪支管理的制度与美国截然不同，但校园欺凌、学生心理健康问题、学校教育及管理薄弱、社会不良环境诱惑等情况在我国却也同样存在。这些情况所暴露的学校安全管理的隐患从法律的视角分析，是对学生权利的漠视与欺辱。这种情况在美国的枪支管理制度下可能以极端的形式爆发出来，而在我国，其所隐含的巨大安全隐患也丝毫不能忽略和否认。消除这种

隐患，解决校园安全问题，必须从学生权利保护的角度探讨理论上的法理依据和实践上的法治需求，在学校、学生与社会的复杂关系系统中，保障学生权利，使学校真正成为学生学习的乐园。

（一）我国学生权利保护的法律基础与学生权利保护的现实问题

学生权利的多样性是由学生身份的多元性决定的。一方面，学生与其他成年公民一样享有宪法规定的基本权利；另一方面，学生作为受教育者又享有相关教育法律规定的特殊权利。依据我国《宪法》、《教育法》、《义务教育法》和《未成年人保护法》的相关规定，学生享有的权利可以归纳为生存权和发展权。生存权包括人身安全权、隐私权、肖像权、拒绝权等，发展权包括情感权、交往权、受教育权等。学生权利由法律赋予，受法律保护，各相关法律责任主体应当依照法律规定切实采取措施做好学生权利的保护工作。

与美国相比，我国具有独特的社会制度和严格的枪支管理制度，这些优势更易于形成良好的社会环境和学生权利保护氛围。但由于多种原因，我国总体的法治环境尚未完全成熟，法制建设滞后与法治意识淡漠等情况仍然存在，这在客观上为我国学校安全管理带来了巨大的隐患。近年来，我国校园安全管理中，校园欺凌与学生心理问题诱发的行为异常事件屡有发生，严重侵犯了学生的基本权利，这从一个侧面暴露了我国在学校管理制度架构完善和学生权利保护法律建设上存在的不足。

一方面，学校与学生的法律关系仍不明晰。在我国，公立学校自身法律地位尚不明确，导致学校与学生之间的法律关系也不明晰（何宁湘，2001）。学校与学生（包括学生的法定监护人、委托监护人）之间的法律关系是明确学校与学生各自权利和义务、权力和责任的前提，也是学生权利保护得以实现的法律基础。从现在的普遍共识来看，对于学校与学生之间法律关系的界定存在民事合同、行政法律、双重法律和特别权力关系等观点，但学校与学生之间到底是一种什么性质的法律关系，无论是在行政体制层面还是在法律层面均未有任何界定。这导致学校在学校权力与学生权利权衡过程中易于出现侵害学生权利或学生权利保护缺失的情况。对于任何国家来说，学校权力与学生权利都是一对存在着冲突的关系（朱军 等，2008），美国从 20 世纪初开始便在学生权利领域不断探索，60年代至70年代在保障学生权利方面作出重大调整和进步，至今已经形成相当成熟的体系，进一步约束了学校权力对于学生权利的侵犯，值得借鉴（程红艳，2012）。

另一方面，学生权利保护的相关法律法规落实不到位。与美国相比，虽然我国有着完全不同的枪支管理制度，但在学生权利保护方面却与美国一样存在相关法律、政策落实过程中的不足。在我国，无论是《教育法》，还是《义务教育法》、《未成年人保护法》，包括《学生伤害事故处理办法》，都对学生权利保护作了一定的规定。但是，由于相关法律法规的相对泛化以及对于相关法律责任主体的监督不足，学生权利保护相关法律法规在落实上还存在严重不足。这使得侵犯学生权利的事件屡见不鲜，严重损害了学生的基本权利，造成了极坏的社会影响。

此外，在处理学校与学生关系时，很多学校管理者仍以人治思想作为主导思想，法治观念淡漠成为当前的严重隐患。虽然我国一直强调法治社会建设，并在近年来强化了法制建设进程，但不能否认的是，在学校管理过程中，人治思想仍是一些学校管理者，包括教师的主导管理思想，这些学校管理者和教师法治观念淡漠，忽视学生权利，以善之名行恶事，对学生权利造成了粗暴的侵犯，成为学校恶性安全事故频发的重要诱因。

这些问题的存在是我国学生权利保护缺失的重要根源，也是校园安全事故频发的滥觞。这种状况与法律所维护的公平正义理念相悖，成为我国教育法制建设过程中亟待解决的重要问题。

（二）学生权利保护的现实对策

美国校园枪击案所折射出的对于学生权利保护的缺失，让我们也同时深刻反思我国对于学生权利保护的不足。促进学生权利保护，应进一步明确学生权利保护各主体的权利义务关系，使政府、社会、学校、家庭、学生彼此之间的权利与义务、权力与责任更为明晰。义务与责任是现代契约的重要组成部分，它强调权利与义务的统一，强调平等主体之间的相互责任与义务（余雅风，2007）。明确各相关责任主体在学生权利保护过程中的权利与义务、权力与责任，将更有利于使学生权利保护落到实处，可以有效地防患于未然。

第一，政府的主体责任在于推动学生权利保护的法制化进程。

学生权利保护的实现需要多方共同努力。首先，应在明确公立学校法人地位的基础上，明确学校与学生之间的法律关系，明确学校在学生管理中的法制化原则，使学生权利能够在法律框架下得到明确和承认。其次，应整合我国《教育法》、《义务教育法》、《未成年人保护法》中对于学生权利保护的相关内容，力争形成新的学生权利保护法，明确相关法律责任主体的责任，特别是执法主体的相关责任，强化法律监督，保证学生权利保护在法制框架下得以实现。

学生权利保护各相关责任主体责任的明确，是基于学生权利保护法律明晰之上的，相关法律应当对于政府及其相关部门在学生权利保护过程中的权力范围及法律义务进行明确，进而促使政府及其相关职能部门建立适切的学生权利保护制度，并加强执法监督和行政监察的力度，从政府层面使学生权利保护落到实处。

第二，学校的主体责任在于强化学生安全常识教育工作的动态开展。

学校责任的核心在于使学校管理在法治的基础上有序开展，依据相关法律法规，将维护学生权利、保证学生安全放在学校日常管理工作的首位。一方面，学校要尊重学生权利，并为学生发展提供良好的平台与环境，使学生可以充分享受应有权利，同时应积极防范，制订学生权利保护的相关预案，履行学校的法律责任与义务。另一方面，学校还必须着力加强学生的安全常识教育工作，注意培养和强化学生的自我保护意识。学生安全常识教育工作的开展是一个持续不断、循序渐进的过程，不能一蹴而就，更不能表面化、形式化，必须落到实处。各级学校应当根据我国国情和各地的实际情况，设计相应的学生安全常识教育内容，保证学生既能够正确识别风险、规避风险，养成风险意识，也能够在受到危害时正确保护自己，养成自我保护意识。此外，学校还必须注意加强对于校园欺凌的打击和防范力度。坚持对校园欺凌零容忍的态度，采取一切措施保护学生，特别是保护弱势学生的人身安全，维护他们的人格尊严。最后，学校要重视学生的心理健康问题，强化学生的心理健康教育工作，除开设常规的心理健康教育课程之外，学校还应特别采取多种措施和手段加强对于特殊群体学生的关注，注重对于学生心理健康问题的排查与疏导，采取切实方式将问题化解于无形。

第三，社会的主体责任在于形成对于社会环境的多元治理。

良好的环境是保证学生健康成长的基础，从美国校园枪击案的历史看，暴力文化对校园杀手产生的影响非常严重，并且促使了凶手变态人格的形成。随着我国改革开放的不断深入，多元文化不断涌入我国，暴力电影、暴力游戏也同样拥有一定的市场，这些都会对于尚处于身心发育阶段的学生产生较大影响。保证校园安全就应当从根本上杜绝这些暴力因素可能给学生带来的负面影响。一方面，学校应当注重在学生成长过程中与家长保持有效互动，保证及时了解学生的性格特点和家庭环境，正确引导学生树立健康向上的价值观，同时也可以督促家长与学校共同努力，屏蔽社会环境中对学生易于产生不良影响的部分；另一方面，学校应当注意与相关部门协作，加大对于不良信息的查处力度，杜绝相关产品在学校周边出现，为学生营造良好的学习、生活和成长空间。

参考文献

程红艳.2012.不要把公民权利关在学校门外——美国中小学学生权利研究[J].教育发展研究(12):79-84.

何宁湘.2001.学校与学生的法律关系分析[M].北京:中国人民公安大学出版社:5.

余雅风.2007.契约行政:促进高等学校学生管理的法制化[J].北京师范大学学报(2):17-23.

朱军,谢芳.2008.美国斯坦福大学《学生司法宪章》探析——以学生权利为视角[J].湖南公安高等专科学校学报(4):125-131.

Boodman S G.2006.Gifted and tormented[N].The Washington Post,05-16.

Boudreau A, Zamost S.2008.Girlfriend:shooter was taking cocktail of 3 drugs[EB/OL].(02-20).http://edition.cnn.com/2008/CRIME/02/20/shooter.girlfriend/.

Court Found Cho.2007.Mentally ill[N].The Smoking Gun,04-29.

Cullen D.2010.Columbine[M].New York:Twelve, 167 - 168,285 - 286.

Schoetz D, Potter N, Esposito R, Thomas P.2007.Killer's note:"You caused me to do this" [EB/OL].(04-01).http://abcnews.go.com/US/story? id=3048108#.UOe4QO7F-PU.

Kochanek K D, Xu Jiaquan, Murphy S L. 2011. Deaths: final data for 2009(National Vital Statistics Reports)[R]. 12-09.

Greene R.2005.Treating explosive kids: the collaborative problem-solving approach[M]. New York:The Guilford Press,176 - 188.

Swearer S, Limber S, Alley R.2009.Developing and implementing an effective anti-bullying policy[M]//Swearer S M,Espelage D L, Napolitano S A. Bullying prevention and intervention: realistic strategies for schools. New York: The Guilford Press, 39-52.

Reflection on the Lack of Protection for the Rights of Students from the U. S. School Shooting

Wang Zhichao

Abstract：Sandy Hook Elementary School Shooting allows people to focus on the campus security problem in America. Since 20th century, American school shootings occurred frequently and American society has been deeply shocked. Combing the history of school shootings in the United States and exploring the social problems behind them will help us to better understand American campus security management and provide useful revelation to promote campus safety management in China.

Key words：school shootings, campus security, student rights, school management

作者简介

王智超（1980—　），男，黑龙江甘南人，东北师范大学教育学部副教授，教育学博士。研究方向：教育政策、学校管理。

后　记

自 2002 年至今，《中国教育法制评论》已有 11 辑问世。我们创办《中国教育法制评论》的初衷是给所有关心这一领域的同人开辟一个学术探讨和交流的平台。作为中国第一份教育法制的专门性集刊，11 年来，我们从最初担心是否会得到广大读者的认可，到现在得到广大读者的关注并成为 CSSCI 集刊，同时在教育法学理论界以及教育法制建设中产生深远的影响，这些都离不开各位同人的支持和参与，在此深表谢意！

在新的形势下，教育政策与法律研究应及时总结经验，开拓新思路，探讨新问题，积极回应时代的挑战。为探讨我国教育法制建设中的新问题，进一步推动我国教育法研究的深入，本辑从教育法理论，教育司法，教育、文化与立法，学校法律问题四个方面，探讨了当前新一轮教育改革中教育法学研究的前沿问题。本书的后半部分集中介绍了国外教育法制，涉及美国学生纪律惩戒制度研究、学位法律制度的国际比较、从美国的校园枪击反观学生的权利保护等问题。

本书仍由我为主编，参加本书编辑的北京师范大学教育法研究中心余雅风教授、首都师范大学教育科学研究院蔡海龙博士为集刊的顺利出版作出了巨大贡献。北京师范大学博士研究生李文静做了大量的文字整理和协调工作。教育科学出版社为本书的出版给予了极大的支持，在此一并致谢！囿于篇幅，许多来稿未能刊用，在此特致歉意，并希望各位同人一如既往地支持本刊的发展。

《中国教育法制评论》

中国教育法制研究系列

教育科学出版社，北京

编辑宗旨

《中国教育法制评论》以当代中国教育法制建设的理论与实践为主要研究内容。本书将始终致力于关注中国教育法制建设的理论与实践问题，汇聚中国教育法学研究领域的共同智慧和最新成果，展示教育法学领域研究者对我国教育法制建设的思考和探索。本书也致力于为中国教育法学研究领域提供一个开放性的学术研究和学术推广平台，通过学术交流和学术争鸣，推进中国教育法学研究事业健康发展。本书将积极为中国教育法制建设的实践服务，努力促进教育决策文化与学术文化的交流，致力于通过教育法学理论研究为中国教育立法和教育政策制定的实践活动提供建设性的学术支持。

本书的读者对象主要包括：（1）中国教育研究特别是教育法学与教育政策研究领域的专家学者、研究人员和教学人员；（2）各级各类教育行政部门的教育决策人员、政策研究人员、行政管理人员和中小学校及其他教育机构的管理人员；（3）各级各类学校及其他教育机构的教师；（4）国家机关和社会各界关注与从事教育领域法律问题和政策问题研究的专业人员；（5）从事教育法学学习和研究的各级各类学校及其他教育机构的学习者，等等。

投稿须知

《中国教育法制评论》由北京师范大学劳凯声教授主编，计划每年出版一辑，每辑将围绕一两个主要的议题开展学术研究和交流，面向全国征集稿件，欢迎全国同人踊跃投稿。

来稿请提供英文标题、中文摘要（150字以内），参考文献格式请按《文后参考文献著录规则》（GB 7714—2005）著者—出版年制著录。著录项目应齐全，各项应核实无误。参考文献统一放在文章的最后面，说明性的注释以脚注的形式出现。

外国人名、地名、书刊名、文章名、机构名等在第一次出现时，用括号加注原文，并请核准无误。书名、期刊名用斜体。地名、人名的翻译，须参照相关辞典和译名手册（如《外国地名译名手册》和《世界人名翻译大辞典》），按规范或惯例译出。

法律法规的名称、文件政策名、机构名称等规范性名称，须用全称，或者在第一次出现时用全称并加注简称，后文则可用简称。

文末作者简介的基本格式为：姓名，职务，职称/学位。研究方向……

来稿请提供规范的 Word 电子文本和书面文本。书面文本请用宋体小四号字格式，1.5 倍行距，A4 纸打印。来稿请注明作者姓名、通信地址、邮政编码、联系电话或电子邮件地址，并注明"《中国教育法制评论》稿件"字样。

来稿请寄：北京新街口外大街 19 号北京师范大学教育学院教育政策与
　　　　　法律研究所　余雅风（收）
邮　　编：100875
电子文本请发至 E-mail：yuyafeng@ bnu. edu. cn

出 版 人　所广一
责任编辑　何　艺
版式设计　孙欢欢
责任校对　贾静芳
责任印制　曲凤玲

图书在版编目（CIP）数据

中国教育法制评论. 第 11 辑／劳凯声主编. —北京：
教育科学出版社，2013.10
　　ISBN 978-7-5041-8031-5

　　Ⅰ.①中… Ⅱ.①劳… Ⅲ.①教育法令规程—研究—
中国 Ⅳ.①D922.164

　　中国版本图书馆 CIP 数据核字（2013）第 246179 号

中国教育法制评论　第 11 辑
ZHONGGUO JIAOYU FAZHI PINGLUN

出版发行　*教育科学出版社*

社　　址	北京·朝阳区安慧北里安园甲 9 号	市场部电话	010-64989009
邮　　编	100101	编辑部电话	010-64989363
传　　真	010-64891796	网　　址	http://www.esph.com.cn
经　　销	各地新华书店		
制　　作	北京大有图文信息有限公司		
印　　刷	北京京华虎彩印刷有限公司		
开　　本	169 毫米×239 毫米　16 开	版　　次	2013 年 10 月第 1 版
印　　张	15.75	印　　次	2013 年 10 月第 1 次印刷
字　　数	240 千	定　　价	42.00 元

如有印装质量问题，请到所购图书销售部门联系调换。